思想政治理论实践教程

单魁贤　张仲福 ◎ 主编

辽宁人民出版社

图书在版编目（CIP）数据

思想政治理论实践教程 / 单魁贤，张仲福主编. — 沈阳：辽宁人民出版社，2023.9
ISBN 978-7-205-10867-0

Ⅰ.①思… Ⅱ.①单… ②张… Ⅲ.①思想政治教育 — 高等学校 — 教材 Ⅳ.①G641

中国国家版本馆CIP数据核字（2023）第182536号

出版发行：辽宁人民出版社
　　　　地址：沈阳市和平区十一纬路25号　邮编：110003
印　　刷：辽宁星海彩色印刷有限公司
幅面尺寸：185mm×260mm
印　　张：13.5
字　　数：290千字
出版时间：2023年9月 第1版
印刷时间：2023年9月 第1次印刷
责任编辑：张天恒　王晓筱
封面设计：山月设计
版式设计：田永琪
责任校对：吴艳杰
书　　号：ISBN 978-7-205-10867-0

定　　价：38.00元

思想政治理论实践教程

编委会

主　编 单魁贤　张仲福

副主编 何　平　焦宏晶　郝　雷

参　编 伊中莹　刘宇迪　李春蕾
　　　　　刘向男　刘丽慧　杜思宇
　　　　　牟　英　沈　娜　张　燕
　　　　　高珊珊　高慧琳　越　寒

PREFACE 前言

中共中央宣传部、教育部《关于进一步加强和改进高等学校思想政治理论课的意见》中明确提出："高等学校思想政治理论课所有课程都要加强实践环节。要建立和完善实践教学保障机制,探索实践育人的长效机制。"作为高职高专院校思想政治理论课中的核心课程——"毛泽东思想和中国特色社会主义理论体系概论",肩负着帮助大学生树立正确的世界观、人生观、价值观,并指导学生用马克思主义世界观和方法论去认识问题、分析问题、解决问题的重要责任。根据中央文件精神,思想政治理论课要建立"大实践教学观",要探索实践育人的长效机制。为了实现思想政治理论课的教学目的,必须创新教学理念,加强实践教学。这是思想政治理论课教学发展的一种趋势。

实践教学的优点在于其具有较强的说服力和感染力,能够增强教学针对性和实效性。理论来源于实践,实践是检验真理的唯一标准。为了促进大学生了解社会、了解国情、锻炼毅力、培养品格、增强社会责任感、增长才干、奉献社会;为了深化大学生对党的路线、方针、政策的认识,坚定地在中国共产党领导下走中国特色社会主义道路;为了满足实践教学的需求,我们组织人员编写了这本《思想政治理论实践教程》,以切实落实理论联系实际的根本原则,贯彻实践育人的方针,培养学生的实践能力,并且切实配合理论考核改革实践。

本书以教材为核心,以实践为载体,达到增强教学的说服力、感染力和实践性的目的;以理论为基础,以现实为依托,达到理论联系实际的目的。通过形式多样的实践教学活动,提高学生的思想政治素质和观察分析社会现象的能力,深化教育教学效果。结合本课程考试改革,知识运用练习在学习辅导中占重要地位,每章配有一套涵盖多种题型的练习题,构成一组有能力梯度的训练。练习题既体现学习的整体要求，又突出重点难点，且能拓宽视野。基本题型有：单项选择题、多项选择题和判断题。结合"互联网+"综合考试系统，更有利于提高学生上网学习和交流的能力，帮助学生增长知识、开阔视野、启迪智慧，且能更有效地激发学生的求知欲和好奇心，养成学生独立思考、勇于探索的良好行为习惯。

教材的编写是一个长期酝酿、群策群力、科学编写的过程。本书由单魁贤、张仲福任主编，由何平、焦宏晶、郝雷任副主编，参编人员有伊中莹、刘宇迪、李春蕾、刘向男、刘丽慧、杜思宇、牟英、沈娜、张燕、高珊珊、高慧琳、越寒。具体分工如下：单魁贤编写第一章、第二章，何平编写第三章，焦宏晶编写第四章，张仲福编写第五章，郝雷编写第六章，所有参编人员编写第七章。

在编写过程中借鉴和吸取了许多国内外的研究成果，引用了大量的最新资料，对这些成果的作者，我们在此一并表示感谢。由于水平有限，书中难免存在不足之处，敬请广大读者批评指正。

编　者

2023年3月

CONTENTS 目录

前　言 / 001

第一章　毛泽东思想及其历史地位 / 001

　　一、实践课堂 / 002

　　二、课后习题 / 022

第二章　新民主主义革命理论 / 031

　　一、实践课堂 / 032

　　二、课后习题 / 057

第三章　社会主义改造理论 / 065

　　一、实践课堂 / 066

　　二、课后习题 / 086

第四章　社会主义建设道路初步探索的理论成果 / 093

　　一、实践课堂 / 094

　　二、课后习题 / 111

第五章　邓小平理论 / 119

　　一、实践课堂 / 120

　　二、课后习题 / 149

第六章　"三个代表"重要思想 / 157

　　一、实践课堂 / 158

　　二、课后习题 / 175

第七章　科学发展观 / 181

　　一、实践课堂 / 182

　　二、课后习题 / 203

第一章

毛泽东思想及其历史地位

思想理论是社会变革的先导。面对中国近代以来山河破碎、内忧外患的深重灾难,以毛泽东为主要代表的中国共产党人,胸怀远大理想,脚踏中国大地,开马克思主义中国化时代化之先河,创立毛泽东思想,在黑暗的中国高高擎起熊熊燃烧的火炬,引领中华民族伟大复兴以江河奔涌之势一路向前,让沉睡百年的"东方睡狮"站起来。毛泽东思想作为马克思主义中国化时代化的第一个重大理论成果,至今依然闪耀着真理的光芒。要读懂中华民族近代的苦难与辉煌史,读懂中国共产党和中国人民的伟大奋斗史,离不开毛泽东思想这把金钥匙。

一、实践课堂

(一)案例分析

【实践类型】

课内实践。

【实践目标】

通过案例分析,加深学生对理论知识的掌握。

【实践方案】

1.实践时间:课内时间。

2.实践地点:多媒体教室。

3.实践环节:

(1)采取小组合作方式,提高学生学习、思考的积极性和参与度。

(2)小组成员需要提出自己的观点,并结合理论知识阐述理由。通过集体讨论,学生能够更全面地思考问题。

(3)案例分析为开放性结论,只要原理运用合理,思路阐述清晰,允许学生保留观点。

案例分析1:"千年伟人"马克思

【案例呈现】

世纪之交,最引人注目的事件之一就是"千年伟人"的评选。英国广播公司(BBC)于1999年秋天,用几周时间在国际互联网上经过反复评选,得出了最后的结果:马克思排在第一位,世界最有影响的科学家爱因斯坦排在第二位。美国纽约的一家报纸用整版篇幅评论了这个意义深远的事件。后来,路透社又邀请政界、商界、艺术和学术领域的名人评选"千年伟人",此次评选对39名候选者的投票比较平均,爱因斯坦仅以1分的优势领先于甘地和马克思。这同样具有重要意义,同样说明马克思是"千年伟人"。

从1995年到1998年,千人以上的马克思主义国际学术研讨会开过4次。分别是:1995年为纪念恩格斯逝世100周年在巴黎举行的、有1500多位学者参加的第一届国际马克思大会;1996年在美国纽约召开的、有1500多名学者参加的世界社会主义者大会;1996年在伦敦召开的、有6000多人参加的、盛况空前的96伦敦马克思大会;1998年为纪念《共产党宣言》发表150周年,在巴黎召开的、有1500多人参加的马克思主义国际学术讨论会。此外,1998年在巴黎还召开了有500多人参加的第二届国际马克思大会,以及在莫斯科举行的每年一度的国际社会主义研讨会。至于小型的国际学术讨论会更是不计其数。

2000年是世纪之交,回顾和总结20世纪的社会主义运动,展望21世纪社会主义发展前景,是国际理论研讨活动的重要内容。法国"马克思园地"协会在巴黎举办规模盛大的、题为"全球化与人类解放"的马克思主义国际学术研讨会,主要议题有:20世纪社会主义分析与总结、当代资本主义分析、现代社会劳动的内容和地位、超越资本主义和变革社会的进程与动因、如何实现真正的公有制和新国际主义等。同时,在美国纽约还举行了2400多人参加的世界社会主义者大会,讨论当代社会主义面临的新问题、社会主义的历史命运、当代资本主义的新变化,以及如何取代资本主义等重大问题。世界其他地区也举办了类似的活动。法国《世界报》用《回归马克思》的题目来形容并点评这种热潮。

法国《人道报》在报道1998年巴黎国际大会时有一段生动的文字:今年(1998年),从纽约到东京,从圣保罗到耶路撒冷,从新德里到伦敦,到处都奏起了《共产党宣言》的乐章,而这次会议将"再次让历史沸腾起来"。"《共产党宣言》对21世纪仍将产生重要影响","马克思没有死,马克思仍然活着"。这些撼动人心的话语,道出了世界进步人类的心声。理论创新是社会变革的先导。这许许多多马克思主义理论研讨活动,将汇成巨流,发出世界最强音,推动当代社会主义运动走出低谷,再度复兴。

(资料来源:《湖南日报》,2018年5月3日,有改动)

【案例讨论】

马克思为什么会被评选为"千年伟人"?

【案例点评】

马克思被评选为"千年伟人",既彰显了马克思主义的真理力量,又表征了当今时代仍然需要马克思主义,就像自然科学需要爱因斯坦的理论一样。当前我们需要做的就是坚定马克思主义信仰,深入研究并不断发展马克思主义,使之与实践相结合,与时俱进,不断进行理论创新。

【教学建议】

本案例可用于第一节"毛泽东思想的形成和发展"的教学导入。引导学生思考在实践中丰富和发展马克思主义的重要性,从而深入理解毛泽东思想是马克思主义中国化时代化第一次历史性飞跃的理论成果。

案例分析2:马克思主义为什么"行"

【案例呈现】

习近平总书记指出:"实践证明,马克思主义的命运早已同中国共产党的命运、中国人民的命运、中华民族的命运紧紧连在一起,它的科学性和真理性在中国得到了充分检验,它的人民性和实践性在中国得到了充分贯彻,它的开放性和时代性在中国得到了充分彰显!"新中国成立70多年来,中华民族迎来了从站起来、富起来到强起来的伟大飞跃,马克思主义在中国大地放射出灿烂光芒、结出丰硕果实,马克思主义中国化时代化理论成果不断将马克思主义推向新的历史高度,生动诠释了马克思主义为什么"行"。

指引中华民族实现从站起来到富起来的伟大飞跃

新中国成立后,在一个经济文化比较落后的东方大国建设社会主义、巩固和发展社会主义,是对马克思主义科学真理性的重大检验,也是对我们党创造性运用和发展马克思主义能力水平的历史检验。在毛泽东思想指引下,我们党顺应我国社会生产力发展要求,适应中国国情,顺利地进行了社会主义改造,完成了从新民主主义到社会主义的过渡,确立了社会主义基本制度,发展了社会主义的经济、政治和文化。新中国的成立、社会主义改造的成功和社会主义建设的成就,使中华民族实现了从积贫积弱到站起来的伟大飞跃。

改革开放以来,我们党把马克思主义基本原理同中国改革开放的具体实际结合起来,进行建设中国特色社会主义新的伟大实践,创造了人间奇迹。马克思主义把创造高于资本主义的劳动生产率、消除剥削和两极分化作为社会主义的基本特征。进行改革开放,推动计划经济体制向社会主义市场经济体制转变、封闭半封闭向全方位开放转变,是社会主义自我完善和发展的内在要求和重要体现。改革开放是我们党的一次伟大觉醒,这个伟大觉醒让我们深刻认识到:在社会主义初级阶段,必须按照生产关系一定要适应生产力状况、上层建筑一定要适应经济基础状况的规律办事,既不能走封闭僵化的老路,也不能走改旗易帜的邪路;必须顶住各种压力、排除各种干扰,坚定不移走中国特色社会主义道路,坚定地把命运掌握在自己手中,在改革开放中发展中国、发展社会主义、发展马克思主义。

改革开放的推进，中国特色社会主义的开创，使中华民族实现了从站起来到富起来的伟大飞跃。这个伟大飞跃，是马克思主义实践性品格的新激发，是中国人民摆脱贫困、追求富裕，依靠中国特色社会主义发展中国的必然产物。在此过程中，马克思主义不断回应重大时代课题，保持强大生命力。邓小平理论深刻揭示了社会主义本质，确立社会主义初级阶段基本路线，科学回答了建设中国特色社会主义的一系列基本问题。"三个代表"重要思想加深了对什么是社会主义、怎样建设社会主义和建设什么样的党、怎样建设党的认识，开创了全面改革开放新局面。科学发展观根据新的发展要求，深刻认识和回答了新形势下实现什么样的发展、怎样发展等重大问题，形成中国特色社会主义事业总体布局。

指引中华民族实现从富起来到强起来的伟大飞跃

习近平总书记指出，马克思主义指引中国成功走上了全面建设社会主义现代化强国的康庄大道，中国共产党人作为马克思主义的忠诚信奉者、坚定实践者，正在为坚持和发展马克思主义而执着努力！经过长期努力，中国特色社会主义进入了新时代，开创中国特色社会主义新时代，在世界上高高举起中国特色社会主义伟大旗帜，是马克思主义在新时代创新发展的伟大实践。

新时代催生新思想，新思想引领新时代。当前，世界处于百年未有之大变局，我国发展处于新的历史方位，我们党正在经受革命性锻造。新时代新使命对坚持和发展马克思主义、创造性运用马克思主义基本原理回答和解决新时代如何坚持和发展中国特色社会主义的重大问题，提出了新的更高要求。以习近平同志为核心的党中央坚持辩证唯物主义和历史唯物主义，紧密结合新的时代条件和实践要求，进行艰辛理论探索，提出一系列新理念新思想新战略，形成了习近平新时代中国特色社会主义思想，为发展马克思主义作出了原创性贡献。习近平新时代中国特色社会主义思想的精髓，就是为人民谋幸福、为民族谋复兴、为世界作贡献。这一思想精髓集中反映了当代中国共产党人的人民立场、民族抱负、世界责任。在习近平新时代中国特色社会主义思想指导下，党和国家事业发生深层次、根本性历史变革，取得全方位、开创性历史成就，中华民族迎来了从富起来到强起来的伟大飞跃。这个伟大飞跃证明，科学社会主义依然保持内在动力和生机活力，马克思主义仍然具有强大生命力和创造力。

中国共产党是用马克思主义武装起来的政党，马克思主义是中国共产党人理想信念的灵魂。执政70多年来，中国共产党已成为世界第一大党，成为长期执政的党。虽然党的建设依然任重而道远，但我们党经受住了长期执政的考验，这本身就是对马克思主义为什么"行"的生动诠释。在新时代，我国发展面临的机遇前所未有，面对的挑战也前所未有。把新时代坚持和发展中国特色社会主义这场伟大社会革命进行到底，我们党必须勇于进行自我革命，不断增强党自我净化、自我完善、自我革新、自我提高能力，从而把党建设成为始终走在时代前列、人民衷心拥护、勇于自我革命、经得起各种风浪考验、朝气蓬勃的马克思主义执政党。

习近平总书记指出:"实践充分证明,中国共产党能够带领人民进行伟大的社会革命,也能够进行伟大的自我革命。"新中国成立70多年,绘就了一幅伟大社会革命与党的自我革命相辅相成、协同推进的壮丽画卷。70年沧桑巨变,中华民族正以崭新姿态屹立于世界的东方,根本原因就在于用马克思主义武装起来的中国共产党的坚强领导,党的坚强领导是这场伟大社会革命取得成功的根本保证。

指引我们实现中华民族伟大复兴的中国梦

习近平总书记指出:"历史和人民选择马克思主义是完全正确的,中国共产党把马克思主义写在自己的旗帜上是完全正确的,坚持马克思主义基本原理同中国具体实际相结合、不断推进马克思主义中国化时代化是完全正确的!"中国共产党100年的奋斗历史,是在马克思主义指引下改变中国命运的艰辛历程;新中国70多年的沧桑巨变,是在马克思主义指引下建设社会主义取得的巨大成就;改革开放40多年的伟大飞跃,是在马克思主义指引下开创中国特色社会主义的历史跨越;党的十八大以来发生马克思主义中国化时代化的历史进程与理论成果的历史性变革、取得的历史性成就,是在马克思主义指引下迈向民族复兴的新篇章。当前,以习近平同志为核心的党中央正带领中国人民朝着实现"两个一百年"奋斗目标、实现中华民族伟大复兴中国梦的光明前景坚定前行,奋力推动当代中国马克思主义、21世纪马克思主义创新发展。

党的十九大开启了全面建设社会主义现代化国家、实现中华民族伟大复兴中国梦的新征程。这是一个更加需要坚持马克思主义指导地位、牢牢把握正确航向的新征程,是一个更加需要运用马克思主义基本原理回答和解决前进道路上各种重大问题的新征程,是一个更加需要在新的伟大实践中创新发展当代中国马克思主义、21世纪马克思主义的新征程。把我国全面建成富强民主文明和谐美丽的社会主义现代化强国,这是人类历史上的伟大创举,是中国共产党谱写科学社会主义新篇章的伟大实践。当中国通过走社会主义道路成功实现现代化强国时,我们党领导中国人民进行的伟大社会革命将更加充分地展现其历史意义,马克思主义、科学社会主义在21世纪为什么"行"将更加有说服力地显示其实践威力。全面建成社会主义现代化强国,近代以来中华民族最伟大的梦想变为现实,将是中国人民在科学理论指引下创造自己历史的伟大奇迹,是中国共产党人不忘初心、牢记使命在新时代续写的壮丽史诗,是马克思主义基本原理同中华民族伟大复兴实际相结合的恢宏乐章。

在全面建设社会主义现代化国家新征程中创新发展当代中国马克思主义、21世纪马克思主义,是新时代中国共产党人的历史使命。习近平新时代中国特色社会主义思想必将在新的伟大实践中创新发展,更加彰显当代中国马克思主义、21世纪马克思主义的真理力量和道义力量,指引我们全面建成社会主义现代化强国。

(资料来源:《人民日报》,2019年5月9日,有改动)

【案例讨论】

马克思主义为什么"行"?

【案例点评】

马克思主义是科学真理,既深刻改变了世界也深刻改变了中国。中国共产党把马克思主义写在了自己的旗帜上,并始终不渝地高举这个旗帜,在马克思主义及其中国化创新理论的指导下,中国共产党团结带领人民取得了气壮山河的革命战争胜利、开展了热火朝天的社会主义建设、进行了波澜壮阔的改革开放、迈进了中国特色社会主义新时代。新中国辉煌的历史充分证明:马克思主义可"行"! 只有坚持以马克思主义为指导思想,我们才能真正站起来、富起来、强起来,从胜利走向胜利。

【教学建议】

本案例可用于讲授"'马克思主义中国化时代化'的内涵"部分的教学。教师可充分结合案例资源具体讲解什么是马克思主义中国化时代化。让学生从三个层面真正理解马克思主义中国化时代化的科学内涵。

案例分析3:湖湘文化对青年毛泽东的影响

【案例呈现】

湖南号称屈贾之乡、楚湘胜地。屈原的上下求索精神,贾谊的忧患国事精神,范仲淹的先忧后乐精神,王船山的知行统一精神,是湖湘文化的重要渊源。毛泽东从青年时代起就对屈原、贾谊的事迹和精神情有独钟。他在《讲堂录》中恭恭敬敬地抄录了屈原的《离骚》和《九歌》全诗,写了心得、提要。1915年他征友时所谈的话题就包括屈原、贾谊的代表作品,罗章龙曾以诗记事道:"策喜长沙傅,骚怀楚屈平。"青年毛泽东在长沙读书时,学校距屈子祠、贾谊故居都不远,他经常寻访古迹,凭吊古人,激发自己和同学的爱国主义思想,探求国家、民族的兴盛之道。毛泽东发扬了屈原的上下求索精神,走出韶山、走出湘潭、走出长沙、走出湖南,孜孜不倦地寻求救国救民的真理,开始了他波澜壮阔的革命生涯。

文化是人类活动的结晶,一定的文化又为人类的活动提供了特定的历史场景,并在不同程度上影响着人们的思想和生活。这一点在杰出人物身上表现得尤为突出。

毛泽东作为近代中国的一位伟人,自然不可避免地受到湖湘文化的影响甚至还主动地从中吸收营养。

首先,毛泽东在世界观和人生观的形成中深受湖湘文化注重探求宇宙、人生之大本大源的影响。形成于两宋时期的湖湘文化一开始便以理学见长,并被誉为"理学之邦"。理学的一个重要特点是注重对宇宙本源的追寻。在理学家看来,"太极"或"道"

或"理",代表了宇宙万事万物的最终根据,只有真正体认并依照这一根据,人们才能正确认识世界并指导人生。将宇宙的本源归结为某种虚幻的精神实体是唯心的,但从本源上探讨宇宙和人生的致思方向还是有其合理性的。湖湘文化在两宋时期形成的这种重视探寻大本大源的理学传统代有传人,特别是通过王船山、魏源、曾国藩、谭嗣同等人发扬光大后,对近代湖湘士子影响尤巨。毛泽东在湖南一师求学期间,认真研读过曾国藩等人的事迹、思想,又深受其师杨昌济的影响,在思想上很快便进入一个新天地。

其次,湖湘文化强调经世致用、经邦济世、以治国平天下为己任的特点也在毛泽东身上留下深刻烙印。自湖湘学派创立之初,胡宏、张栻等人就十分"留心经济之学",反对"多寻空言,不究实用"的空洞心性之学,主张从国计民生、"日用之实"中探求国家治乱兴亡之道。此后,这一特点也被湖湘学者继承下来并加以弘扬。和近代许多湖南有志之士一样,毛泽东在青年时代深受这一湖湘文化传统的影响,表现出强烈的责任感、使命感和经邦济世的远大抱负。就读一师时,他曾广泛接触包括王船山在内的清初几位大师的学术思想,并经常到船山学社聆听刘人熙等讲述船山哲学,对前人倡导的"经世致用"学风极表认同和向慕。这表现出与王船山同样的治学与治世并重的人才观。可以说,毛泽东正是在经世致用这一湖湘文化的影响下,怀着救国救民的伟大抱负,从家乡走向省城,从湖南走向全国,直至领导人民实现中国历史上最伟大的革命性变革。

最后,湖湘文化力戒空谈虚浮、主张务实践履、倡导实事求是的学风也深深地影响了毛泽东。历代湖南学者大都重视实践,提倡力行,而毛泽东是近代以来正确处理知行关系、高度重视实践作用的典范。

(资料来源:红网,2014年4月21日,有删改)

【案例讨论】

湖湘文化对青年毛泽东有什么样的影响?

【案例点评】

在中国近代100多年的政治风云中,湖南客观上成了中国革命的先导,从戊戌变法、辛亥革命,一直到新民主主义革命,湖南涌现了一批又一批革命先驱志士、革命领袖,各种政治人物、军事人物与著名的学者,毛泽东就是其中一位杰出的代表,这并不是历史的偶然,而是与湖湘文化之间有着密切的联系。毛泽东所开拓的马克思主义中国化时代化的方向,既是中国革命和建设实践的正确方向,也是中国传统文化发展的正确方向。比如,湖湘文化传统中的"实事求是"之所以成为我们党的思想路线,就在于毛泽东运用马克思主义的观点方法创造性地转化了这个古老的思想命题。

【教学建议】

本案例可用于讲授第一节"毛泽东思想的形成和发展"中关于"毛泽东思想形成和发展的主观条件"部分的教学。在讲述案例之后,可以组织学生就"湖湘文化的内涵、特点和对毛泽东的影响"这一问题进行分组讨论,并派代表发言,随后由教师加以点评。

案例分析4:毛泽东思想聚神铸魂开先河

【案例呈现】

1921年7月,毛泽东作为13位代表之一参加了中国共产党成立大会。建党之时,毛泽东就提出了一些独到的思想。在组织上,注重建立一个由志同道合者组成的、纯洁的政治组织,强调必须要寻觅"真同志";在思想上,强调思想的统一性,明确提出要以马克思主义为根本指导思想,以"唯物史观为吾党的哲学依据"。

在中国共产党创建和国民革命时期,中国共产党人力求以马克思列宁主义为指导,探索中国革命的规律,在中国社会性质以及中国革命性质、任务、对象、动力等一系列基本问题上进行了理论思考和研究,并取得了一些理论成果。李大钊、毛泽东、周恩来、瞿秋白等党的早期领导人都是这方面的典型代表。尤其是毛泽东在这个时期发表了《中国社会各阶级的分析》《湖南农民运动考察报告》等文章,深刻阐述了中国革命的一系列重要问题,提出了新民主主义革命的基本思想,这些基本思想为毛泽东思想的初步形成奠定了基础。在大革命失败后,毛泽东领导秋收起义部队上井冈山开辟革命根据地,再到转战赣南闽西探索中国革命道路的时候,提出了"马克思主义同中国实际情况相结合"的根本原则。1930年5月,毛泽东第一次在《反对本本主义》一文中指出:"马克思主义的'本本'是要学习的,但是必须同我国的实际情况相结合。"当时,许多党的干部和红军战士不太理解。经过第五次反"围剿"失败、红军长征到达陕北延安后,大家才逐步认识了这一真理。

1932年4月毛泽东率领红军攻下福建省的一个大城市漳州时,他就将位于这座城市的福建省立第三中学所收藏的一批马克思主义理论书籍搜集起来搬走了。根据回忆,这些书籍中有恩格斯的《反杜林论》和列宁的《两个策略》《共产主义运动中的"左派"幼稚病》等。不久,毛泽东被解除了在红军中的领导职务,在遭受打击的同时也有了闲下来读书的机会。1957年,他曾经回忆当时读书的情形:"我就埋头读马列著作,差不多整天看,读了这本,又看那本,有时还交替着看,扎扎实实下功夫,硬是读了两年书。"长征途中,即使生病躺在担架上,毛泽东也仍然手不释卷,不停地读马列著作。

中共中央和中央红军到达陕北后有了一个相对安定的局势和相对稳定的生活工作环境,这为毛泽东更好地集中精力总结党的历史经验和对中国革命斗争进行深入的理论思考和理论概括提供了可能。在这一时期,他先后撰写了《论反对日本帝国主义的策略》《中国革命战争的战略问题》《实践论》《矛盾论》等一系列闪耀着马克思主义理论光辉的重要著作,深刻揭示了指导中国革命和革命战争的基本规律、基本战略和策略,阐明了党的思想路线、政治路线、组织路线和军事路线。

1938年10月,毛泽东在中共六届六中全会上作了题为《论新阶段》的政治报告,第一次向全党提出了"马克思主义中国化"的战略任务,并对什么是马克思主义中国化、马克思主义为什么必须中国化作了精辟的论述。之后,毛泽东相继发表了《〈共产党人〉发刊词》《中国革命和中国共产党》《新民主主义论》等重要著作。在这些著作中,毛泽东在中国第一次旗帜鲜明地提出和系统地阐明了新民主主义的完整理论,第一次深刻地提出"统一战线,武装斗争,党的建设,是中国共产党在中国革命中战胜敌人的三个法宝,三个主要的法宝",这标志着马克思主义同中国革命实践相结合的毛泽东思想已经日渐成熟。

1941年3月,党的理论工作者张如心在《共产党》杂志第16期发表的《论布尔什维克的教育家》一文中首次正式使用了"毛泽东同志的思想"这一提法,对毛泽东的理论和策略进行了概括。1942年2月18日,张如心在《解放日报》上第一次对"毛泽东主义"作了阐释。"毛泽东主义"的概念一经登报,马上流播开来。7月1日,中共晋察冀中央分局机关报《晋察冀日报》发表了由主编邓拓撰写的社论《纪念七一,全党学习掌握毛泽东主义》,文中多次使用"毛泽东主义"一词,并号召全体共产党员要"深入学习掌握毛泽东主义,真正灵活地把毛泽东主义的理论与策略,应用到一时一地的每一个具体问题中去"。毛泽东本人并不赞同"毛泽东主义"的提法,他于1943年4月22日写信给中宣部代部长凯丰,声称自己的思想还未成熟,现在还不是鼓吹的时候,"要鼓吹只宜以某些片段去鼓吹(例如整风文件中的几件)"。由于毛泽东本人的反对,"毛泽东主义"的提法并没有广为流传。

1943年7月5日,时任中共中央政治局委员、总政治部主任王稼祥在《解放日报》上发表了《中国共产党与中国民族解放的道路》。文章第一次科学地、准确地阐述了"毛泽东思想"的概念。一时间,"毛泽东思想"这一概念得到了全党同志的接受和赞同。随着全党对毛泽东的思想就是中国化的马克思主义这一认识渐渐形成共识,对毛泽东以及毛泽东理论的宣传不仅有增无减,而且与此同时,"毛泽东思想"这一概念也进一步规范化和系统化。中国共产党党的会议首次提出"毛泽东思想"这一概念是1945年4月20日召开的六届七中全会第八次会议。经过深入讨论和反复修改,集中全党的智慧,这次会议通过的《关于若干历史问题的决议》明确指出:"党在奋斗的过程中产生了自己的领袖毛泽东同志,形成了中国化的马克思列宁主义的思想体系——毛泽东思想。"

4月23日至6月11日,中国共产党第七次全国代表大会在延安杨家岭召开。党的七大是在中国共产党和中国革命历史上占有重要地位、具有重要意义的一次历史性会议,党的七大的一个重要贡献就是第一次明确地把毛泽东思想确立为全党的指导思想,并庄严地写入党章。它标志着马克思主义中国化时代化的进程实现了第一次历史性飞跃,也标志着中国共产党在政治上、思想上和组织上达到了空前的团结、统一和成熟。从此,毛泽东思想便成为中国共产党和全国人民的一面旗帜,指导中国革命与建设事业不断从胜利走向胜利。

(资料来源:《中华儿女》,2017年11月1日)

【案例讨论】

为什么说毛泽东思想是中国共产党集体智慧的结晶?

【案例点评】

中国革命和建设的实践,是中国共产党领导的广大人民群众的历史活动。毛泽东思想作为中国革命和建设的理论,就是对全党和全国人民进行革命和建设实践经验的科学总结,因而凝聚了党和人民的集体智慧。在毛泽东思想形成和发展过程中,许多老革命家作出了巨大贡献,主要表现在:他们根据马克思列宁主义的基本原理对中国革命和建设各方面经验所作的系统的总结,或者补充、丰富、发展了毛泽东论著中的许多观点,或者与毛泽东的某些观点交相辉映;此外,党中央集体总结革命经验、提出重大理论原则、制定重要政策,经过实践检验证明是正确的文件和文献,也是党中央集体智慧的结晶。因此,毛泽东思想是全党集体智慧的结晶,是全党的宝贵精神财富。

【教学建议】

本案例可用于第一节"毛泽东思想的形成和发展"的教学。在讲述案例之后,可以组织学生首先就"为什么说毛泽东思想是中国共产党集体智慧的结晶"这一问题进行分组讨论,并派代表发言;之后由教师加以点评。

案例分析5:"实事求是"碑的来历

【案例呈现】

延安革命纪念馆中珍藏着四个石刻板,石刻文字是当年毛主席为中央党校题写的"实事求是"四个字。这四块石刻,有一段不寻常的来历。

早在1931年6月,中共中央总书记向忠发被捕叛变后,党中央的工作从内容到形式都由王明主持,但白色恐怖下的党中央机关处于十分危险的境地,王明等人经常四处躲避。恰好此时,共产国际需要中共派一个负责人到莫斯科担任中共驻共产国际代表,并参加共产国际的领导工作。于是,九一八事变后,王明去了莫斯科,担任中国共产党驻共产国际代表团主要负责人,并当选为共产国际执行委员会委员、主席团委员和书记处候补书记。28岁时,王明就成了中国共产党的领导人。

1937年6月,伤情严重的王稼祥抵达莫斯科,在苏联医护人员的精心治疗下,身体状况逐渐好转。中共中央决定由王稼祥接替王明,出任中国共产党驻共产国际的代表。1937年11月29日,王明便从莫斯科回到了延安。

出于对共产国际的尊重和对这位长期在外的领导人的尊敬和礼貌,毛泽东等赶到延安机场欢迎王明的到来。毛泽东热情地向王明伸出手,说道:"喜从天降!欢迎你给我们山沟里送来马克思主义。"也许,这是一句意味深长的欢迎词。因为早在中央苏区时,王明对毛泽东的"农民路线"及其领导地位便持着反对和排斥的态度。

一踏上延安的土地,王明便摆出一副"钦差大臣"居高临下的模样。一天上午,中央党校接到通知,要学员们到大礼堂集合,听一位大人物作重要报告。王明衣着齐整,脚穿马靴,满面笑容地走上了主席台。

王明扫视了一圈会场,显得气宇轩昂。他开口便讲国际形势,次谈国内形势,最后谈到党的任务:现在形势变啦,我党的任务和路线也应随着变化。过去我们的头号敌人是蒋介石,现在国共两党又开始第二次合作了;目前,我们的一个重要战略部署,就是同蒋介石化干戈为玉帛,一切通过统一战线,一切服从于统一战线,要接受蒋介石的领导。王明口若悬河,讲得有声有色,致使许多同志将他的话当作新的指示、新的观点,认真地进行记录。

1937年12月的中央政治局会议上,王明表现得不可一世,他向会议提交了一份报告。这份报告和他的演讲,被一些人看成是"国际路线"。对王明的这种表现,毛泽东一时有点摸不着头脑,他希望大家能看到对蒋介石寄予希望是会吃亏的。他表示坚持自己原来的见解与主张,此外便没有多说话。

中央政治局会议之后,王明当上了中共中央长江局书记。此后,王明的右倾思想进一步发展,擅自以中共中央的名义发表宣言和谈话,甚至企图在武汉建立第二中央。

为了解决中国共产党政治路线上的分歧,17岁时就曾见到过列宁的任弼时来到莫斯科。在中国革命艰难的实践中,任弼时已经充分地认识到毛泽东路线的正确性。在莫斯科期间,他和王稼祥多次与共产国际领导人讨论中国的国内形势,极力宣传毛泽东的统一战线政策,指出王明那一套给中国革命造成的危害,为斯大林和共产国际支持毛泽东奠定了基础。

1938年6月,共产国际举行会议,通过了一个支持毛泽东的文件。在莫斯科治病的王稼祥动身回国时,共产国际中国方面的负责人季米特洛夫为王稼祥、任弼时举行家宴,并告诉他们:"应该告诉全党,承认毛泽东为中国共产党领导人,他是在实际斗争中锻炼出来的领袖。其他人,如王明,不要竞争了吧!"

1938年9月14日,中共中央政治局召开会议,传达了季米特洛夫的意见。会议决定在延安召开中共六届六中全会。王明无奈,只好回到延安。9月29日至11月6日,中共扩大的六届六中全会在桥儿沟召开。会议通过正确的批评和斗争,基本上克服了王明的右倾投降主义。王明在口头上承认了毛泽东的领袖作用,表示要统一在中央和毛泽东的周围,"如北辰而众星拱之"。11月6日通过了《中共扩大的六中全会政治决议案》等文件。会议提出,应当彻底肃清马克思列宁主义的凶恶敌人——思想上及工作中的公式主义、教条主义与机械主义;还提出加强党的团结和组织纪律性;坚决实行民主集中制——个人服从组织,少数服从多数,下级服从上级,全党服从中央。

要真正懂得中国的实际并非易事。中国共产党从建党的那天起,以毛泽东为代表的卓越的领导人,就尝试把马列主义的普遍真理同中国革命的具体实践相结合,与形形色色的教条主义作斗争。遵义会议后,确立了以毛泽东为代表的新的党中央的正确领导,结束了王明"左"倾冒险主义在党中央的统治。王明的时代虽然结束了,所造成的影响却不是一下子就能肃清的,主观主义和教条主义还在作祟。

教训如此之多,情况这样复杂,毛泽东认为有必要组织党的高级领导干部,对党的历史经验、路线进行认真的学习和清理。这就是著名的延安整风运动。整风运动开始不久,1942年6月12日,中共中央党校大礼堂在"红色首都"延安的宝塔山下落成,毛泽东应邀兴致勃勃地题写了"实事求是"四个大字。字体兼具山海之势,颇见一代伟人的气度与风采。1943年12月12日,这四个大字被刻在石板上,镶嵌在大礼堂正面墙上,作为全党同志学习的座右铭。1947年3月,胡宗南进犯延安,人们郑重地取下石刻,埋入地下。中华人民共和国成立后,党校旧址上办起了师范学校,师生们在一次建校劳动中挖出了石刻,交给延安革命纪念馆保存至今。

(资料来源:中国共产党新闻网,2013年11月25日)

【案例讨论】

1. 结合案例,谈谈王明"左"倾冒险主义和右倾错误给中国革命带来的危害,分析延安整风运动和"实事求是"立碑铭志的重大意义。

2. 以毛泽东为代表的中国共产党人是如何冲破党内教条主义束缚,确立实事求是思想路线的?

【案例点评】

实事求是思想路线是以毛泽东为代表的中国共产党人在同党内在相当长时期内存在的把马克思主义教条化、把共产国际决议和苏联经验神圣化的"左"的错误倾向的斗争中形成并确立起来的。王明就是一个典型的教条主义者。他自认自己是"百分之百的布尔什维克",可他根本就没有掌握马克思主义的精髓,不了解中国实际,不懂得马克思主义同中国实际形势相结合的意义。他在土地革命时期犯了"左"倾主义错误,在抗战初期又犯了右倾错误。尽管党的六届六中全会结束了王明时代,但其主观主义、教条主义的影响仍然在党内作祟。延安整风运动清算了主观主义,在全党树立了马克思主义学风,实事求是思想路线最终形成。

"实事求是"四个字并非毛泽东的发明,但是毛泽东却赋予这四个字前所未有的博大精深的内涵,并使其成为党的思想路线的核心内容。"实事求是"不仅成为中国共产党人的语言、思维方式,而且成为中国共产党的政治立场和政治原则。因此,毛泽东应邀给中共中央党校题写校训时,便挥笔写下了"实事求是"四个大字,并被立碑铭志。实事求是思想路线的确立,使中国共产党摆脱了教条主义带来的精神枷锁,将马克思主义基本原理同中国革命的具体实际相结合,开创了一条前所未有的革命道路,取得了革命的胜利。

【教学建议】

本案例可用于第二节第二目"毛泽东思想活的灵魂"中"实事求是"内容的教学。学生在了解"实事求是"碑来历的基础上,能够更加深入地理解实事求是思想路线的来之不易,明确必须始终坚持实事求是。

案例分析6:沂蒙精神是党践行群众路线的实践结晶

【案例呈现】

习近平总书记指出,"军民水乳交融、生死与共铸就的沂蒙精神,对我们今天抓党的建设仍然具有十分重要的启示作用","沂蒙精神与延安精神、井冈山精神、西柏坡精神一样,是党和国家的宝贵精神财富"。沂蒙精神蕴含了共产党人一心为民的崇高品质,彰显了人民群众一心向党的博大情怀。立足新时代,面对新使命新担当,我们要深入理解沂蒙精神的丰富内涵,大力传承弘扬沂蒙精神。

沂蒙精神生动描述了水乳交融、生死与共的党群关系,是党的群众路线的生动实践。我们党一心为民,坚持把人民的根本利益放在首位,把人民的事业当作自己的事业;人民群众一心向党跟党走,在党的领导下为民族伟业无私奉献,党把人民利益放在首位,这是"水乳交融、生死与共"的根本前提。在共产党人的话语体系中,人民常常被喻为"江山""靠山""衣食父母""力量源泉"等,党群关系常常被喻为"种子与土地""鱼和水",党的宗旨追求被释为"以人为本""为人民服务"等,字里行间都渗透着以人民为中心的价值取向。抗战时期,"留田突围"后,部队在讨论行动方案时,罗荣桓说,沂蒙山是我们党和军队开展革命斗争的根据地,沂蒙人民是我们的靠山,我们任何时候都不能丢了沂蒙山区的人民。在山东根据地的历史上,党政军始终坚守马克思主义的人民立场,把人民利益放在首位,这是我们党获得不竭动力的源泉所在。

人民群众无怨无悔跟党走,这是"水乳交融、生死与共"的必然结果。在山东根据地,党和人民军队吃的是人民群众捐筹的粮,住的是乡亲们让出的房,穿的是红嫂缝补的衣,遇险时靠的是人民群众的掩护,奔赴战场时踏的是"识字班"架起的"火线桥"……依靠人民群众这个铜墙铁壁,根据地粉碎了敌人的一次次铁壁合围、清剿蚕食、反共摩擦、经济封锁,党和人民军队的威望越来越高,党群关系越来越紧密。据不完全统计,在长达10余年的革命战争中,沂蒙地区发生大小战斗4000余次,根据地420万人口中,120多万人拥军支前,20多万人参军参战,10多万将士血染疆场。人民群众之所以拥护共产党、热爱共产党、紧跟共产党,归根结底是因为我们党关注中华民族的利益,"并且关心其永久的利害"。人民群众从党的路线方针政策中看到了希望,从共产党的言行中找到了答案,把共产党当成主心骨和掌舵人。历史充分证明,党群关系历来是革命、建设和改革事业成功与否的晴雨表。

沂蒙精神昭示了一条颠扑不破的真理:只有始终坚持党的群众路线,从人民群众的根本利益出发,为人民群众的幸福安康奋斗,人民群众才会把心交给党,坚定地跟党走,与党心连心、肩并肩、同呼吸、共命运,这也是沂蒙精神历久弥新、久盛不衰、永葆活力的真谛所在。

(资料来源:《光明日报》,2021年3月17日)

【案例讨论】

如何理解群众路线的内涵?

【案例点评】

我们党的百年历史,就是一部践行党的初心使命的历史,就是一部党与人民心连心、同呼吸、共命运的历史。军民水乳交融、生死与共铸就的沂蒙精神,是党和国家的宝贵精神财富。从抗日战争到解放战争、从社会主义建设到改革开放,沂蒙精神始终是我们的制胜法宝。在沂蒙人民遭受日寇铁蹄蹂躏的危难时刻,国民党军队节节败退,共产党领导的人民军队来到蒙山沂水,用生命和鲜血守护人民的家园。在党的领导下,自下而上成立各级抗日民主政权,颁布《人权条例》,人民群众第一次尝到了真正当家作主的滋味;开展"减租减息"运动,实行土地改革,人民群众第一次真正拥有了自己的土地;开办各种夜校、识字班,启迪民智,人民群众受到了文化启蒙。中国共产党高举抗日救亡和团结抗日的大旗,使沂蒙人民经济上翻身解放、政治上当家作主、思想上摆脱桎梏,正因如此,沂蒙人民毫不犹豫地作出了自己的选择,坚定跟党走,站在历史正确的一边。

【教学建议】

本案例可用于第二节"毛泽东思想的主要内容和活的灵魂"部分关于"群众路线"内容的教学。教师可以引导学生用沂蒙人民和党水乳交融的具体事例来阐释毛泽东思想中群众路线的内涵,深刻理解毛泽东思想是经过实践检验的,是科学的、经得起考验的。

案例分析7:坚持全面正确的历史观 科学评价毛泽东和党的历史

【案例呈现】

习近平同志在纪念毛泽东同志诞辰120周年座谈会上的重要讲话,内涵丰富、思想深刻,具有很强的理论性和指导性。讲话有不少精彩之笔,关于毛泽东同志历史功绩和如何正确评价历史人物的论述,就是其中的一大亮点。

全面科学地阐述毛泽东同志和毛泽东思想的历史功绩和历史地位

习近平同志在讲话中对毛泽东同志和毛泽东思想作了高度评价,强调我们将永远高举毛泽东思想的旗帜前进。这是新一届中央领导集体作出的明确宣示,再次表明中国共产党坚定的政治立场和鲜明的政治态度。

毛泽东同志为党、国家、民族作出了彪炳史册的伟大贡献,在晚年也犯过错误。但是,他的功绩是第一位的,错误是第二位的。全面科学地阐述毛泽东同志和毛泽东思想的历史功绩和历史地位,对于正确认识毛泽东同志的历史功过十分重要,也十分必要。改革开放以来,我们党对这个问题曾作过多次阐述,集中反映在邓小平同志指导作《关于建国以来党的若干历史问题的决议》(以下简称《历史决议》)的谈话中和江泽民同志、胡锦涛同志在纪念毛泽东同志诞辰100周年、110周年时的讲话中。习近平同志的这次讲话,进一步作了全面阐述,其中有很多新的概括和深刻阐发。

比如,对毛泽东同志"毕生最突出最伟大的贡献",根据党的十八大精神作了进一步概括。这就是:领导我们党和人民找到了新民主主义革命的正确道路,完成了反帝反封建的任务;建立了中华人民共和国,确立了社会主义基本制度,取得了社会主义建设的基础性成就,并为我们探索建设中国特色社会主义的道路积累了经验和提供了条件,为我们党和人民事业胜利发展、为中华民族阔步赶上时代发展潮流创造了根本前提,奠定了坚实的理论和实践基础。

比如,作出毛泽东同志"是马克思主义中国化的伟大开拓者"的评价,并从5个方面、用5个"创造性"精辟概括他的杰出理论贡献,即:创造性地解决了中国革命的道路问题,建设马克思主义政党问题,建成新型人民军队问题,建立革命统一战线问题,提出和实施一系列正确的战略策略。

比如,结合新的实际对毛泽东思想活的灵魂作出系统阐发,回答了在新形势下怎样坚持和运用好毛泽东思想的问题。毛泽东思想活的灵魂是贯穿其中的立场、观点、方法,它们有三个基本方面,这就是实事求是、群众路线、独立自主。只有抓住这三个方面,才能深刻揭示毛泽东思想的科学内涵和现实意义,才能真正理解毛泽东思想同中国特色社会主义理论体系的逻辑关系。

比如,对毛泽东同志的领袖品格、革命精神和崇高风范作出精辟概括,指出:在为中国人民不懈奋斗的光辉一生中,毛泽东同志表现出一个伟大革命领袖高瞻远瞩的政治远见、坚定不移的革命信念、勇于开拓的非凡魄力、炉火纯青的斗争艺术、杰出高超的领导才能。他思想博大深邃、胸怀坦荡宽广,文韬武略兼备、领导艺术高超,心系人民群众、终生艰苦奋斗,为中华民族和中国人民建立了不朽功勋。

习近平同志的这些概括和阐发,使我们对毛泽东同志和毛泽东思想的历史功绩和历史地位认识得更加清楚,为我们民族拥有这样一位历史伟人感到自豪和骄傲。

正确评价历史人物的原则和态度

对于毛泽东同志的历史功过,我们党在1981年作《历史决议》的时候作出过明确的结论。但是,由于种种原因,这个问题今天仍然很受关注,还有一些噪音杂音;又由于这个问题事关政治大局,所以,迫切需要进一步从理论上进行说明,讲清道理,以统一全党思想。

习近平同志直面问题,提出了正确评价历史人物的基本原则和科学态度。有这样几个重要思想观点:

第一,从历史发展的一般规律,从一切正义事业发展的历史逻辑的高度,说明人世间没有一帆风顺的事业,越是伟大的成功其过程越是充满艰辛的。历史本来就是在曲折中发展的,失败为成功之母。我们的事业之所以伟大,就在于经历所罕见的艰难而不断取得成功。这正是毛泽东同志所说的"人间正道是沧桑"。

第二,毛泽东同志晚年犯错误,有其主观因素和个人责任,也有复杂的国内国际的社会历史原因,应该全面、历史、辩证地看待和分析。"在中国这样的社会历史条件下建设社会主义,没有先例,犹如攀登一座人迹未至的高山,一切攀登者都要披荆斩棘、开通道路。"我们要注意从这个方面去认识和分析毛泽东同志犯错误的原因,客观公正地、全面正确地认识错误、吸取教训。

第三,评价历史人物应该放在其所处时代和社会的历史条件下去分析,做到"六个不能",即:不能离开对历史条件、历史过程的全面认识和对历史规律的科学把握,不能忽略历史必然性和历史偶然性的关系;不能把历史顺境中的成功简单归功于个人,也不能把历史逆境中的挫折简单归咎于个人;不能用今天的时代条件、发展水平、认识水平去衡量和要求前人,不能苛求前人干出只有后人才能干出的业绩来。

第四,革命领袖是人不是神,他们的认识和行动也要受时代条件限制。因此,对待他们所犯的错误,要做到"两个不能"。一个是"不能因为他们伟大就把他们像神那样顶礼膜拜,不容许提出并纠正他们的失误和错误";另一个是"也不能因为他们有失误和错误就全盘否定,抹杀他们的历史功绩,陷入虚无主义的泥潭"。

第五,能否正确对待自己所犯的错误,是衡量一个马克思主义政党是否真正对人民负责任、是否郑重的一个最重要最可靠的尺度。提出对错误采取郑重态度的标准："一是敢于承认,二是正确分析,三是坚决纠正,从而使失误和错误连同党的成功经验一起成为宝贵的历史教材。"这是对列宁在《共产主义运动中的"左派"幼稚病》中提出的重要理论观点的进一步阐发。我们党对自己包括领袖人物的失误和错误历来采取这样的郑重态度。毛泽东同志说,我们党的"主动权来自实事求是"。邓小平同志说,我们党之所以是一个好的党,总是能从错误中走出来取得更大成功,一个重要原因就是一贯采取这样的态度。

第六,总结和吸取历史教训,目的是以史为鉴、更好前进。一个民族的历史是一个民族安身立命的基础。不论发生过什么波折和曲折,不论出现过什么苦难和困难,中华民族5000多年的文明史,中国人民近代以来170多年的斗争史,中国共产党90多年的奋斗史,中华人民共和国60多年的发展史,都是人民书写的历史。这就是说,我们要尊重自己的历史、珍惜自己的历史,着眼未来,把我们的全部历史作为向前发展的宝贵财富。

上述思想观点,讲得系统、深刻、精辟,有说服力。这是根据辩证唯物主义和历史唯物主义的基本原理,从哲学和历史的高度进行的阐述,充分体现了马克思主义的立场、观点、方法,体现了实事求是的精神。讲话提出的基本原则和科学态度,是对《历史决议》有关内容的丰富和发展,是在今天的认识基础上阐述中国共产党自己的历史观。

(资料来源:《人民日报》,2014年1月7日,有删减)

【案例讨论】

说说习近平总书记是如何评价毛泽东同志和毛泽东思想的?为什么?

【案例点评】

研究历史人物,最重要的是要尊重基本的历史事实,要尊重历史人物所处的时代,要尊重这个历史人物比他的同时代人、比他的前代人贡献于历史那些更多的东西。否定革命领袖毛泽东,就是丑化中华人民共和国,就是丑化中国的社会主义制度,就是丑化中国人民对美好理想的追求。这是历史虚无主义的恶劣表现,是企图从历史依据和逻辑前提下否定马克思主义在当代中国的指导地位,为西方敌对势力"西化""分化"中国制造根据。有人指出,这种历史虚无主义,他们所要虚无掉的正是中华民族的脊梁与精神,正是中华民族的骄傲与希望。

毛泽东一生革命,一家人中出现了六位烈士。中华人民共和国成立以后,为了保家卫国,他像千千万万普通父母一样,把儿子送到朝鲜战火的前线。毛泽东一生清廉,勤勉为公,没有为子女和亲属留下财产和权力。因此,毛泽东对国家的忠诚和贡献是无与伦比的,毛泽东对中国社会主义事业的忠诚和贡献是应该得到充分肯定的。

金无足赤,人无完人。伴随着毛泽东对时代的贡献,亦有时代对他的局限。这通常是一个伟大的历史人物难以避免的,后人不能苛求。

【教学建议】

本案例可用于第三节"毛泽东思想的历史地位"中关于"正确评价毛泽东和毛泽东思想"部分的教学。在讲述本案例之前,教师可以提问"说说习近平总书记是如何评价毛泽东同志和毛泽东思想的?为什么?"从而引出本案例的教学。

案例分析8:天安门城楼上的毛主席像将永远保留下去

【案例呈现】

1980年8月21日,邓小平就如何评价毛泽东接受了意大利记者法拉奇的采访。

法拉奇问:"天安门上的毛主席像是否要永远保留下去?"邓小平回答说:"永远要保留下去……尽管毛主席过去有段时间也犯了错误,但他终究是中国共产党、中华人民共和国的主要缔造者。拿他的功和过来说,错误是第二位的。他为中国人民做的事情是不能抹杀的。从我们中国人民的感情来说,我们永远把他作为我们党和国家的缔造者来纪念。"法拉奇问:"中国人民在说起'四人帮'时,把很多错误都归咎于'四人帮'。说的是'四人帮',但他们伸出的却是五个手指。"邓小平答:"毛主席的错误和林彪、'四人帮'问题的性质是不同的。毛主席一生中大部分时间是做了非常好的事情的,他多次从危机中把党和国家挽救过来。没有毛主席,至少我们中国人民还要在黑暗中摸索更长的时间……"法拉奇问:"你们对'四人帮'审判的时候,以及你们开下一届党代会时,在何种程度上会牵涉到毛主席?"邓小平答:"我们要对毛主席一生的功过作客观的评价。我们将肯定毛主席的功绩是第一位的,他的错误是第二位的。我们要实事求是地评价毛主席后期的错误。我们还要继续坚持毛泽东思想。毛泽东思想是毛主席一生中正确的部分。毛泽东思想不仅过去引导我们取得革命的胜利,现在和将来还应该是中国党和国家的宝贵财富。所以,我们不但要把毛主席的像永远挂在天安门前,作为我们国家的象征,要把毛主席作为我们党和国家的缔造者来纪念,而且还要坚持毛泽东思想。"

(资料来源:《邓小平的最后二十年》,新华出版社,2008年版)

【案例讨论】

如何正确地评价毛泽东和毛泽东思想?

【案例点评】

本案例讲的是应当如何正确看待毛泽东和毛泽东思想的历史地位。"文化大革命"结束后,有些人坚持"两个凡是",不能正视毛泽东晚年的错误;另一些人则贬低甚至诋毁毛泽东和毛泽东思想,不能坚持实事求是的态度。邓小平客观地分析了毛泽东的功过,真诚地维护了毛泽东的历史地位,特别是他在接受意大利记者法拉奇采访时的讲话,对于从根本上纠正"左"的和右的错误倾向,引导全党和全国人民正确地认识新中国成立以来党走过的曲折道路,科学地总结党在这个时期的历史经验,理解毛泽东的伟大功绩和毛泽东思想的科学价值,统一全党的思想,团结一致向前看,起到了极为重要的作用。

【教学建议】

本案例可用于第三节"毛泽东思想的历史地位"的教学。在讲述案例之后,可以组织学生首先就"如何正确地评价毛泽东和毛泽东思想"这一问题进行分组讨论,并派代表发言;之后由教师加以点评。

(二)观看文献纪录片《走近毛泽东》

【实践类型】

课内实践。

【实践目标】

通过观看纪录片,学生能够更深入地了解毛泽东思想的形成和发展,更多角度、更深刻、更真实地理解毛泽东对中国人民的深厚感情和智慧,能够正确评价毛泽东的历史功过。

【实践方案】

1.实践时间:课内时间。
2.实践地点:多媒体教室。

《走近毛泽东》

3.实践环节:
(1)观看文献纪录片《走近毛泽东》。
(2)请学生用简要的语言谈谈自己看完纪录片后印象最深刻的镜头。
(3)课堂讨论:
①毛泽东思想就是毛泽东的思想吗?
②如何理解毛泽东思想的当代价值?
(4)课后写一篇观后感,字数要求1000字左右。

(三)问卷调查:高校学生心目中的毛泽东

【实践类型】

课外实践。

【实践目标】

毛泽东是伟大的马克思主义者,伟大的无产阶级革命家、战略家、理论家,是马克思主义中国化的伟大开拓者,是近代以来中国伟大的爱国者和民族英雄,是党的第一代中央领导集体的核心,是领导中国人民彻底改变自己命运和国家面貌的一代伟人。通过此活动,了解当前高校学生对毛泽东的关注度及评价,了解大学生的理想信念。

【实践方案】

1. 实践时间:课外时间。
2. 实践地点:校园内。
3. 实践环节:
（1）调查方法:随机抽样问卷调查。
（2）问卷份数:100份。
（3）调查工作:由调查小组成员随机寻找学生填写调查问卷。
（4）调查分析:由调查小组成员回收问卷,进行统计分析,撰写调查报告。

(四)伟人故乡行——参观毛泽东故居(选择项目)

【实践类型】

社会实践。

【实践目标】

通过参观毛泽东故居、毛泽东同志纪念馆,学习毛泽东的理想信念,学习毛泽东为中国革命事业奋斗终生的崇高精神。引导大学生将个人的理想追求融入中国特色社会主义伟大事业中,具体化为自己的人生信念。为把我国建设成为富强民主文明和谐美丽的社会主义现代化强国而奋斗。

【实践方案】

1. 实践时间:寒暑假。
2. 实践地点:毛泽东的故乡韶山,北京毛泽东故居——吉安所左巷8号,上海毛泽东故居——威海路583弄,武汉毛泽东故居——武汉市武昌都府堤41号。
3. 实践环节:

(1)由学生利用寒暑假时间,根据自身实际情况安排实践项目。

(2)拍摄照片、视频等记录实践过程。

(3)写一篇1000字左右的参观感受。

(五)主题演讲——思想解放和社会进步

【实践类型】

课外实践。

【实践目标】

通过了解古今中外历史上的思想解放和社会发展的关系,深刻理解党的思想路线的基本内容和重大意义,把握实事求是是毛泽东思想和中国特色社会主义理论体系的精髓,掌握运用马克思主义立场、观点和方法来分析解决实际问题的能力。

【实践方案】

1.实践时间:课外时间(2课时)。

2.实践地点:多媒体教室。

3.实践环节:

(1)由演讲小组选取某个思想家,结合其时代背景探讨其思想对社会发展产生了哪些影响,从中我们能得到什么启示。

(2)演讲小组共同撰写演讲稿。

(3)选派一人代表小组进行主题演讲。

(4)由评委进行评分,评出一、二、三等奖。

(六)网络拓展

历史伟人:马克思

红色歌曲:《国际歌》

二、课后习题

(一)单项选择题

1.首次提出"马克思主义中国化"命题的中国共产党领导人是( )。
A.毛泽东　　　　B.邓小平　　　　C.江泽民　　　　D.胡锦涛

2.毛泽东首次提出"马克思主义中国化"命题的著作是（　　）。
A.《中国社会各阶级的分析》　　B.《论新阶段》
C.《中国革命和中国共产党》　　D.《新民主主义论》

3.毛泽东思想初步形成于（　　）。
A.中国共产党创建和大革命时期　　B.土地革命战争时期
C.抗日战争时期　　D.解放战争时期

4.马克思主义中国化时代化理论成果的精髓是（　　）。
A.实事求是　　B.群众路线　　C.独立自主　　D.理论创新

5.毛泽东思想形成的实践基础是中国共产党领导的（　　）。
A.工人运动　　B.农民运动　　C.武装斗争　　D.革命和建设实践

6.党的思想路线中，最核心的内容是（　　）。
A.一切从实际出发　　B.理论联系实际
C.实事求是　　D.在实践中检验真理和发展真理

7.首次提出"马克思主义中国化"命题是在党的（　　）。
A.遵义会议　　B.瓦窑堡会议　　C.六届六中全会　　D.六届七中全会

8.确立毛泽东思想为全党的指导思想的是（　　）。
A.中共六届六中全会　　B.中共六届七中全会
C.中共七大　　D.延安整风

9.毛泽东思想初步形成阶段的主要理论成果是（　　）。
A.新民主主义革命基本理论的提出
B.新民主主义革命理论的成熟
C.社会主义革命理论的提出
D.农村包围城市、武装夺取政权革命道路的提出

10.在中共七大上，作《关于修改党章的报告》，正确评价毛泽东与毛泽东思想的是（　　）。
A.刘少奇　　B.邓小平　　C.周恩来　　D.王稼祥

11.坚持实事求是，要努力避免任何超越现实、超越阶段而（　　）的倾向。
A.急于求成　　B.照搬照抄　　C.因循守旧　　D.故步自封

12.中国革命和建设的基本立足点是（　　）。
A.艰苦奋斗　　B.实事求是　　C.独立自主　　D.争取外援

13.对毛泽东思想的历史地位和指导意义的说法错误的是（　　）。
A.毛泽东思想是中国革命和建设的指导思想
B.毛泽东思想是中国立国建国的政治基础
C.毛泽东思想是建设有中国特色社会主义理论的思想渊源和理论先导

D.毛泽东思想是中国特色社会主义理论体系的开篇之作

14.毛泽东思想的活的灵魂是(　　)。
A.解放思想、实事求是、群众路线
B.解放思想、实事求是、独立自主
C.解放思想、群众路线、独立自主
D.实事求是、群众路线、独立自主

15.毛泽东思想不是在个别的方面,而是在许多方面以其独创性理论丰富和发展了马克思列宁主义,构成一个博大精深的科学思想体系。它有着坚实的中国化马克思主义哲学思想的理论基础,其核心和精髓是(　　)。
A.实事求是　　B.解放思想　　C.群众路线　　D.独立自主

16.毛泽东思想形成的时代背景是(　　)。
A.革命与独立　　B.战争与革命　　C.和平与发展　　D.科技与创新

17.马克思主义中国化时代化的第一个重大理论成果是(　　)。
A.毛泽东思想
B.邓小平理论
C."三个代表"重要思想
D.科学发展观

18.毛泽东思想形成和发展的实践基础是(　　)。
A.中国工人运动的发展
B.马克思列宁主义在中国的传播
C.中国共产党领导人民进行革命和建设的成功实践
D.农民运动的发展

19.毛泽东思想形成的标志是(　　)。
A.提出了新民主主义革命的基本思想
B.提出了农村包围城市、武装夺取政权的革命新道路理论
C.提出了系统的新民主主义革命理论
D.提出了人民民主专政、社会主义改造和建设理论

20.毛泽东思想成熟的标志是(　　)。
A.农村包围城市的革命道路理论的形成
B.哲学体系的建构
C.新民主主义革命理论的系统阐述
D.政策和策略理论的形成

(二)多项选择题

1.马克思主义中国化时代化就是(　　)。
A.将马克思主义基本原理同中国具体实际相结合
B.把马克思主义基本原理和时代特征相结合

C.运用马克思主义研究和解决中国革命、建设和改革中的实际问题
D.把中国革命、建设和改革的实践经验和历史经验提升为理论
E.运用中国人民喜闻乐见的民族语言来阐述马克思主义理论

2.中国特色社会主义理论体系包括(　　)。
　A.毛泽东思想　　　　　　　　B.邓小平理论
　C."三个代表"重要思想　　　　D.科学发展观
　E.习近平新时代中国特色社会主义思想

3.在毛泽东思想的指导下,我们党团结带领中国人民,(　　)。
　A.彻底结束了旧中国半殖民地半封建社会的历史
　B.彻底结束了旧中国一盘散沙的局面
　C.彻底废除了列强强加给中国的不平等条约
　D.彻底废除了帝国主义在中国的一切特权
　E.实现了中国从几千年封建专制政治向人民民主的伟大飞跃

4.群众路线是(　　)。
　A.党的生命线
　B.党的根本工作路线
　C.马克思主义关于人民群众是历史的创造者这一基本原理的体现
　D.党永葆青春活力和战斗力的重要传家宝
　E.毛泽东思想的精髓

5.毛泽东思想产生的社会历史条件包括(　　)。
　A.俄国十月革命开辟了世界无产阶级社会主义革命的新时代
　B.新的社会生产力的增长以及工人阶级队伍壮大、工人运动的发展
　C.马克思主义在中国的广泛传播
　D.中国共产党领导的深刻复杂的大革命
　E.近代中国社会矛盾和革命运动的发展

6.毛泽东思想是在我国(　　)的实践过程中,在总结我国革命和建设正反两方面历史经验的基础上,逐步形成和发展起来的。
　A.新民主主义革命　　　　　　B.社会主义革命
　C.旧民主主义革命　　　　　　D.社会主义建设
　E.改革开放

7.第一次国内革命战争时期,毛泽东在(　　)等著作中,分析了中国社会各阶级在革命中的地位和作用,提出了新民主主义革命的基本思想。
　A.《中国社会各阶级的分析》　　B.《〈共产党人〉发刊词》
　C.《实践论》　　　　　　　　　D.《矛盾论》

E.《湖南农民运动考察报告》

8.土地革命战争时期,毛泽东在(　　)等著作中,指明了中国革命的发展规律,提出并阐述了农村包围城市、武装夺取政权的思想。

A.《中国的红色政权为什么能够存在?》

B.《新民主主义论》

C.《井冈山的斗争》

D.《星星之火,可以燎原》

9.土地革命战争时期,以毛泽东为主要代表的中国共产党人,在同党内一度盛行的把(　　)的错误倾向的斗争中,逐步开辟了农村包围城市、武装夺取政权的革命道路。

A.马克思主义教条化　　　　　B.马克思主义民族化

C.共产国际决议神圣化　　　　D.苏联经验神圣化

E.马克思主义时代化

10.毛泽东科学阐述新民主主义革命的对象、动力、领导力量、性质和前途等基本问题的著作有(　　)。

A.《湖南农民运动考察报告》　　B.《〈共产党人〉发刊词》

C.《中国革命和中国共产党》　　D.《新民主主义论》

E.《论联合政府》

11.在毛泽东思想的成熟时期,毛泽东详细论述了(　　)的基本规律和内在联系,为新民主主义革命的胜利找到了正确方法。

A.统一战线　　B.武装斗争　　C.党的建设　　D.文化建设

E.经济建设

12.关于社会主义革命和社会主义建设的重要思想,集中体现于(　　)等著作中。

A.《在中国共产党第七届中央委员会第二次全体会议上的报告》

B.《论人民民主专政》

C.《论联合政府》

D.《论十大关系》

E.《关于正确处理人民内部矛盾的问题》

13.毛泽东思想的主要内容,包括(　　)。

A.新民主主义革命理论

B.社会主义革命和社会主义建设理论

C.革命军队建设和军事战略的理论

D.政策和策略的理论、党的建设理论

E.思想政治工作和文化工作的理论

14.毛泽东强调人民军队实行(　　)三大民主。
A.政治　　　　B.经济　　　　C.文化　　　　D.管理
E.军事

15.人民军队实行(　　)的原则。
A.官兵一致　　B.上下一致　　C.军民一致　　D.瓦解敌军
E.歼灭敌人

16.文化工作要实行百花齐放、百家争鸣和(　　)的方针。
A.适当安排　　B.统筹兼顾　　C.古为今用　　D.洋为中用
E.推陈出新

17.(　　)是中国共产党区别于其他任何政党的显著标志。
A.理论和实践相结合的作风　　B.和人民群众紧密地联系在一起的作风
C.自我批评的作风　　　　　　D.经常开展思想政治教育
E.重视社会实践

18.毛泽东提出了许多重要的政策和策略思想。其中包括:对敌人要区别对待、分化瓦解,实行(　　)的策略,并做到有理、有利、有节。
A.打击少数　　B.利用矛盾　　C.争取多数　　D.反对少数
E.各个击破

19.独立自主,就是(　　)。
A.坚持独立思考
B.走自己的路
C.坚定不移地维护民族独立、捍卫国家主权
D.完全依靠自己的力量建设社会主义
E.把立足点放在依靠自己力量的基础上,同时积极争取外援,开展国际经济文化交流,学习外国一切对我们有益的先进事物

20.毛泽东思想的科学含义具体表现为(　　)。
A.是马克思列宁主义民族化的优秀典型
B.是马克思列宁主义在中国的运用和发展
C.是被实践证明了的关于在中国建设、巩固和发展社会主义的正确的理论原则和经验总结
D.是被实践证明了的关于中国革命和建设的正确的理论原则和经验总结
E.是中国共产党集体智慧的结晶

(三)判断题

1.历史和现实反复证明,马克思主义只有中国化才能在中国大地上闪耀真理光芒,也只有实现中国化才能救中国、发展中国、发展社会主义。(　　)

2. 毛泽东思想是中国革命实践自发的产物。(   )

3. 毛泽东思想和中国特色社会主义理论体系,都是中国化的马克思主义。(   )

4. 邓小平理论作为马克思主义中国化时代化的第一个重大理论成果,至今依然闪耀着真理光芒。(   )

5. 十月革命的胜利开辟了世界无产阶级社会主义革命的新时代。(   )

6. 五四运动使中国反帝反封建的民主革命从旧的世界资产阶级民主革命的一部分,转变为新的世界无产阶级社会主义革命的一部分。(   )

7. 中国共产党成立之后,为中国人民谋幸福,为中华民族谋复兴,经历了千辛万苦的奋斗历程,有成功的宝贵经验,也有失败的惨痛教训。(   )

8. 毛泽东思想是对中国革命和建设中的经验教训进行深刻总结而形成的理论成果。(   )

9. 毛泽东系统地阐述新民主主义革命理论,标志着毛泽东思想的初步形成。(   )

10. 遵义会议以后,毛泽东思想得到多方面展开而趋于成熟。(   )

11. 中共八大正式将毛泽东思想确立为党的指导思想并写入党章。(   )

12. 毛泽东思想以独创性的理论丰富和发展了马克思列宁主义。(   )

13. 在同资产阶级结成统一战线时,要保持无产阶级的独立性,实行又团结又斗争、以斗争求团结的政策。(   )

14. 无产阶级领导的统一战线要争取城市小资产阶级参加,并且在面对外敌侵略的特殊条件下可以把一部分民族阶级也包括在内,以求最大限度地孤立最主要的敌人。(   )

15. 毛泽东人民民主专政的理论,丰富了马克思列宁主义关于无产阶级专政的学说。(   )

16. 党指挥枪而不是枪指挥党,这是毛泽东规定的人民军队建设的原则。(   )

17. 政策和策略是党的生命。(   )

18. 毛泽东思想的活的灵魂是实事求是、群众路线、统一战线。(   )

19. 新民主主义革命理论,是反映新民主主义革命客观规律的完备的理论形态。(   )

20. 毛泽东思想,就是毛泽东同志的思想。(   )

参考答案

(一)单项选择题

1. A 2. B 3. B 4. A 5. D 6. C 7. C 8. C 9. D 10. A 11. A 12. C 13. D 14. D 15. A 16. B 17. A 18. C 19. B 20. C

(二)多项选择题
1.ABCDE 2.BCDE 3.ABCDE 4.ABCD 5.ABC 6.ABD 7.AE 8.ACD
9.ACD 10.BCDE 11.ABC 12.ABDE 13.ABCDE 14.ABE 15.ACD 16.CDE
17.ABC 18.BCDE 19.ABCE 20.BDE

(三)判断题
1.对 2.错 3.对 4.错 5.对 6.错 7.对 8.对 9.错 10.对 11.错
12.对 13.对 14.错 15.对 16.对 17.对 18.错 19.对 20.错

第二章

新民主主义革命理论

没有革命的理论,就没有革命的行动。中国共产党为什么能从小到大、从弱到强?中国革命为什么能从胜利不断走向胜利?为什么能在其他各种势力和主义都失败的情况下,找到中国革命的正确道路?为什么能一举推翻帝国主义、封建主义、官僚资本主义"三座大山"?为什么能走出"山沟沟"、走向全国执政?这一个又一个"为什么能"的答案,就蕴含在新民主主义革命理论之中。

一、实践课堂

(一)案例分析

【实践类型】

课内实践。

【实践目标】

通过案例分析,加深学生对理论知识的掌握。

【实践方案】

1.实践时间:课内时间。

2.实践地点:多媒体教室。

3.实践环节:

(1)采取小组合作方式,提高学生学习、思考的积极性和参与度。

(2)小组成员需要提出自己的观点,并结合理论知识阐述理由。通过集体讨论,学生能够更全面地思考问题。

(3)案例分析为开放性结论,只要原理运用合理、思路阐述清晰,允许学生保留观点。

案例分析1:"从1840到1901"

【案例呈现】

1840年6月,集结在澳门沿海之外的英国舰船出发北上,入侵中国,第一次鸦片战争爆发。清政府被迫签订了以割让香港岛、赔款2100万银圆等为主要内容的《南京条约》,中国开始迈入半殖民地半封建社会。第一次鸦片战争结束14年后,危机再次从海上袭来。这一次,侵略者直接逼近了大清国的首都。1860年10月18日,侵入北京的英法联军焚毁了清朝皇帝的离宫——号称"万园之园"的圆明园,在中国人的记忆里烙上了深深的伤痕。1894年,中日甲午战争爆发,号称亚洲第一的北洋海军未能御敌于海上,这支在洋务运动中装备起来的舰队最终全军覆没。《马关条约》的签订,大大加深了中国半殖民地半封建社会的程度。1900年,列强再次侵入北京,这一次是八个国家的铁蹄践踏中国国土。清政府被迫签订《辛丑条约》,赔款4亿5000万两白银,相当于当年清政府财政收入的5倍。从1840年鸦片战争至此,清政府的战争赔款总数高达7亿2450万两白银,帝国主义列强强迫中国政府签订的各种不平等条约、条款等总数达几百个之多。清王朝已经完全沦为一个对内不能保护国民尊严、对外不能捍卫国家主权的腐朽没落的政府,中国已经沦为一个完全的半殖民地半封建社会。

(资料来源:电视政论片《复兴之路》解说词)

【案例讨论】

中国革命的首要对象是谁?

【案例点评】

鸦片战争以来,帝国主义发动的一系列侵略战争,给中华民族带来了无尽的战祸和灾难,使近代中国沦为半殖民地半封建社会。帝国主义通过野蛮的侵略战争,不但操纵了近代中国的财政和经济命脉,而且操纵了中国的政治和军事力量,成为阻碍中国社会发展和进步的首要因素,是近代中国贫困落后和一切灾祸的总根源,近代中国所遭受的最大的压迫就是来自帝国主义的民族压迫,推翻帝国主义的压迫也就成为中国走向独立和富强的首要前提。

【教学建议】

案例可用于第一节第一目"近代中国国情和中国革命的时代特征",或者第二节第一目"新民主主义革命的总路线"中关于"新民主主义革命对象"的教学。教师可运用其中的案例,引导学生进行讨论,使学生能更直观深切地了解旧中国半殖民地半封建社会的性质。帝国主义是中国贫困落后和一切灾祸的总根源,是中国革命的首要对象。

案例分析2:五四运动为什么是新民主主义革命的开端?

【案例呈现】

1918年第一次世界大战以同盟国的失败而宣告结束。1919年1月起,协约国在巴黎召开和平会议,中国作为战胜国也派代表参加了巴黎和会,然而,中国代表提出的合理要求不但遭到拒绝,而且会议竟然规定德国在山东获得的一切特权转交给日本。巴黎和会上中国外交的失败,使中国人民积蓄已久的反帝爱国情绪如火山般爆发出来。1919年5月4日,北京大学等13所大专学校的学生3000余人齐集天安门示威,要求"外争主权,内惩国贼",以学生斗争为先导的五四爱国运动由此爆发。运动很快发展到全国的各阶层。6月5日,上海工人自动举行声援学生的罢工,几日之间达到了六七万人。随后,北京、唐山、汉口、南京、长沙等地工人也相继举行罢工,运动的主力由学生转变为工人,波及全国20多省的100多个城市。在国内群众运动的强大压力下,中国代表没有出席6月28日巴黎和会签字仪式。

五四运动是中国从旧民主主义革命走向新民主主义革命的转折点。五四运动杰出的历史意义,在于它带着辛亥革命还不曾有的姿态,这就是彻底地不妥协地反帝国主义和彻底地不妥协地反封建主义。这也正是五四运动与以往的农民革命和资产阶级革命的不同之处。在五四运动之前,中国的反帝反封建革命是由农民阶级和民族资产阶级领导的,而五四运动之后,虽然革命的任务仍然是推翻帝国主义与封建主义的统治,革命的对象也仍然是帝国主义和封建主义,但革命的领导者已经不再是农民阶级和民族资产阶级而是无产阶级。既然如此,五四运动之后的反帝反封建革命就称为新民主主义革命。

五四运动又是一场伟大的思想启蒙运动和新文化运动,有力地推动了马克思主义在中国的传播。近代以来,中国一直在努力地向西方学习,并且经历了从学"器物"到学"制度"再到学"思想"的转变。1915年9月,陈独秀在上海创办了《青年杂志》(不久改名为《新青年》),它以青年群众为主要的读者对象,新文化运动由此发端。当时,西方各种主义和思潮纷纷涌入中国。在这个过程中,马克思主义也开始在中国传播,但既没有得到正确的解释,也未为人们所重视,即使接触到马克思主义的少数知识分子,新民主主义革命理论也仅将之作为西方的一个学术派别来看待。

五四运动是在俄国十月革命后发生的。在此之后,马克思主义在中国的际遇就大不一样了。在马克思主义指导下取得革命成功的俄国,在政治经济上与中国有着许多相同或接近的地方,而它在革命胜利后又以反对帝国主义相号召,并且主动宣布废除帝俄与中国签订的不平等条约。这样,中国的先进分子对马克思主义产生了特殊的好感。在这样的背景下,中国先进分子的代表李大钊、陈独秀等,满腔热情地讴歌十月革命的胜利,如饥似渴地学习马克思主义,并不遗余力地对十月革命和马克思主义加以宣传介绍。在这个过程中,不但他们自身完成了由激进民主主义者到初步马克思主义者的转变,而且经过五四运动的洗礼,也使一批和他们有着共同理想的先进青年,如毛泽东、邓中夏、蔡和森、恽代英、周恩来、刘少奇等等,集合在马克思主义的旗帜下,于是有了中国马克思主义者这一群体。

对于五四运动前后马克思主义在中国的传播情况,毛泽东有过形象的比喻:"马克思主义产生于欧洲,开始在欧洲走路,走得比较慢。那时我们中国除极少数留学生以外,一般人就不知道,我也不知道世界上有马克思其人。""总之,那时我没有看到过,即使看过,也是一刹那溜过去了,没有注意。"马克思主义在"十月革命以后就走得这样快。因为它走得这样快,所以一九一九年中国人民的精神面貌就不同了,五四运动以后,很快就晓得了打倒帝国主义、打倒封建势力的口号。在这以前,哪个晓得提这样的口号呢?不知道!这样的口号,这样明确的纲领,从中国无产阶级产生了自己的先锋队——共产党起,就提出来了。"中国的先进分子接受了马克思主义之后,就开始意识到组建马克思主义政党的重要。

五四运动后期工人成为运动的主力,中国工人阶级开始走上中国政治的舞台。

五四运动的另一结果,是使那些具有初步共产主义思想的知识分子,认识到工人阶级力量的伟大,他们脱下长衫,来到工人中间,了解工人的悲惨生活,启发工人的阶级觉悟,开办工人夜校,提高工人的文化水平,实现了马克思主义与中国工人运动的初步结合。在这个过程中,他们的思想感情进一步转变到工人阶级方面,实现了知识分子的工人阶级化。同时,一部分工人由于受到了马克思主义的教育而提高了阶级觉悟,这就为无产阶级政党的建立准备了思想和干部条件。正是由于马克思主义与工人运动相结合,直接推动了1921年中国共产党的成立。自从有了中国共产党,中国工人阶级就有了自己的先锋队,中国革命就有了新的领导核心力量,这是中国新民主主义革命区别于旧民主主义革命最根本的特征。

(资料来源:《学习时报》,2020年6月8日)

【案例讨论】

为什么说五四运动是新民主主义革命的开端?

【案例点评】

通过案例,我们看到五四运动爆发的背景、过程,以及五四运动的划时代意义。五四运动后中国工人阶级开始走上中国政治的舞台,那些具有初步共产主义思想的知识分子,认识到工人阶级力量的伟大,思想感情也发生转变,从而走进工人群众中去,这也进一步促进了马克思主义的传播,一部分工人由于受到了马克思主义的教育而提高了阶级觉悟,为无产阶级政党的建立准备了思想和干部条件。

【教学建议】

本案例可用于第一节第一目"近代中国国情和中国革命的时代特征"中关于"近代中国革命的时代特征"问题的讲解。通过对五四运动爆发背景和过程的学习,了解五四运动成为新民主主义革命开端的具体原因。

案例分析3:工农武装割据思想

【案例呈现】

工农武装割据的基本内容,是在中国共产党的领导下,以农民武装斗争为主要形式,以土地革命为主要内容,以农村革命根据地为主要阵地,三者紧密结合进行反帝反封建的民主革命斗争。它是毛泽东在总结1927年至1930年各地农民武装斗争经验的基础上提出的。

1928年10月,湘赣边界党的第二次代表大会召开。大会通过了由毛泽东起草的《湘赣边界各县党第二次代表大会决议案》,总结了湘赣边界斗争的经验,初步回答了中国革命的具体道路问题。这个决议中的一部分内容是《政治问题和边界党的任务》。后来,毛泽东对此作了文字修改,并把标题改为《中国的红色政权为什么能够存在?》。毛泽东在《中国的红色政权为什么能够存在?》和《井冈山的斗争》等著作中,阐明了在反动政权的包围之中,农村革命根据地能够建立和发展的原因和条件。这些原因和条件主要是:(1)中国是帝国主义间接统治的经济落后的半殖民地国家。半封建性的地方的农业经济和帝国主义对中国实行划分势力范围的政策,使反动统治集团内部长期分裂和连续不断的战争。(2)第一次国内革命战争的影响。(3)全国革命形势的向前发展。(4)相当力量的正式红军的存在。(5)共产党组织的有力量和它的政策的不错误。毛泽东指出,工农武装割据的思想,是共产党和割据地方的工农群众必须充分具备的一个重要的思想。在《中国的红色政权为什么能够存在?》这篇重要文章中,毛泽东进一步阐明"工农武装割据"的思想,对在农村建立革命根据地的各个基本问题,如土地革命中如何争取中间阶级的问题,政权建设中如何推行民主制度的问题,建党问题上如何纠正非无产阶级思想的问题等,作了明确的解释和解决。毛泽东指明了在反动统治薄弱的农村积聚力量,实行工农武装割据,以农村包围城市,最后夺取城市取得全国政权的道路。这是毛泽东思想开始形成的一个标志,是马克思主义中国化时代化的里程碑。

(资料来源:人民网,2020年6月16日)

【案例讨论】

新民主主义革命理论的实践基础都有哪些?

【案例点评】

通过案例,我们看到工农武装割据思想形成的背景原因、具体内容及其重大意义。成立仅仅6年的中国共产党,面临生死存亡的考验,以毛泽东为代表的中国共产党人在江西井冈山点燃了"工农武装割据"的星星之火,创建了以宁冈为中心的中国第一个农村革命根据地,成功开辟了"以农村包围城市、武装夺取政权"的中国特色革命道路。

【教学建议】

本案例可用于第一节第二目"新民主主义革命理论的实践基础"中关于"工农武装割据思想"部分的教学。在讲述本案例之后,教师组织学生围绕"新民主主义革命的一系列理论问题"等内容进行交流讨论,教师进行点评总结。

案例分析4：孔祥熙敛财

【案例呈现】

孔祥熙(1880—1967年)，字庸之，山西太谷人，投靠蒋介石后，历任南京国民政府工商、实业、财政等部部长和行政院院长等要职。孔祥熙主管财政达11年之久，被称为国民政府的"聚敛之臣"，孔家又是国民党官僚资本的典型代表，他的聚敛反映了官僚资本的恶性发展。

孔祥熙利用手中的权力，在各种正当的名义之下，假公济私，营私舞弊，大发横财。时人给国民党四大家族概括为"蒋家天下陈家党，宋氏兄妹孔家财"，不无道理。

孔家的经营以独资为多，以商业为主。早期的商业活动是从一战期间倒卖铁砂开始，继而创办祥记公司和裕华银行，后又创办了广茂兴、晋丰源药店。抗战中，他利用手中的权力进行投机贸易，孔家的实业迅速地膨胀起来，又创办了庆记纱号、强华公司、恒义升贸易公司等独资企业。在工业方面，孔祥熙有与刘鸿生合办的中国火柴厂、中国毛纺织厂和西北毛纺织厂以及与盛萍臣合办的华福烟草公司。此外，孔祥熙投资与四川军阀合办中国兴业公司。在该公司中，孔氏父子的投资占80%，以后逐年增加。到1943年，孔家占该公司资本总额1.2亿元的95%。1944年，"四行"在给工业贷款的1.5亿元之中，中国兴业公司一家就占了7000万元。孔祥熙还接办过《时事新报》、《大晚报》、英文版《大陆报》和《申时通讯社》等文化方面的企业。

孔祥熙财产到底有多少，没有准确数字，但综合国内外人士的估计，大概在10亿美元以上。但仅凭孔祥熙办的企业，远不能成为"孔家财"。他之所以成为富翁，主要依靠各种不正当手段和途径取得的军火贸易，获取回佣金。孔祥熙赚大钱是从购买军火，获取巨额回佣金开始的。

早在1932年，孔祥熙奉命以考察实业特使名义前往欧美洽购军火时就开始大捞回佣金。1933年孔祥熙充任中央银行总裁后，就完全掌握了购买军火的大权。1935年孔祥熙成立了隶属于中央银行的中央信托局，专办订购军火事宜，孔祥熙自兼该局的理事长，掌有实权。抗战中，中信局设在香港的通讯处实际上成了总局，他派其子孔令侃任常务理事代行理事长职权，专办接运军火转口海防事宜，在多年的战争中，孔氏父子独霸军火交易，这是孔家开始暴富的重要途径。

操纵外汇，伺机谋利。1938年3月，国民政府颁布了外汇清核办法，规定由政府控制外汇，审批大权握在孔祥熙手中，这便为孔家套取大量外汇进行倒卖提供了方便。

债券舞弊，谋取暴利。早在抗战前，担任财政部长的孔祥熙整理旧公债，发行新公债，就发出了"此举意在停息"的谣言，致使公债价格惨跌，孔祥熙暗中派人将旧公债购入，几天后，他再出面辟谣，债券价格立即暴涨。仅孔祥熙一人在这一入一出间就获利3000万元之巨。抗战中，他借推销1亿"同盟胜利美金公债"之机，将未售出的

5000万美券侵蚀瓜分,这一丑闻传出后,激起了爱国人士的义愤,蒋介石只好亲自过问,孔祥熙被迫辞去了中央银行总裁职务,答应分期偿还。

走私贩私,囤积居奇。在抗战期间,国民党统治地区物资奇缺,孔氏家族乘机走私贩私,囤积居奇,投机倒把,买空卖空,牟取暴利。

滥发纸币,从中渔利。由于战争的需要,法币发行量逐年增加。国民党滥发纸币的结果,不仅使货币贬值,物价飞涨,而且也为孔祥熙提供了又一条中饱私囊的渠道。印钞所需的纸张均有回佣,主管此事的孔祥熙便理所当然地享用了这份回佣。

黄金投机,牟取暴富。由于国民政府在黄金政策上的反复无常,给孔祥熙获取暴利以可乘之机。正如国民党《周报》所披露的:"在黄金政策的幌子下,翻云覆雨,不知制造了几多暴富。这种暴富唯有制造消息的权贵,才有十足把握。试想开战停战至今日,一会儿宣布黄金国有,一会儿解除国有恢复自由买卖,一会儿平衡买卖,一会儿又实行官价平价",而且,"每次变动前后,市场总是谣言蜂起,作浪作风,谣言什九成为事实,则其内幕如何,也就可想而知"。抗战后期裕华银行增资近亿元,就是为了进行黄金投机买卖。

孔家的发家过程,就是一部中国官僚资本主义的成长史,它的发展兴盛和国民党政权密切相关。在国民党节节败退的形势下,孔祥熙已感到蒋介石的失败是大势所趋,便托词离开大陆,远走美国,在旧金山过起寓公生活。1967年8月16日,孔祥熙病逝于美国纽约医院。

(资料来源:节选自《孔祥熙在国民政府中的敛财手段简记》,《历史教学》,2001年第12期)

【案例讨论】

谈谈为什么在新民主主义革命阶段我们要反对官僚资本主义?

【案例点评】

通过案例,我们看到中国官僚资产阶级的典型代表孔祥熙的敛财发家过程,他依靠政治特权,通过各种非法手段,巧取豪夺,投机倒把,牟取暴利,在使自己暴富的同时却严重损害了国家和民族资产阶级利益,严重阻碍了中国社会经济的健康发展。孔祥熙的发家史完整地勾勒出官僚资本主义的封建性、买办性、垄断性和腐朽性,印证了毛泽东对官僚资本主义特性的分析。反对官僚资本,消灭官僚资产阶级,理应是新民主主义革命内容之一,同时,由于其反对资本主义的色彩,使之具有了某些社会主义革命的性质。

【教学建议】

第一,本案例可用于第二节第一目"新民主主义革命的总路线"的辅助教学。通过本案例的教学,教师要使学生明确官僚资本主义的发展,主要依靠帝国主义和封建主义的扶持,它的存在严重地束缚中国社会生产力的发展,阻碍了中国经济现代化的步伐,因此是中国新民主主义革命的基本对象之一。

第二,在使用本案例过程中,要通过孔祥熙的敛财,让学生认识到帝国主义、封建主义和官僚资本主义三者之间的密切联系,避免单纯提官僚资本主义。教学中应该启发和引导学生认清官僚资本主义的本质,要把它和中国的民族资本主义严格区分开来,以能达到更好的教学效果。

第三,在讲述本案例之后,教师组织学生围绕"通过孔祥熙的敛财发家的过程,如何认识官僚资本对中国经济发展的阻碍作用""谈谈为什么在新民主主义革命阶段我们要反对官僚资本主义"等问题进行思考、讨论、交流,在学生充分讨论发言的基础上,教师进行点评总结。

案例分析5:毛泽东与中国农民问题

【案例呈现】

农民问题是中国革命和现代化进程中的根本问题。中国农民问题包括两个互相联系的方面:翻身解放和共同富裕。毛泽东一生高度重视农民问题。1963年7月22日,他在会见澳大利亚共产党左派希尔夫妇时,指出:我是比较注意农民问题的,也得花十年的功夫才了解全部农民问题,了解了农村各阶级的相互关系。毛泽东对中国农民问题的探索以1949年新中国成立为界,分为两个阶段:新中国成立前,通过以土地革命为中心的政治革命,实现农民翻身解放;新中国成立后,通过农村社会主义现代化,实现农民共同富裕。

毛泽东在解决中国农民问题方面,既经历了巨大的成功,也走过了曲折的弯路。正是在毛泽东的带领下,中国农民才永远地站起来,开始堂堂正正地做人,并迈开了通向共同富裕道路的大步。总结毛泽东在探索中国农民问题出路上的经验与教训,对于今天解决"三农"问题,有着重大的现实意义。

毛泽东非常重视农民问题在新民主主义革命中的重要作用,他认为中国革命的基本问题就是农民问题,使农民从政治压迫和经济剥削下解放出来,成为社会和国家的主人。1944年毛泽东致《解放日报》社社长秦邦宪的信中指出:"民主革命的中心目的就是从侵略者、地主、买办手下解放农民。"1948年1月15日,他在出席西北野战军前委扩大会议上的讲话中指出,人民大众主要就是农民,人民大众的解放主要是农民的解放,农民的解放就是"打破封建的土地所有制,实行彻底的平分土地,把土地所有权交给农民,使农民放心大胆好好生产,改进农作方法"。

作为一个来自农民家庭又熟悉农民的进步知识分子,毛泽东很早就对中国农民问题予以关注。早在1919年7月28日,他就在《民众的大联合》一文中,号召农民联合起来,解决自己的问题。他说:"种田的诸君!田主怎样待遇我们?租税是重还是轻?

我们的房子适不适？肚子饱不饱？田不少吗？村里没有没田作的人吗？这许多问题，我们应该时时去求解答。应该和我们的同类结成一个联合，切切实实彰明较著地去求解答。"

1923年4月，毛泽东派共产党员刘东轩、谢怀德到他们的家乡衡山县岳北白果乡开展农运工作。同年6月，在中共三大上，毛泽东特别强调了农民问题对于革命的重要意义。

毛泽东真正投入精力去从事农民运动，是1925年回乡养病组织韶山农民运动。在韶山从事农民运动的实践，推动了毛泽东对中国农民问题的认识。1925年12月1日，毛泽东在《中国社会各阶级的分析》一文中，明确指出，农民是中国无产阶级的最广大和最忠实的同盟军。

1926年9月1日，毛泽东在编辑《农民问题丛刊》第1辑出版时，写了一篇序言，题为《国民革命与农民运动》。在这篇文章中他首先就指出，"农民问题乃国民革命的中心问题，农民不起来参加并拥护国民革命，国民革命不会成功；农民运动不赶速地做起来，农民问题不会解决；农民问题不在现在的革命运动中得到相当的解决，农民不会拥护这个革命"。因为"经济落后之半殖民地革命最大的对象是乡村宗法封建阶级（地主阶级）"，"经济落后之半殖民地的农村封建阶级，乃其国内统治阶级国外帝国主义之唯一坚实的基础，不动摇这个基础，便万万不能动摇这个基础的上层建筑"。因此，他号召"有大批的同志，立刻下了决心，去做那组织农民的浩大的工作。要立刻下了决心，把农民问题开始研究起来。要立刻下了决心，向党里要到命令，跑到你那熟悉的或不熟悉的乡村中间去，夏天晒着酷热的太阳，冬天冒着严寒的风雪，挽着农民的手，问他们痛苦些什么，问他们要些什么。从他们的痛苦与需要中，引导他们组织起来，引导他们向土豪劣绅争斗，引导他们参与反帝国主义反军阀的国民革命运动"。

大革命后期，毛泽东为了答复当时党内外对于农民革命斗争的责难，从1927年1月4日开始，身着蓝布长衫，脚穿草鞋，手拿雨伞，考察了湘潭、湘乡、衡山、醴陵、长沙五县。历时三十二天，行程七百公里，写出了著名的《湖南农民运动考察报告》。在这个报告里。毛泽东回击了当时对农民运动的责难，赞扬农民运动"好得很"，还指出贫农"乃是农民协会的中坚，打倒封建势力的先锋，成就那多年未曾成就的革命大业的元勋。没有贫农阶级（照绅士的话说，没有"痞子"），决不能造成现时乡村的革命状态，决不能打倒土豪劣绅，完成民主革命"。他还明确地提出："农民问题只是一个贫农问题，而贫农的问题有二个，即资本问题与土地问题。这两个问题都已经不是宣传的问题而是要立即实行的问题。"同时还"要推翻地主武装，建立农民武装"。

1936年，他在延安会见美国作家斯诺时说："谁赢得了农民，谁就会赢得了中国，谁解决土地问题，谁就会赢得农民。"

1940年，毛泽东在《新民主主义论》中指出，"中国的革命实质上是农民革命"，"农民问题,就成了中国革命的基本问题,农民的力量,是中国革命的主要力量"。

1947年,毛泽东总结革命实践经验,指出:"全党必须明白,土地制度的彻底改革,是现阶段中国革命的一项基本任务。如果我们能够普遍地彻底地解决土地问题,我们就获得了足以战胜一切敌人的最基本的条件。"

正是基于对农民问题的正确认识,毛泽东将中国农民问题的解决与中国革命的出路结合起来,将中国农民的翻身解放与中国社会的变革联系起来。他为中国农民开创了一条通向翻身解放的道路——"农村包围城市,武装夺取全国政权"。他把农村视为革命的主战场,把土地问题作为中国革命的根本问题,把中国农民当作中国革命的主力军,领导农民去推翻不能解决中国农民问题的国民党反动政权和铲除中国几千年封建专制统治的社会基础——封建地主土地所有制。在解决农民土地问题的过程中,毛泽东从中国的实际情况出发,制定了没收封建地主阶级的土地归农民私有,变封建地主土地私有制为个体农民私有的政策方针。这种方针,既是毛泽东把马克思主义与中国实际相结合,在解决中国农民土地问题方面的一大创造,也适应了当时的生产力发展水平,受到了广大农民的欢迎。

从土地革命战争时期的土地革命,到抗日战争时期的减租减息,再到解放战争时期的土地改革,毛泽东为解决农民土地问题进行了艰辛的探索。土地改革从解放战争时期开始进行,到新中国成立后的1952年冬,除台湾省和一部分少数民族地区以外,全国的土地改革基本结束,使三亿无地或少地的农民分得了约七亿亩土地和其他生产资料,免除了过去每年向地主交纳的约七百亿斤粮食的繁重地租,彻底消灭了在我国延续几千年的封建制度的基础——地主阶级的土地所有制。

(资料来源:人民网,2013年12月25日,有删减)

【案例讨论】

1. 土地革命是中国革命的基础和主要内容。以毛泽东为代表的中国共产党人在新民主主义革命中抓住中国革命的基本问题——农民问题,深入进行土地革命,进行了哪些探索?

2. 如何理解"中国农民成了中国革命的脊梁"这一论断?

【案例点评】

美国哈佛大学龚忠武博士在《中国向农村的贫穷开战》一书中写道:"中国广大的农村是中国社会的基础,从古到今,谁能够解决农民问题,谁就能够控制农村,谁就能够统治中国,就能使中国长治久安。当然毛泽东和中国共产党早就敏锐地看到了中国政治上的这个诀窍、这个千古不易的中国历史规律,所以中国共产党胜利了,国民党失败了。"这段话精辟地点明了中国革命之所以胜利,就是因为毛泽东和中国共产党敏锐地抓住并解决了中国革命的根本问题——农民问题。

在长期的革命斗争中,毛泽东始终关注着中国的农民问题,他以马克思列宁主义关于农民问题的理论为指导,对中国农民问题进行过多次系统调查和长期研究,他紧紧抓住农民最关心的土地问题,进行了一系列富有创造性的改革,因时制宜地提出了一系列新的理论观点,这不仅极大地丰富了马列主义关于农民问题的理论,而且为领导中国新民主主义革命的无产阶级找到了最坚固、最可靠的同盟军。农民始终是中国革命的主力军,是新民主主义革命最基本的动力。如果没有毛泽东对中国农民问题的深刻认识,就不可能形成农村包围城市这样一条具有中国特色的革命道路,也不可能得到农民对新民主主义革命的全力支持,也不可能夺取新民主主义革命的胜利。

【教学建议】

本案例可用于第二节第一目"新民主主义革命的总路线"中"新民主主义革命的动力"内容的教学。引导学生深入理解农民问题的成功解决对于新民主主义革命取得胜利的重要意义。

案例分析6:毛泽东为何称中国农民"革命性"最强?(节选)

【案例呈现】

《共产党宣言》在论述无产阶级与资产阶级的阶级斗争时,认为农民是"保守的"、"甚至是反动的";恩格斯在其晚年著作《法德农民问题》中再次强调小农是"过了时的生产方式的残余",并批评法国社会党的纲领迁就了农民。至于工人阶级与农民的联合,他只谈及可以将农业工人"争取到我们这方面来"。领导落后国家无产阶级革命的列宁,提出争取农民、工农结盟的思想,这是对马克思主义的发展。但俄国农民在革命中对工人和士兵的斗争支持很有限,对立却不少。

把农民当作无产阶级革命的主力军,则是毛泽东在中国实际的阶级斗争中的一大创造,也是他发展马克思主义的最主要贡献。他看到,"吾国自秦以来二千余年推动社会向前进步者主要的是农民战争";"只有这种农民的阶级斗争、农民的起义和农民的战争,才是历史发展的真正动力"。而现实也是如此。毛泽东在党的三大上发言说,湖南工人数量很少,国民党员和共产党员更少,可是满山遍野都是农民。因而他得出结论:任何革命,农民问题都是最重要的。他还证以中国历代的造反和革命,每次都是以农民暴动为主力。中国国民党在广东有基础,无非是有些农民组成的军队,如果中共也注重农民运动,把农民发动起来,也不难形成像广东这类的局面。

毛泽东之看重农民,是看重其(主要指贫农)最有革命的要求,如他所言,"中国的农民运动乃政治争斗、经济争斗这两者汇合在一起的一种阶级争斗的运动。其中表现得最特别的尤在政治争斗这一点,这一点与都市工人运动的性质颇有点不同。都市工人阶级目前所争,政治上只是求得集会结社之完全自由,尚不欲即时破坏资产阶级之政治地位。乡村的农民,则一起来便碰着那土豪劣绅大地主几千年来持以压榨农民的政权(这个地主政权即军阀政权的真正基础),非推翻这个压榨的政权,便不能有农民的地位,这是现实中国农民运动的一个最大的特色"。正是在这一点上,"中国农民甚至比英国或美国的工人还要好"。也正是基于这一点,毛泽东给了"最革命"的贫农以最高的评价:"没有贫农,便没有革命。若否认他们,便是否认革命。若打击他们,便是打击革命。他们的革命大方向始终没有错。"

在一个要求革命的国度,有什么比革命的要求更宝贵呢？1927年国共关系破裂,中共决定独立开展武装斗争,毛泽东原拟被调往上海的党中央机关,他回答说,我不愿跟你们去住高楼大厦,我要上山结交绿林朋友。这便是农村包围城市道路的开端。他的做法与俄国经验不合,也必然同当时按共产国际指示办事的党中央领导人发生分歧。上了井冈山的毛泽东曾委婉地抵制上海中央说:"抛弃城市斗争,是错误的;但是畏惧农民势力的发展,以为将超过工人的势力而不利于革命,如果党员中有这种意见,我们以为也是错误的。因为半殖民地中国的革命,只有农民斗争得不到工人的领导而失败,没有农民斗争的发展超过工人的势力而不利于革命本身的。"在彻底战胜了王明等"国际派"后的党的七大上,毛泽东直言地总结说,中国民主革命的主要力量是农民。不要把"农民"这两个字忘记了;这两个字忘记了,就是读一百万册马克思主义的书也是没有用处的,因为你没有力量。其轻"本本"重"实际"的一面表现得淋漓尽致。

(资料来源:近代中国研究网站,2013年7月8日)

【案例讨论】

如何理解新民主主义革命道路形成的必然性？

【案例点评】

半殖民地半封建的中国是一个落后的农业国,农民占我国人口的绝大多数,他们承担着社会的基本生产任务,又是帝国主义和封建主义最大的剥削和掠夺对象,具有强烈的反抗精神。中国革命离开了农民的参加就将一事无成,因而农民问题是中国革命的基本问题,中国的民主革命实质上就是农民革命。而农民要成为中国共产党领导下的基本革命动力,就必须解决农民的土地问题。得到土地的农民迸发的巨大革命热情,是中国革命胜利的重要保证。

【教学建议】

本案例可用于第二节第一目"新民主主义革命的总路线"中"新民主主义革命的动力"和第三节第一目"新民主主义革命的道路"中"新民主主义革命道路形成的必然性"等内容的教学。引导学生明确在中国开展革命斗争,必须充分发动农民,凝聚农民阶级的革命力量,否则就无法摧毁帝国主义和封建地主阶级反动统治的基础。

案例分析7:农村包围城市革命道路是如何探索出来的

【案例呈现】

1927年大革命失败后,中国共产党人并没有被国民党反动派的反革命气焰所吓倒,他们掩埋完同伴的尸体,擦干身上的血迹,爬起来又继续战斗。这时,彭德怀等原在党外的革命者却坚定地加入到共产党员的行列,广大革命群众又集合在党的旗帜之下。

1927年8月1日,周恩来、贺龙、叶挺、朱德、刘伯承等在南昌发动武装起义,打响了武装反抗国民党反动统治的第一枪。中国共产党领导的人民军队由此诞生,中国共产党从此走上了独立领导革命战争、建立人民军队和武装夺取政权之路。

8月7日,中共中央在汉口召开秘密会议,即八七会议。会议确定了土地革命和武装反抗国民党反动派的总方针,并选出了以瞿秋白为首的中共中央临时政治局。毛泽东在会上作了长篇发言,着重讲了三个问题:一是领导权问题;二是农民问题;三是军事问题。关于军事问题,他说:"从前我们骂中山专做军事运动,我们则恰恰相反,不做军事运动专做民众运动。""以后要非常注意军事,须知政权是由枪杆子中取得的。"这是中国共产党人在付出血的代价后得出的正确结论。从此,武装斗争成为中国革命的主要方式。

中国共产党人刚开展武装斗争的时候,曾将夺取中心城市作为目标,这是可以理解的,因为中国共产党人开展武装斗争的时候,世界上还只有一个国家的无产阶级通过武装斗争取得了全国政权,那就是俄国,而十月革命就是先夺取城市然后扩展到农村。所以,南昌起义、广州起义都是以夺取城市为目标,毛泽东领导的秋收起义,最初也是打算夺取湖南的中心城市长沙。秋收起义的部队在向长沙进军时,一度遭到了严重的挫折。毛泽东善于从实践中总结经验教训,当机立断,决定放弃预定的计划,改向敌人统治力量比较薄弱的山区寻求立足点。在起义部队到达江西省永新县的三湾村时,毛泽东在这里进行了著名的三湾改编,全军由党的前敌委员会统一领导,各级部队分别建立党的组织,将党的支部建立在连上,班、排设党小组,营、团设党委,连以上设党代表,由同级党组织的书记担任,成立各级士兵委员会,实行民主管理,从而从组织上确立了党对军队的领导,这是建设无产阶级领导的新型人民军队的重要开端。随后,部队进入湘赣边界的井冈山地区,开创井冈山革命根据地,开始了农村包围城市道路的伟大探索。

1928年4月,朱德、陈毅领导的南昌起义部队和湘南起义的农军,转移到井冈山地区,与毛泽东领导的工农革命军会师。随后,两军合编为工农革命军第四军。同年5月,中共中央决定各地工农革命军一律改称中国工农红军,工农革命军第四军改称为中国工农红军第四军,简称红四军,朱德任军长、毛泽东任党代表,著名的"朱毛红军"由此而来。

到1928年秋冬之际,井冈山的斗争已经坚持一年了。在这一年中有成功也有失败,有经验也有教训,有必要对一年的革命实践做一点回顾总结。为此,毛泽东写作了《中国的红色政权为什么能够存在?》《井冈山的斗争》这两篇重要著作,提出了"工农武装割据"的思想,分析了中国的红色政权能够存在和发展的原因,回答了一些人提出的"红旗到底打得多久"的疑问。在这两篇文章中,对工农武装割据、建立农村革命根据地的重要性作了充分的肯定。

1929年12月28日和29日,红军第四军第九次党代表大会在福建省上杭县古田镇召开。《古田会议决议》总结了红四军成立以来在部队建设上的基本经验教训,确立了人民军队建设的基本原则,成功地解决在长期农村游击战争环境下,在党员和红军的来源大部分是农民的情况下如何建设一个无产阶级政党、如何保持党对人民军队绝对领导这样一个重大问题。

古田会议之后,毛泽东写作了《星星之火,可以燎原》一文,强调红军、游击队和红色区域的建立和发展,是半殖民地中国在无产阶级领导之下的农民斗争的最高形式,是促成中国革命高潮的最重要因素。以毛泽东为书记的红四军前敌委员会还明确提出了"农村工作是第一步,城市工作是第二步"的思想。这就标志着农村包围城市、武装夺取政权思想的初步形成。特别是经过第五次反"围剿"的失败和红军长征,全党对于"左"倾教条主义的错误有了更清醒的认识,"城市中心论"在党内失去了市场,开始有了中国革命必须也只能走农村包围城市道路的自觉。

全国抗战爆发前后,毛泽东总结土地革命战争时期的经验,吸取了抗日战争的新鲜经验,撰写了《中国革命战争的战略问题》《实践论》《矛盾论》《战争和战略问题》《中国革命和中国共产党》等一系列理论著作,形成了完整的农村包围城市道路理论。

毛泽东强调,中国是一个半殖民地半封建国家,同时又是一个政治、经济、文化各方面发展不平衡,半封建经济占优势而土地广大的国家,这就决定了中国革命现阶段的资产阶级民主革命性质,也决定了中国革命的主要方式是武装斗争。同时,由于资本主义的发展不充分,中国工人阶级人数少,占80%以上的人口是农民,农民就成为中国革命的主力军,在中国,武装斗争实质上即是农民战争,城市是敌人统治的中心而农村则是相对薄弱的环节,中国革命必须将重点放在农村,先在农村积聚力量。中国政治、经济、文化的不平衡和地域广大,又为在农村建立革命根据地提供了可能性。因此,农村包围城市、武装夺取政权就成为中国革命唯一正确的道路。

(资料来源:《学习时报》,2020年7月10日)

【案例讨论】

1.结合本案例,讨论井冈山革命根据地建立的意义。

2. 对于中国革命道路的探索过程,你从中得到什么启示?

【案例点评】

党在八七会议上提出了"整顿改编自己的队伍,纠正过去严重的错误,而找着新的道路"的任务。会议使中国共产党在政治上大大前进了一步,开始了从大革命失败到土地革命战争兴起的转折。经过了革命的失败,得到了惨痛的教训,于是有了南昌起义、秋收起义和广州起义,中国革命发展到了一个新的阶段,就是土地革命战争时期。从此,中国走上了农村包围城市、武装夺取政权的新道路。

【教学建议】

本案例可用于第三节"新民主主义革命的道路和基本经验"的课程导入,通过案例学生能够了解中国革命道路一路走来的异常艰辛。在讲述本案例之后,教师组织学生围绕"对于中国革命道路的探索过程,你从中得到什么启示?"这一问题进行思考、讨论、交流,在学生充分讨论发言的基础上,教师进行点评总结。

案例分析8:《星星之火,可以燎原》的故事

【案例呈现】

井冈山斗争初期,条件极其艰苦。面对敌人重重包围下的军事进攻和经济封锁,面对着与外界隔绝的生活,红军中流行着一种悲观的拼命主义。战士们把武装带称作"牺牲带",当谈论到革命的前途时,他们便把两眼瞪圆,不无凄怆地说,"牺牲的时候,革命可能就成功了"。这种黯淡和悲观的气氛就像湿雾一样在井冈山蔓延散开。甚至有的干部也私下议论起"红旗能打多久"和"井冈山要守到何时"等问题。时任第一纵队司令员的林彪也受到了这种情绪的感染,他曾多次散布,"现在边界很困难,只有红米饭、南瓜汤是不行的,一定要打出山去,否则没法维持"。毛泽东对此并不否认,他也感到寂寞和清冷。在《井冈山的斗争》一文中,毛泽东坦诚地写道:我们一年来转战各地,深感全国革命形势的低落……红军每到一地,群众冷冷清清,经过宣传之后,才慢慢起来;和敌军打仗,不论哪一军都要硬打,没有什么敌军内部的倒戈和暴动。马日事变后招募"暴徒"最多的第六军也是这样。我们深深感觉寂寞,我们时刻盼望这种寂寞生活的终了。

即便如此,毛泽东仍然没有放弃他那"留得五湖明月在,不愁无处下金钩"的信念,他要朝着工农武装割据,以农村包围城市、最后夺取政权的目标坚定不移地前进。

是坚持巩固的根据地,波浪式地向外发展,而使星星之火形成燎原之势,还是分散出击,打到山外,闯州过府,形同流寇,这是当时的重大原则问题之争。林彪力主分散出击。

1929年就要过去了。在岁末古田会议结束不久,林彪给毛泽东写了一封长信,在信中坚持对形势的悲观估计,怀疑"井冈山红旗究竟能打多久"。

毛泽东也很想给林彪写封回信。可一时还没有想好。林彪这时刚刚23岁。参加南昌起义时,他还是个连长,上井冈山后不久,就当了红四军的营长。1928年8月,二十八团团长王尔琢牺牲后,他接任二十八团团长。但是,毛泽东觉得林彪有个最大的毛病,那就是对时局的估量较为悲观,不相信革命高潮有迅速到来的可能。

毛泽东知道,林彪的这种悲观情绪是有一定代表性的。眼下,无论是在红四军还是在全党,忽视农村根据地的作用、坚持"城市中心论"者大有人在。中国革命要不要建立广阔的农村根据地?革命的道路到底应该怎么走?这是一个事关全局的带根本性的问题。

1930年年初,毛泽东整整花了5天的时间,给林彪写了一封长达六七千字的回信,并以《时局估量和红军行动问题》为题,印发各纵队、大队党支部,展开讨论。

信中,毛泽东写道:"林彪同志!我从前颇觉,至今还有些感觉你对于时局的估量是比较的悲观。去年5月18日晚上瑞金的会议席上,你这个观点最明显。我知道你相信革命高潮不可避免地要到来,但你不相信革命高潮有迅速到来的可能,因此在行动上你不赞成一年争取江西的计划,而只赞成闽粤赣交界三区域的游击;同时在三区域内也没有建立政权的深刻观念,因之也就没有由这种赤色政权的深入与扩大去促进全国革命高潮的深刻观念。"

毛泽东严肃地批评了林彪的悲观思想和流寇思想,他写道:"这是一个最根本的问题,不答复中国革命根据地和中国红军能否存在和发展的问题,我们就不能前进一步。"

在信的最后,毛泽东以诗一般的语言和激情勉励林彪振作起来,丢掉悲观情绪,迎接革命事业对他的选择,不辜负他本人对林彪的厚望。毛泽东写道:"……我所说的中国革命高潮快要到来!……它是站在海岸遥望海中已经看得见桅杆尖头了的一只航船,它是立于高山之巅远眺东方已见光芒四射喷薄欲出的一轮朝日,它是躁动于母腹中的快要成熟了的一个婴儿。"

1948年,中共中央决定编辑出版《毛泽东选集》,准备收入这封信。时在东北的林彪闻讯,急忙致电党中央和毛泽东说,"我同意在党内外公布这封信。为不致引起误解,我同意公布信的内容,而不公布我的名字"。毛泽东善意地答应了林彪的恳求,删去了林彪的名字和信中对林彪的批评部分,把题目改成《星星之火,可以燎原》。

(资料来源:《林彪的这一生》,湖北人民出版社2003年版)

【案例讨论】

1."留得五湖明月在,不愁无处下金钩"表明了毛泽东怎样的一种思想?

2.毛泽东是怎样认识中国农村包围城市、武装夺取政权道路的?

【案例点评】

毛泽东和朱德率领中国工农红军在井冈山创立了第一个农村革命根据地,开辟了中国革命走向胜利的新道路。然而,艰难的斗争环境和"城市中心论"的影响,使根据地党内的一些人和党内上层领导中的一部分人对农村革命根据地的存在和意义产生了疑问,对以农村包围城市的道路是否走得通表示怀疑,提出了"红旗到底能打多久"的问题。结合几年的实际斗争,毛泽东用5天的时间,把他酝酿成熟的思想写了出来,从现实和战略的高度回答了走农村包围城市革命道路的重要意义,科学地回答了"红旗到底能打多久"的问题。

在革命处于低潮的时期,毛泽东对革命形势的发展始终充满信心,认为革命的高潮很快就会到来,虽然革命力量现在还很弱小,但它就像星星之火,最终会形成燎原之势。毛泽东的这种信心和乐观态度不是盲目的,而是建立在他对中国革命特点和中国社会性质的正确分析和把握的基础上。毛泽东在革命实践中,深刻总结了中国革命经验和教训,形成了中国革命道路理论,即农村包围城市、武装夺取政权的革命道路理论,这一理论反映了1927年以后中国革命发展的规律,指明了中国革命取得胜利的唯一正确道路。正是遵循着这个理论所指引的方向,中国革命才一步步走出低谷、走向胜利。

【教学建议】

本案例可用于第三节"新民主主义革命的道路和基本经验"的教学。引导学生更加深刻地理解新民主主义革命理论是在反对各种错误思想倾向的过程中形成的。它是从中国革命的具体实际出发,运用马克思主义的立场、观点和方法,独立自主地对中国革命实际问题作出的分析和研究,是对中国革命实践经验的概括和总结,是中国共产党集体智慧的结晶。

案例分析9:外圆内方的统战艺术

【案例呈现】

统战工作有很强的原则性,不坚持原则,共产党将一事无成。毛泽东告诫党的干部,共产党人要坚持原则,原则问题上不让步。同时,他也非常重视原则的坚定性与策略的灵活性,在原则许可的范围内,因时而异,因地而宜,灵活机动,以便更好地坚持原则。这就如同中国古代的铜钱,它外层是圆形的,内层中心是四方的,外层可以滚动,但无论怎么滚动,滚到什么地方,一旦停下来后,它的内层总是方形的,变不了本性。毛泽东用这一形象的比喻,说明深刻的统战艺术。他要求做统战工作的同志,要像铜钱那样,外圆内方,做工作时要圆,方法要圆,策略要圆,但是,内心要方正,原则不能丢。

在诸多问题上，毛泽东充分表现出这一特色，重庆谈判可以佐证。在整个谈判期间，他又把原则性和灵活性巧妙地结合起来，以高超的斗争艺术，指挥若定，以谈对谈，以打对打，针锋相对，寸土必争。蒋介石对和谈本无诚意，只是为了拖延时间准备内战，并栽赃中共，制造内战借口。他要共产党交出全部军队给国民党中央政府，要共产党撤出根据地，让出地盘，毛泽东等共产党领袖可以到中央政府里来做官。对军队和政权这两个问题，毛泽东坚持了共产党的原则，总结了大革命的教训，没有交一颗子弹、一支枪，不上当。但是，共产党也作了一些必要的妥协和让步，灵活地向国民党提出了一些建议：国共双方军队整编的比例由5∶1改为7∶1，即共产党的军队仅占国军的1/7；共产党将广东、浙江、苏南、皖南、皖中、湖北、河南（豫北除外）等8个省区的人民军队撤出，迁往苏北、皖北以北地区。毛泽东这一策略的灵活性，立刻得到了全国人民的拥护，得到了重庆各民主党派和舆论界的高度赞扬。

又如对西安事变的解决。事变爆发后，陕北的红军高兴极了。有人主张："杀掉蒋介石，打出潼关去！"中共中央正确全面地分析了当时极端复杂的形势，从中华民族的根本利益出发，提出了和平解决西安事变的正确方针。

当时，毛泽东给他周围的干部和战士作了多次解释，让大家懂得和平解决西安事变的道理。当他听说红军大学里有不少学员心存疑虑时，还在保安红军大学里作了一次重要报告。毛泽东在这次报告中，作了一个赶毛驴上山的生动比喻。他说：同志们，你们看，陕北不同于南方，这里的毛驴很多，小毛驴有很多优点，有耐力、负重，是农民很好的交通工具。老百姓让毛驴上山有三个办法：一拉，二推，三打。蒋介石在抗日的问题上，就是像毛驴上山一样，他不愿上山，不愿拿枪打日本，我们怎么办呢？就得向老百姓学习，采用对付毛驴的一套办法，拉他和推他，再不干就打他一下。西安事变就是这样，打了他一下，他会上山抗日的。当前，日本帝国主义和中华民族的矛盾是主要矛盾，共产党要领导全国人民抗战，完成这一主要任务，国共合作是大势所趋。要抗战就要联合蒋介石为首的国民党政府。我们拉蒋和推蒋，就是团结和联合的办法。但是，陕北的小毛驴也有缺点，很倔强，有时不听话还会抬起腿子踢人的。我们要提防着这一面。蒋介石不愿抗日，我们打他一下，让他抗日。但他本性不会改变，抗日民族统一战线建立后，他还会有对日妥协投降的一面，到那时，我们要对他进行斗争，还要经常采用不同的方法来"打"他一下，"打"他是让他清醒，站到中国人民和中华民族的立场上。

这一深入浅出、生动活泼、形象具体的报告，像一盏明灯，照亮了红军大学学员的心坎，也把共产党又团结（联合）又斗争的统一战线原则阐述得新颖别致。

在统一战线中，对团结和斗争这两个方面，视不同情况，有时以团结为主，有时以斗争为主，毛泽东能及时把握这个度。抗日战争第一阶段，蒋介石和国民党在抗日问题上也表现出一定的积极性，打了一些大战役，对共产党也较友好。毛泽东根据这种情况,对国民党采取以团结为主的政策,肯定和宣传国民党军队抗日的事迹,对其不敢放手发动群众的一面进行适当的斗争——这种斗争,不是"武斗",而是"文斗"。当抗日战争进入相持阶段以后,蒋介石采取消极抗日、积极反共的政策,连续发起三次反共高潮。此时,毛泽东对国民党又采取以斗争为主的政策,不仅仅是政治上、宣传舆论上的斗争,还敢于在军事上进行猛烈的反击,毫不留情地进行针锋相对的斗争。通过斗争揭露和打击其反共阴谋,使抗日民族统一战线得以坚持下来。

(资料来源:《党史天地》,1994年第12期)

【案例讨论】

党建立、巩固和发展统一战线有哪些实践经验?

【案例点评】

统一战线是中国共产党的重要法宝之一。中国新民主主义革命的统一战线,由不同的阶级、阶层和党派组成,内部有着错综复杂的关系。能否正确地处理统一战线中各种复杂的矛盾与问题,关系到党的存亡和革命的成败。无产阶级及其政党作为中国革命的领导者,为了巩固和发展统一战线,必须具有正确的策略和高明的斗争艺术。

毛泽东用"外圆内方"这一形象的比喻,说明原则的坚定性与策略的灵活性相统一的统战艺术。他要求做统战工作的同志,要像铜钱那样,做工作时要圆,方法要圆,策略要圆,但内心要方正,不能放弃原则。毛泽东主张采用陕北农民赶毛驴上山的"一拉二推三打"的办法来逼蒋介石抗日,把其共产党对资产阶级实行又联合又斗争的统一战线原则阐述得新颖而别致。由于中国共产党有了一套成熟的关于统一战线的路线、方针、政策和高超的统战艺术,所以能成功地建立起广泛的统一战线,实现对统一战线的领导权,发挥统一战线的巨大威力。

【教学建议】

本案例可用于第三节第二目"新民主主义革命的三大法宝"中"统一战线"内容的教学。引导学生思考建立最广泛的统一战线的必要性。

案例分析10:枪杆子里面出政权

【案例呈现】

第一次国内革命战争失败以后,血的教训使我党逐渐认识到武装夺取政权的极端重要性,认识到反帝反封建的新民主主义革命,必须由无产阶级掌握领导权;中国革命要取得胜利,无产阶级必须建立一支强大的人民武装;武装斗争是中国革命的主要斗争形式。为此,在1927年8月7日召开的八七会议上,毛泽东针对党内有人忽视武装斗争的倾向,尖锐地指出:"从前我们骂孙中山专做军事运动,我们则恰恰相反,不做军事运动,专做民众运动。蒋介石、唐生智都是拿枪杆子起家的,我们独不管。……须知政权是由枪杆子中取得的。"八七会议确立了土地革命和武装斗争的总方针,开创了党独立领导武装斗争的新时期。

1938年,张国焘妄图置个人于党之上,把军队看成是个人的工具,对此,毛泽东在《战争和战略问题》中再次重申了无产阶级建立军队和掌握枪杆子的重要性,指出,在中国谁有枪谁就有势,谁枪多谁就势大。处在这样一个环境中的无产阶级政党,应该看清问题的中心。共产党不争个人的兵权,但要争党的兵权,争人民的兵权,每个共产党员都应懂得"枪杆子里面出政权"的真理。毛泽东指出:"军队是国家政权的主要成分,谁想夺取国家政权,并想保持它,谁就应有强大的军队。"

(资料来源:南方网,2003年12月22日)

【案例讨论】

如何理解武装斗争是中国革命的特点和优点之一?

【案例点评】

毛泽东提出"枪杆子里面出政权"的论断,并不是偶然的,是对大革命失败的经验教训的深刻总结,也是源于他对中国国情的深刻认识。面对残酷的现实,毛泽东对军事力量和武装斗争重要性的认识发生了质的飞跃。八七会议后,毛泽东就到湘赣边界组织领导了秋收起义,从而将"枪杆子里面出政权"的思想付诸实践,并将革命队伍拉上了井冈山,点燃了中国革命的"星星之火"。毛泽东认为,无产阶级政党要领导人民推翻三座大山、建立人民民主专政,就必须进行暴力革命,就必须建立和领导一支新型的无产阶级军队。无产阶级政党在取得国家政权之后,仍然必须牢牢地掌握一支强大的军队来巩固政权、保卫政权。中国革命的胜利,完全证明了毛泽东这一论断的科学性和正确性,武装斗争也就成了中国革命的一个主要法宝。

【教学建议】

本案例可用于第三节第二目"新民主主义革命的三大法宝"中"武装斗争"内容的教学。结合毛泽东所指出的"在中国,离开了武装斗争,就没有无产阶级的地位,就没有人民的地位,就没有共产党的地位,就没有革命的胜利",引导学生明确武装斗争是中国革命的特点和优点之一。

案例分析 11:听到骂声以后

【案例呈现】

1941年前后,陕甘宁边区及附近地区连年遭受自然灾害,加上国民党反动派的经济封锁,边区财政经济陷入极度困难的境地。这一阶段,边区非生产人员增加较多,加重了边区的财政困难,随之而来的是,群众生活艰难至极,边区的粮食供应陷入极大的紧张和恐慌,老百姓公粮负担年年加重,人民群众对征粮工作产生了很大的不满情绪。

1941年6月3日,陕甘宁边区政府在延安杨家岭小礼堂召开会议,讨论征粮工作和农民负担问题。会议正在进行时,突然风雨大作,雷电交加,一个炸雷,击断了礼堂的一根木柱,坐在旁边的延川县代县长李彩云被雷电击中不幸身亡。同一天,延安一个农民家的一头驴也被雷电击死了。事后,这个农民逢人就说:"老天爷不开眼,响雷把县长劈死了,为什么不劈死毛泽东?"保卫部门闻讯,要把这件事当作反革命事件来追查,逮捕这个"咒骂毛主席"的农民。毛泽东从警卫员口中知道这件事以后,立即阻止了保卫部门的行动。毛泽东说:"群众发牢骚,有意见,说明我们的政策和工作有毛病。不要一听到群众有议论,尤其是尖锐一点的议论,就去追查,就要立案,进行打击压制。这种做法实际上是软弱的表现,是神经衰弱的表现。我们共产党人无论如何不要造成同群众对立的局面。"毛泽东还说:"党群关系好比鱼水关系,共产党是鱼,老百姓是水;水里可以没有鱼,鱼可是永远也离不开水啊!"

毛泽东等中央领导同志通过深入调查发现,"确实公粮太多""加重了人民的负担"。毛泽东从群众的"咒骂"中进行深刻反思,决定与中共中央、中央军委和陕甘宁边区政府的领导同志一道,采取措施改进工作。1941年11月,陕甘宁边区第二届参议会通过了边区政府实行精兵简政的决议,边区政府进行了三次精简,在减轻人民负担、减少政府支出、提高工作人员素质和工作效率等方面,都取得了明显的成效。此后,党中央号召边区军民开展大生产运动,以使边区的财政经济由半自给转到完全自给,人民负担大大减轻,军民生活明显改善。

(资料来源:《中国档案报》,2017年9月22日)

【案例讨论】

党的一切工作的出发点和归宿是什么?

【案例点评】

在社会主义建设事业中,毛泽东为人民幸福安康而日夜操劳着。他在百忙中抽出时间,经常深入农村、企业、部队、机关、学校、街道进行调查研究,走到群众中体察民情,倾听百姓呼声,了解百姓疾苦,祖国的山山水水到处都留下了他的足迹。毛泽东强调,力量的来源就是人民群众。不反映人民群众的要求,哪一个人也不行。要在人民群众那里学得知识,制定政策,然后再去教育人民群众。所以要当先生,就得先当学生。当群众的学生不能尾巴主义,当群众的先生不能命令主义。毛泽东阐述的群众观点和党的群众路线,揭示了我们党领导革命和建设的力量源泉和依靠力量,指明了党的一切工作的出发点和归宿。可以说,我们党由小到大、由弱到强,在挫折中奋起、在考验中成熟,就是因为党始终保持与人民群众的血肉联系。

【教学建议】

本案例可用于第三节第二目"新民主主义革命的三大法宝"中关于"党的建设"部分的教学。在讲述本案例之后,教师组织学生围绕"党的一切工作的出发点和归宿是什么"这一问题进行交流,教师进行点评总结。

案例分析12:浴血奋战百折不挠——新民主主义革命伟大成就

【案例呈现】

回望筚路蓝缕的新民主主义革命时期,中国共产党团结带领中国人民,浴血奋战、百折不挠,以武装的革命反对武装的反革命,实现了民族独立、人民解放,为实现中华民族伟大复兴创造了根本社会条件。中国共产党和中国人民以英勇顽强的奋斗向世界庄严宣告,中国人民站起来了,中华民族任人宰割、饱受欺凌的时代一去不复返了!

真理之光——中国共产党人始终高举真理旗帜,把马克思主义基本原理同中国具体实际相结合,在接续奋斗中实现一个又一个胜利。

这是一封跨越百年的通信——1920年,一封从法国寄回国内的信写道:"我以为先要组织党——共产党……"回信者说:"你这一封信见地极当,我没有一个字不赞成。"写信者是正在法国勤工俭学的蔡和森,回信者是毛泽东。

打开历史的卷轴,自晚清以来,洋务运动、戊戌变法,君主立宪制、议会制、总统制……无数志士仁人为救亡图存、革新图强而苦苦追寻、上下求索,但最终都失败了。

中国向何处去?

十月革命一声炮响,给中国送来了马克思主义。

马克思主义改变了中国——从登上中国政治舞台的那一刻起,中国共产党就始终不渝为中国人民谋幸福、为中华民族谋复兴。从此,中国人民开始从精神上由被动转为主动。

从北伐战争、土地革命战争到抗日战争、解放战争,中国共产党带领人民推翻帝国主义、封建主义、官僚资本主义三座大山,建立了人民当家作主的中华人民共和国,实现了民族独立、人民解放。

中国丰富了马克思主义——正是基于对马克思主义科学性和真理性的深刻认识,从诞生之日起,中国共产党就把马克思主义鲜明地写在自己的旗帜上,在长期实践中不断推进马克思主义中国化时代化大众化,带领人民走出一条迈向中华民族伟大复兴的人间正道。

思想的力量穿越时空,真理的光芒照亮前路。

"一国之内,在四围白色政权的包围中间,产生一小块或若干小块的红色政权区域,在目前的世界上只有中国有这种事。"井冈山的星星之火,给迷雾中前行的中国革命,带来了崭新的希望……

"工农武装割据、农村包围城市"——山沟沟里的马克思主义解决了在一个农民人口占绝大多数的半殖民地半封建国家中,如何进行革命的一系列问题,开创了一条中国特色新民主主义革命道路……

精神之源——中国共产党人始终保持大无畏气概,不怕牺牲,英勇斗争,书写中华民族几千年历史上最恢宏的史诗。

江西,于都河畔,中央红军长征出发纪念碑巍然矗立。

1934年10月,中央机关、中央军委和中央红军主力在此集结出发,开启了一场开创新局的伟大远征——长征。这是一段平均每300米就有一名红军牺牲的征途。湘江战役、强渡大渡河、飞夺泸定桥、爬雪山、过草地……热血铺就二万五千里,留下了无数感人至深的故事。

是什么让他们义无反顾?是什么让他们勇往直前?

习近平总书记指出:"我们党之所以历经百年而风华正茂、饱经磨难而生生不息,就是凭着那么一股革命加拼命的强大精神。"

井冈山革命烈士陵园瞻仰大厅内,镌刻着一排排烈士姓名。仅两年零四个月,井冈山斗争中牺牲近4.8万英烈,平均每天有近60人失去生命。

有人说,牺牲、奉献是共产党人的"特权"。只要理想之光不灭、信念之光永存,这种牺牲和奉献就将永远流淌在中国共产党人的血脉中,使他们拥有改天换地的精神伟力,不断谱写历史的辉煌。环顾世界,有哪个党像中国共产党一样,遭遇过如此多的艰难险阻,经历过如此多的生死考验,付出过如此多的惨烈牺牲?100年来,中国共产党弘扬伟大建党精神,在长期奋斗中构建起中国共产党人的精神谱系,锤炼出鲜明的政治品格。

南昌城头的枪声像划破夜空的闪电,井冈山、鄂豫皖等一个个革命根据地建立,星星之火得以燎原。面对穷凶极恶的日本侵略者,中国共产党人高举爱国主义旗帜,坚定地站在抗击入侵者的最前线,推动形成全民族抗战,赢得了近代以来反抗外敌入侵的第一次完全胜利。

解放战争中,中国共产党人以"宜将剩勇追穷寇"的决心,三大战役对蒋家王朝摧枯拉朽,彻底实现了民族独立和人民解放。

力量之基——中国共产党始终同人民想在一起、干在一起,紧紧依靠人民创造历史伟业,带领人民创造更加美好的未来。

以人民为中心,是中国共产党一以贯之的思想。

1946年,美国总统特使马歇尔访问延安。他的随行记者曾这样描述共产党的政治中枢:"在延安听到的最多的一个词,就是'人民'……'到人民中去''向人民学习',这些都是口号,但又包含着比口号更深的含义,代表着一种极深的感情,一种最终的信念。"

这种极深的感情、最终的信念,从建党之初起就一脉相承并延续至今,成为中国共产党一切行动的指引。

人民是中国共产党的力量之源——西柏坡纪念馆,珍藏着一辆木制独轮小推车,被誉为中国共产党领导革命和建设的制胜"法宝"。淮海战役中,就是用这一辆辆小推车以及船只、牲畜、挑子,数百万支前群众为解放军运送粮食、弹药,救护伤员……每一个解放军士兵背后,就有9个支援他的乡亲。

一切为了人民是中国共产党的执政本色——老百姓衷心拥护中国共产党,就是因为中国共产党始终全心全意为人民服务、为各民族谋幸福。百年来路沧桑,初心从未改变;百年恰是芳华,立志千秋伟业。中国共产党必将带领中国人民创造新的更大辉煌,不断从胜利走向新的胜利!

(资料来源:新华网,2021年7月20日)

【案例讨论】

新民主主义革命理论的意义?

【案例点评】

新民主主义革命是资产阶级民主主义革命,中国人民取得的新民主主义革命的胜利,结束了中国几千年来的封建地主阶级剥削统治广大劳动人民的历史,结束了帝国主义、殖民主义奴役中国各族人民的历史,是20世纪继俄国十月革命社会主义以后改变世界面貌的伟大历史事件。

【教学建议】

本案例可用于第三节第三目"新民主主义革命理论的意义"的讲解,通过该案例,同学们能够更深刻地理解新民主主义革命胜利的基本经验及其重大意义。

(二)"红色经典"影视欣赏

【实践类型】

课外实践。

【实践目标】

"红色经典"影视作品反映了中国共产党的政治理想、爱国情怀、价值观念和道德诉求,具有重要的思想传承价值:爱国主义是民族生生不息的源泉;理想信念是民族奋发向上的精神支柱;艰苦奋斗是民族宝贵的精神财富;创新精神是民族进步的灵魂。"红色经典"影视教育作为素质教育的重要方式,可促使学生了解历史、认识国情;开拓视野,提高审美能力;弘扬民族文化优秀传统,激发爱国主义情感和志向。

【实践方案】

1.实践时间:课余时间。

2.实践地点:寝室或多媒体教室。

3.实践环节:

(1)利用课余时间,学生可以集体或个人观看"红色经典"影视作品。

(2)组织学生对作品进行讨论,发表自己对中国革命道德的认识。

(3)撰写一篇1000字左右的观后感。

(4)评选出优秀作品进行展览。

4."红色经典"影视作品:

《建国大业》《建党伟业》《开国大典》《亮剑》《潜伏》《中华儿女》《铁道游击队》《烈火中永生》《红色娘子军》《英雄儿女》《闪闪的红星》《解放战争三部曲——大转折、大决战、大进军》《周恩来》《焦裕禄》等。

(三)"唱红歌,颂祖国"红色歌咏比赛

【实践类型】

课外实践。

【实践目标】

唱红歌,不仅仅是一种追忆、一种传承,更是在感受一种激情,汲取一种力量,可以激励大学生发扬优良革命传统、弘扬革命精神,更加热爱伟大的党和伟大的祖国。开展弘扬红色经典的主题活动,让红色经典歌曲代代传唱、永放光彩。

【实践方案】

1.实践时间:七一建党节。

2.实践地点:学校礼堂。

3.实践环节:

(1)由党办、团委、工会等机构组织学生按系部团体报名或个人报名。

(2)选择歌唱祖国,反映中国革命、建设和改革的健康向上、弘扬主旋律的歌曲。可以是独唱、合唱、朗诵等,形式不限。

(3)组织评选优秀奖项。

4.红色歌曲:

《义勇军进行曲》《红旗飘飘》《走进新时代》《东方红》《三大纪律八项注意》《红军不怕远征难》《没有共产党就没有新中国》《保卫黄河》《志愿军军歌》《解放军军歌》《我向党来唱支歌》《歌唱祖国》《革命人永远是年轻》《红梅赞》《英雄赞歌》《咱们工人有力量》《我爱你中国》等。

(四)网络拓展

历史伟人:恩格斯

红色歌曲:《义勇军进行曲》

二、课后习题

(一)单项选择题

1.认清中国(　　),是解决中国革命问题的基本前提。
A.阶级构成　　B.根本任务　　C.国情　　D.发展动力

2.由于(　　)的双重压迫,中国人民尤其是广大农民日益贫困化以致大批破产,过着饥寒交迫和毫无政治权利的生活。
A.资本主义和封建主义　　B.帝国主义和封建主义
C.帝国主义和官僚资本主义　　D.官僚资本主义和封建主义

3.半殖民地半封建的中国社会的矛盾错综复杂,其中最主要的矛盾是(　　)。
A.封建主义与人民大众的矛盾　　B.农民阶级与地主阶级的矛盾
C.帝国主义与中华民族的矛盾　　D.无产阶级与资产阶级的矛盾

4.近代中国的社会性质和主要矛盾,决定了中国革命仍然是(　　)。
A.农民阶级革命　　B.小资产阶级革命
C.资产阶级民主革命　　D.无产阶级社会主义革命

5.以俄国十月革命的胜利为标志,中国资产阶级民主革命的(　　)发生了根本转变。
A.理论基础　　B.实践条件　　C.群众基础　　D.时代背景

6.以(　　)为开端,近代中国革命进入新民主主义革命的崭新阶段。
A.五四运动　　B.新文化运动　　C.十月革命　　D.中共成立

7.太平天国运动、(　　),不甘屈服的中国人民进行了一次次抗争和艰辛探索,每一次都对推动中国社会走向进步产生了一定的影响,但所有的斗争和探索终究没有摆脱失败的命运。

A.戊戌变法、义和团运动,特别是君主立宪运动

B.义和团运动、辛亥革命,特别是戊戌变法

C.戊戌变法、辛亥革命,特别是义和团运动

D.戊戌变法、义和团运动,特别是辛亥革命

8.经历了大革命的失败及井冈山的革命斗争后,以毛泽东为主要代表的中国共产党人总结革命的经验教训,提出了"须知政权是由枪杆子中取得的"著名论断和( )思想,探索出了农村包围城市、武装夺取政权的革命道路,领导革命不断向前发展。

A."统一战线" B."武装斗争"

C."工农武装割据" D."根据地建设"

9.1927年大革命失败后,在汉口召开的紧急会议上提出的著名论断是( )。

A.兵、民是胜利之本 B.须知政权是由枪杆子中取得的

C.一切反动派都是"纸老虎" D.星星之火,可以燎原

10.毛泽东在《中国革命和中国共产党》一文中第一次提出了( )的科学概念。

A.农民是革命的主力军 B.新民主主义革命

C.建立联合政府 D.如何建立新中国

11.毛泽东在( )中完整地表述了新民主主义革命总路线的内容。

A.《在晋绥干部会议上的讲话》 B.《中国的红色政权为什么能够存在?》

C.《论联合政府》 D.《中国革命和中国共产党》

12.近代中国革命最主要的任务是( )。

A.推翻帝国主义的民族革命 B.推翻地主压迫的民主革命

C.推翻官僚资产阶级的统治 D.建立工人阶级领导的共和国

13.中国革命最基本的动力是( )。

A.无产阶级 B.农民阶级

C.城市小资产阶级 D.民族资产阶级

14.中国革命的基本问题是( )。

A.工人问题 B.农民问题

C.小资产阶级的问题 D.民族资产阶级的问题

15.中国共产党对民族资产阶级在经济上实行( )政策。

A.没收其资本 B.打压其企业

C.保护民族工商业 D.无条件满足其所有要求

16.新民主主义国家的国体是( )。

A.无产阶级专政

B.人民民主专政

C.中国共产党专政

D.无产阶级领导的以工农联盟为基础,包括小资产阶级、民族资产阶级和其他反帝反封建的人们在内的各革命阶级的联合专政

17.在新民主主义条件下保护民族工商业,发展资本主义,是(　　)。

A.由无产阶级及其政党领导所决定的

B.由中国落后的生产力和新民主主义革命的性质所决定的

C.由中国革命的对象所决定的

D.由中国革命的动力所决定的

18.中国革命必须走农村包围城市、武装夺取政权的道路,是由(　　)决定的。

A.中国共产党的主张　　　　　B.毛泽东的主张

C.共产国际的要求　　　　　　D.中国所处的时代特点和具体国情

19.在革命斗争中要依据革命的需要,对资产阶级实行(　　)的策略。

A.联合　　　　　　　　　　　B.斗争

C.既联合又斗争　　　　　　　D.耐心等待

20.中国共产党区别于其他任何政党的显著标志是(　　)。

A.理论联系实际、密切联系群众、批评与自我批评相结合的三大优良作风

B.提出了共产主义目标

C.代表工人阶级

D.建立了工农联盟

(二)多项选择题

1.关于近代中国半殖民地半封建社会的主要矛盾,下列说法正确的是(　　)。

A.帝国主义和中华民族的矛盾　　　B.封建主义和人民大众的矛盾

C.半殖民地与半封建的矛盾　　　　D.地主阶级与民族资产阶级的矛盾

E.无产阶级和资产阶级的矛盾

2.下面哪些内容属于新民主主义革命的总路线?(　　)

A.无产阶级领导　B.人民大众参与　C.反对帝国主义　D.反对封建主义

E.反对官僚资本主义

3.地主阶级是(　　)的主要障碍。

A.中国经济现代化　　　　　　B.中国社会正常化

C.中国政治民主化　　　　　　D.中国军事现代化

E.中国走向统一

4.反对封建主义,从根本上说,就是要(　　)。

A.在军事上改变落后状态　　　B.在经济上消灭封建制度

C.在经济上消灭贫富差距　　　　D.在阶级上消除官僚买办

E.在政治上消灭军阀的专制统治

5.中国革命主要就是打击两个敌人,它们分别是(　　)。

　　A.帝国主义　　　B.官僚资本主义　　C.封建主义　　　D.工人阶级

　　E.农民阶级

6.官僚资本主义(　　)。

　　A.依靠帝国主义　　　　　　　B.勾结封建势力

　　C.利用国家政权力量　　　　　D.是买办的封建的国家垄断资本主义

　　E.是先进生产力的代表

7.压在近代中国人民头上的三座大山分别是(　　)。

　　A.民族资产阶级　　B.小资产阶级　　C.帝国主义　　　D.封建主义

　　E.官僚资本主义

8.新民主主义革命的动力包括(　　)。

　　A.无产阶级　　　　　　　　　B.农民阶级

　　C.城市小资产阶级　　　　　　D.民族资产阶级

　　E.开明乡绅

9.关于中国无产阶级,下列哪些说法是正确的?(　　)

　　A.是中国人数最多的阶级　　　B.是新的社会生产力的代表

　　C.是近代中国最进步的阶级　　D.是中国革命的领导力量

　　E.是伴随着外国资本主义在中国直接经营企业而产生的

10.无产阶级的领导权是(　　)。

　　A.中国革命的中心问题

　　B.中国革命的实质

　　C.新民主主义革命理论的核心问题

　　D.新旧两种不同范畴的民主主义革命的根本标志

　　E.中国革命的基本问题

11.中国无产阶级的基本优点有(　　)。

　　A.与先进的生产方式相联系　　B.人数众多

　　C.没有私人占有的生产资料　　D.文化程度高

　　E.富于组织纪律性

12.无产阶级在同资产阶级建立统一战线时,必须(　　)。

　　A.坚持独立自主的原则

　　B.保持党在思想上、政治上和组织上的独立性

　　C.实行又联合又斗争的方针

D.完全满足资产阶级的要求

E.在资产阶级出现动摇时,毫不保留地予以消灭

13.新民主主义革命与旧民主主义革命相比有新的内容和特点,集中表现在(   )。

A.中国革命处于世界无产阶级社会主义革命的时代,是世界无产阶级社会主义革命的一部分

B.革命的领导力量是中国无产阶级及其先锋队——中国共产党

C.革命的指导思想是马克思列宁主义

D.革命的前途是社会主义

E.革命的前途是资本主义

14.新民主主义的政治纲领中提出要建立(   )共和国。

A.无产阶级专政的社会主义　　　B.无产阶级领导的

C.以工农联盟为基础的　　　　　D.各革命阶级联合专政的

E.新民主主义的

15.下面哪些是新民主主义经济纲领的内容?(   )

A.没收社会一切财富归新民主主义国家所有

B.没收封建地主阶级的土地归农民所有

C.没收官僚资产阶级的垄断资本归新民主主义国家所有

D.保护知识分子

E.保护民族工商业

16.关于民族资产阶级及民族资本主义经济,下列说法正确的有(   )。

A.同官僚资产阶级相比,民族资产阶级与帝国主义和封建主义联系较少

B.是一种与新生产力相联系的先进的生产方式和经济成分

C.对发展现代技术、发展社会生产力具有积极作用

D.对民族资本主义工商业必须采取保护政策

E.民族资本是不能操纵国计民生的资本主义

17.下面哪些文章与"工农武装割据"思想密切相关?(   )

A.《中国的红色政权为什么能够存在?》

B.《井冈山的斗争》

C.《星星之火,可以燎原》

D.《新民主主义论》

E.《中国革命与中国共产党》

18.党在中国革命中战胜敌人的主要法宝有(   )。

A.农村包围城市的革命道路　　　B.统一战线

C.武装斗争　　　　　　　　D.党的建设

E.党的领导

19.建立最广泛的统一战线,是由(　　)决定的。

A.中国半殖民地半封建社会的阶级状况

B.中国革命的长期性、残酷性及其发展的不平衡性

C.中国共产党的领导

D.工农联盟

E.资产阶级的革命性

20.新民主主义革命理论的意义主要有(　　)。

A.是以毛泽东为主要代表的中国共产党人,把马克思列宁主义基本原理同中国革命具体实践相结合的理论

B.是在认真总结中国革命实践经验基础上形成的具有独创性的革命理论

C.极大地丰富了马克思主义的理论宝库

D.是马克思主义中国化的重要理论成果,开辟了马克思主义中国化的发展道路

E.是中国共产党集体智慧的结晶

(三)判断题

1.中国共产党要坚持独立自主的原则,要保持党在政治上、组织上、思想上的独立性。(　　)

2.近代中国,民族资本主义的发展虽然受到多重压迫,但它还是在整个社会经济中占据了主导地位。(　　)

3.中国社会的半殖民地半封建化,是随着帝国主义发动侵略战争和迫使清政府签订一系列不平等条约而逐步形成的。(　　)

4.在近代中国两大基本矛盾中,封建主义和人民大众的矛盾是最主要的矛盾。(　　)

5.从鸦片战争到辛亥革命期间,中国人民在不同时期和不同程度上进行的反帝反封建的斗争,属于旧民主主义革命的范畴。(　　)

6.中国共产党的成立,意味着旧民主主义革命转变为新民主主义革命。(　　)

7.新民主主义革命时期,提出了反帝反封建这个任务就等于真正懂得了什么叫反帝反封建。(　　)

8.在近代中国,消灭地主阶级,解放生产力,为中国的经济现代化和政治民主化创造条件。(　　)

9.近代革命对内是推翻地主压迫的民族革命。(　　)

10.民族革命和民主革命两个基本任务,既相互区别,又相互统一。(　　)

11.近代中国革命中,官僚资本主义是可以争取的革命力量。(　　)

12. 在不同历史阶段,随着社会主要矛盾的变化,革命的主要对象有所不同。(   )

13. 中国无产阶级是伴随着外国资本主义在中国直接经营企业而产生的。(   )

14. 农民是中国革命的主力军。(   )

15. 民族资产阶级是中国革命的基本动力。(   )

16. 近代民族资产阶级不可能充当革命的主要力量,所以是革命对象。(   )

17. 新民主主义共和国与欧美式的资产阶级专政的共和国差不多。(   )

18. 新民主主义的经济纲领中保护民族工商业是无条件的。(   )

19. 中国社会是一个两头小中间大的社会,无产阶级和地主大资产阶级都只占少数,最广大的人民是农民、城市小资产阶级以及其他的中间阶级。(   )

20. 在半殖民地半封建的中国社会,诸多矛盾交织在一起,客观上为无产阶级及其政党利用这些矛盾建立和发展统一战线提供了可能性。(   )

参考答案

(一)单项选择题

1. C   2. B   3. C   4. C   5. D   6. A   7. D   8. C   9. B   10. B   11. A   12. A   13. A   14. B   15. C   16. D   17. B   18. D   19. C   20. A

(二)多项选择题

1. AB   2. ABCDE   3. AC   4. BE   5. AC   6. ABCD   7. CDE   8. ABCD   9. BCDE   10. AC   11. ACE   12. ABC   13. ABCD   14. BCDE   15. BCE   16. ABCD   17. ABC   18. BCD   19. AB   20. ABCDE

(三)判断题

1. 对   2. 错   3. 错   4. 错   5. 对   6. 错   7. 对   8. 对   9. 错   10. 对   11. 错   12. 对   13. 对   14. 对   15. 错   16. 错   17. 错   18. 错   19. 对   20. 对

第三章

社会主义改造理论

为有牺牲多壮志,敢教日月换新天。经过28年的浴血奋战和顽强奋斗,中华人民共和国成立了,中国人民真正成为国家的主人,中华民族进入发展进步的新纪元。山河重整,百废待兴,接下来该怎么走?如何改造旧社会,建立新社会?如何尽快实现国家工业化?社会主义改造理论就是对这一系列崭新课题的创造性回答。

一、实践课堂

(一)案例分析

【实践类型】

课内实践。

【实践目标】

通过案例分析,加深学生对理论知识的掌握。

【实践方案】

1.实践时间:课内时间。

2.实践地点:多媒体教室。

3.实践环节:

(1)采取小组合作方式,提高学生学习、思考的积极性和参与度。

(2)小组成员需要提出自己的观点,并结合理论知识阐述理由。通过集体讨论,学生能够更全面思考问题。

(3)案例分析为开放性结论,只要原理运用合理,思路阐述清晰,允许学生保留观点。

案例分析1:共和国的起点

【案例呈现】

从1949年开国奠基开始,中国人民进入新民主主义社会时期,在这个阶段,党领导人民,从"一穷二白"的基础起家,在严峻的国内外形势下,开始为巩固新生的人民政权奋斗。奋斗的起点,是什么样子呢?

中华人民共和国成立后,接收的是国民党留下的一个千疮百孔的烂摊子。

在国内

政治上,反革命势力的破坏活动极为猖狂。大批潜伏在城乡的反动党团骨干分子和特务分子,以及聚集在城市的帮会把头和地痞流氓,还有盘踞在农村的恶霸、土匪、反动会道门头目,则在窥测方向,伺机发难。尤其朝鲜战争爆发后,他们有的明火执仗,四处烧杀、奸淫和抢劫;有的破坏土地改革,颠覆农村基层政权,向农民反攻倒算;有的炸毁铁路、桥梁,袭击列车和车站;有的破坏厂房机器,制造停产事故。更有甚者,煽动武装暴乱。1950年1月至10月,全国就侦破和镇压反革命暴乱816起。旧时代遗留下的污泥浊水,也在腐蚀和动摇共和国的生存根基。诸如盗贼横行,民不安生;毒犯猖獗,烟毒肆虐;青楼妓院,残害妇女;赌徒聚赌,相互斗殴;游民乞丐,滋事街巷。特别是地痞流氓把持的场所,如上海的"大世界"、北京的"天桥"、天津的"南市"、南京的"夫子庙"、广州的"太平街"等,更是藏污纳垢的罪恶渊薮。

经济上,工农业生产萎缩,产量锐减。同中华人民共和国成立之前经济最好的年份相比,工业总产值减少50%,只有140亿元。另外,大量厂矿倒闭,耕地荒芜,生产凋敝,城乡萧条。旧中国连年的战祸,使得厂矿资金短缺,原料枯竭,停产停业。以铁路运输为例,全国有上万公里铁路线路、3200多座桥梁和200多座隧道被毁,连通东南西北的津浦、京汉、粤汉、陇海、浙赣等主要干线没有一条能全线通车,三分之一的机车因破损严重不能投入运营。

随之而来的,是工人大量失业,1949年多达400万,几乎占全国职工总数的一半。农村则因反动政府和地主横征暴敛,抓丁拉夫,迫使农民背井离乡,耕地荒芜;加之水利设施年久失修,江河堤坝坍塌,良田遇雨便成汪洋。1949年发生特大洪水,全国有1.27亿多亩耕地被淹,灾民多达4000万人。城乡居民温饱无靠,衣食艰难。

国民党的通货膨胀政策,又使得物价以天文数字飞涨。据有关资料显示,同是100元法币,1937年可以买到两头壮牛,1949年则只能买到一根缝衣针。而投机资本家又雪上加霜,从操纵黑市交易到公开炒卖黄金、银圆、美钞,再到套购粮食、纱布、燃料、五金等生活必需品和生产原材料,哄抬物价,扰乱市场。加之当时生产停滞,物资匮乏,从1949年4月到1950年2月,全国先后刮起四次涨价风。如1949年11月,上海的粮食、棉纱、五金、化工产品等每天上涨20%~30%。

在国际上

以美国为首的西方阵营,在政治上孤立中国,在经济上实行封锁和禁运。1950年12月3日,美国宣布对中国实行全面禁运。12月26日,又进一步宣布禁止一切在美国注册的船只驶入中国大陆港口,严禁美国商界同中国进行贸易,管制中国在美国的一切公私财产,包括冻结中国在美国的存款和扣留中国在美国(乃至正在启运中)的公私货物。1951年5月18日,美国又操纵联合国通过关于对中国实行禁运的提案。到1953年3月,参加对中国禁运的国家达45个。

更为严重的是,美国在军事上对中国进行威胁。一方面,美国插手台湾问题的解决,派第七舰队进入台湾海峡,并和蒋介石密谋,成立"美国驻台军事联络组",由麦克阿瑟统一指挥双方陆海空军,"共同防守"台湾;另一方面,美国勾结亚洲一些国家的反动势力,结成双边或多边的军事联盟,签订《美日安全条约》《美韩共同防御条约》《东南亚集体防务条约》等,对中国形成一个新月形军事包围圈。

新生的中华人民共和国就是在如此严峻的国际国内环境中奠基和发展的。它在经济落后、千疮百孔、禁运封闭的基点上起步,开始医治战争创伤,恢复和发展经济。在中国共产党的领导下,各族人民仍像战争年代那样,战略上藐视困难、战术上重视困难,迎接来自各个方面的挑战和考验,通过3年艰苦奋斗,取得了辉煌胜利。

(资料来源:《中国共产党简史》,中共党史出版社2001年版,有改动)

【案例讨论】

结合案例,谈谈新中国是怎样在严峻的国际国内环境中实现从新民主主义到社会主义转变的。

【案例点评】

中华人民共和国的成立,结束了中国半殖民地半封建社会的历史,中国进入了新民主主义社会,进入了由新民主主义向社会主义过渡的新的历史阶段。但是我们面临的并不是一幅繁荣昌盛的景象,而是一个烂摊子,千疮百孔,百废待兴。中国共产党经受了政治、经济、军事等各方面的考验。在中国这样一个人口众多、经济文化落后的国家,如何实现从新民主主义向社会主义的转变?如何认识新民主主义社会是一个过渡性的社会?中国社会主义改造应该走什么样的道路?以毛泽东同志为主要代表的中国共产党人,创造性地运用马克思列宁主义关于社会主义革命的理论,结合我国实际,系统地回答了中国为什么选择社会主义和怎样过渡到社会主义这一根本问题,形成了关于社会主义改造的理论。

【教学建议】

本案例可用于第一节"从新民主主义到社会主义的转变"的导入教学。结合中华人民共和国成立初期面临的严峻的国内国际环境,引导学生思考中国走社会主义道路的必然性。

案例分析2:新民主主义革命胜利后不具备建立社会主义的基本条件

【案例呈现】

旧中国的经济十分落后。在国民经济中,旧式农业和手工业占90%,现代工业只占10%。钢铁工业,由于国民党撤离大陆时的破坏,1949年全国只生产15.8万吨钢,人均占有钢产量为0.58市斤。到新中国成立之前,只有少数几个城市有一些机械工厂,而且都是小厂,只能生产一些皮带车床等简单机电产品。

能源工业也处于十分落后的状态。1949年,全国年发电量为43亿度,平均每人每年仅有8.6度;全国年煤炭产量为0.32亿吨;全国原油产量仅有12万吨。交通运输破坏严重。旧中国共修铁路2.1万余公里,到新中国成立时,几乎没有一条可以全线通车。

旧中国共修公路约13万公里,但能通车的不到80%。上海海运的总吨位只有14.5万吨。

新中国成立前,全国共有拖拉机401台,化肥的年产量不到3万吨,大约10个农业人口才有一头耕畜,粮食平均亩产只有136斤。教育非常落后,旧中国80%以上的人是文盲,全国学龄儿童入学率通常只在20%左右。旧中国遗留下来的自然科学基础十分薄弱,学科门类不全,密切结合生产和新兴的学科部门几乎完全空缺。

(资料来源:《中国共产党简史》,中共党史出版社2001年版,有改动)

【案例讨论】

为什么新民主主义社会是一个过渡性的社会?

【案例点评】

从案例可以看出,新民主主义革命胜利后,国民党留给我们的是一个一穷二白、满目疮痍的烂摊子。在这样的基础上,不具备建立社会主义社会的基本条件。在新民主主义革命胜利后,我们必须要经过一个历史时期,为社会主义社会的建立创造经济、政治等各方面的条件。

【教学建议】

本案例可用于第一节第一目"新民主主义社会是一个过渡性的社会"内容的教学,使学生对于新中国成立初期的国情有一个深刻的认识。

案例分析3:毛泽东与新中国的经济建设

【案例呈现】

新中国的经济建设取得的成就是巨大的。这主要表现在以下几个方面:

在"一穷二白"的基础上建立了独立的、比较完整的工业体系和国民经济体系。新中国刚刚成立的时候,我们的经济是十分落后的。当时,毛泽东曾说过:"现在我们能造什么? 能造桌子椅子,能造茶碗茶壶,能种粮食,还能磨成面粉,还能造纸,但是,一辆汽车、一架飞机、一辆坦克、一辆拖拉机都不能造。"从"一五"计划时期开始,国家以苏联援建的156项重点工程、694个大中型建设项目为中心,进行了大规模投资,逐步建成了一批门类比较齐全的基础工业项目,为国民经济的进一步发展打下了坚实的基础。中国不仅已经能够自行设计和批量生产汽车、飞机、拖拉机等,而且成功地爆炸了原子弹、氢弹,试制并成功发射了中远程导弹和人造卫星。正是经过全国人民的努力奋斗,1979年9月,叶剑英在庆祝中华人民共和国成立30周年大会的讲话中自豪地宣布:"我国在旧中国遗留下来的'一穷二白'的基础上,建立了独立的比较完整的工业体系和国民经济体系。"

尽管经过了两次大的起伏,中国经济发展的速度从总体上来看仍是相当快的。从经济发展的速度来看:从1952年到1978年,工农业总产值平均年增长率为8.2%,其中工业总产值平均年增长率为11.4%。从我国主要工农业产品产量居世界的位次来看:1957年和1978年,谷物从第3位变为第2位,棉花从第2位变为第3位,猪牛羊肉从第2位变为第3位,化学纤维从第26位变为第7位,布从第3位变为第1位,煤从第5位变为第3位,原油从第23位变为第8位,发电量从第13位变为第7位,钢从第9位变为第5位,水泥从第8位变为第4位,硫酸从第14位变为第3位,化肥从第33位变为第3位。除了少数农副产品产量的位次保持不变或稍有后退外,谷物和主要工业产品产量的位次都明显提前了。

人民物质生活和文化生活的水平得到逐步提高。全国居民的人均消费水平,农民从1952年的62元增加到1976年的125元,城市居民同期从148元增加到340元。全国人民节衣缩食支援国家工业化基础建设的情况下,尽管人民群众生活逐年改善的幅度不大,但初步满足了占世界四分之一人口的基本生活需求,这在当时被世界公认是一个奇迹。教育事业得到长足发展,学龄儿童入学率达到90%以上。劳动者的整体素质得到了很大的提高。

事实表明,这一时期,中国经济建设的成就是巨大的。对此,一些外国人士也不否认。比如,美国历史学家莫里斯·迈斯纳就说:毛泽东时代"是世界上最伟大的现代化时代之一,与德国、日本和俄国等几个现代工业舞台上的后起之秀的工业化最剧烈时期相比毫不逊色",中国取得了"全世界所有发展中国家和主要发达国家在同一时期取得的最高增长率"。

(资料来源:《光明日报》,2014年1月22日,有删改)

【案例讨论】

1. 从不能造到都能造,说明了什么?如何认识实现社会主义工业化的必要性?
2. 英国学者汤因比评价说,中国共产党有很高的组织才能。如何看待这个观点?

【案例点评】

中华人民共和国的成立,结束了中国半殖民地半封建社会的历史,中国进入了新民主主义社会,进入了由新民主主义向社会主义过渡的新的历史阶段。但是我们面临的并不是一幅繁荣昌盛的景象,而是一个烂摊子,千疮百孔,百废待兴。中国共产党经受了政治、经济、军事等各方面的考验。对中国国情的分析为由新民主主义向社会主义过渡和社会主义改造理论奠定了基石。

中华人民共和国成立初期,为争取国家财政经济状况的根本好转,党中央作出了整顿和恢复国民经济的决定,打了一场没有硝烟的经济战争,使国内外那些对共产党能否搞好经济持怀疑态度的人士也不能不对中国共产党表示钦佩。事实证明,中国共产党不仅能在军事上、政治上取得胜利,而且也能把经济工作做好。

【教学建议】

本案例可用于第一节"从新民主主义到社会主义的转变"的教学。引导学生理解要从根本上改变中国贫穷落后的面貌,就必须实现国家的工业化。而在中国的具体条件下,就必须实现社会主义工业化。实现社会主义工业化,是国家独立和富强的必然要求和必要条件。

案例分析4:被誉为"整个国家的形象"的"穷棒子社"

【案例呈现】

20世纪50年代初,在全国的农业合作化运动中,涌现出了很多先进的集体,其中有一面我国农业合作化运动中的鲜红旗帜——河北省遵化县(今河北省遵化市)西铺村的"穷棒子社"。它以勤俭创业的非凡业绩,受到了毛泽东的表彰,被赞誉为我们"整个国家的形象"。

那是1952年年初的时候,遵化县西铺村村民通过和邻近村的比较,发现办合作社的地方收成明显要好于自己,都纷纷要求办社。当地党委很快批准了西铺村办社的要求,并提出了稳步前进的方针,针对西铺社情复杂的情况,党委特别指示办社一定要注意坚决依靠雇农,从无到有,从小到大,坚持到底就是胜利。很快,支部成员按照上级指示,分头深入下去做群众工作。对那些暂时还不愿入社的农户,采取说服教育和耐心等待的态度,绝不强拉硬拽;而把贫下中农当作主要动员对象,凡是决心愿意入社的才吸收进来。经过几天的串联发动,报名入社的共有23户,绝大多数都是在旧社会扛活、讨饭、当劳工的贫苦农民。1952年10月26日,西铺的第一个农业生产合作社正式成立了,全社230亩土地,凑起来只有三条驴腿的牲畜股,没有农具,也没有车辆。

西铺村里的一些富裕户讥笑新生的初级农业生产合作社为"穷棒子社",说他们"这群吃救济粮、领寒衣的骨干,凑在一块儿,早晚得穷得散架","浑水的泥鳅成不了龙"。面对这些冷嘲热讽,社主任王国藩在社员会上勉励大家:"有人讥笑我们是'穷棒子',我们就是'穷棒子',咱们人穷志不穷,难不倒,穷不散!……咱只要发挥集体力量,把社办好,就自然听不到这种怪话了。"

有了雄心壮志,就有了迎战困难的勇气和办法。"穷棒子社"的社员打破了传统的旧习惯,变冬闲为冬忙,兵分两路:少部分壮劳力带领妇女老少做好春耕准备,三条驴腿不够用,就肩不离担,手不离锹,送粪、搂石、整地。以其余的壮劳力为主,组成一个19人的队伍,不顾天寒地冻,顶风冒雪,在隆冬季节到30里外的王寺峪山上打柴,解决生产资料缺乏问题。他们在"没牛没马,从山上拉;没衣没米,从山上取"口号的鼓舞下,吃的是稀粥白薯,穿的是开花棉衣,住的是透天草棚,十几个人合扯4条小被;有的人磨破了鞋,有的人扯破了衣,有的人碰伤了手和脸,有的人甚至从坡上摔下来,但他们毫不畏缩,坚持苦干。20多天的战斗,凭着19双勤劳的手,打回4万多斤柴,卖得430多元。打柴换来的钱,全部用在了添置生产资料上面,根据社内的迫切需要,买了1头骡子、1头牛、19只羊、1辆铁轮车,还有一部分农具。从此,长峪山下出现了前所未有的大搞生产的动人景象:社干部劳动干在前头,活计专拣重的干,社员你追我赶,紧紧跟上。送粪缺人,扁担结队挑上山;耕地缺人,人拉耙子翻开地;春播缺种,求亲告友来凑集,合作社终于适时种上了地。

"穷棒子社"从三条驴腿起家,依靠自己的力量,克服重重困难,赢得了第一个丰收年,用事实对那些散布合作社要"穷散架"的人,作出了强有力的回答。这一年粮食亩产达到254斤,超过互助组上年平均产量将近一倍,粮食总产量45800多斤,扣除集体留粮以后,平均每户分配的收入达190多元。老贫农王生摸着那些几乎没地方盛的粮食,激动得热泪盈眶,他说:"这是走毛主席、共产党指引的路才得到的,这条路我是走定了!"

"穷棒子社"一年中巨大变化的事实,使西铺村更多的农民看到了合作社的优越性。它像磁石一样,强烈地吸引着社外农民特别是那些比较贫困的农民的心。他们迫切地要求入社。按照党的过渡时期总路线的精神和上级党委的统一部署,西铺党支部积极领导扩社工作,到1954年秋天合作社扩大增加到148户,除一户住在偏远山沟外,凡能入社的全部取得资格,实现了全村合作化。

历史从这里又揭开新的一页。

(资料来源:《中国档案报》,2003年8月22日)

【案例讨论】

1.在西铺村办合作社的过程中,党委提出了"稳步前进的方针",为什么要采取这样一个政策?

2.如何认识毛泽东讲的"穷棒子社"是我们"整个国家的形象"?如何继承和发扬"穷棒子社"的艰苦奋斗精神?

【案例点评】

20世纪50年代,在新中国进行的农业社会主义改造是一次深刻的农村经济体制变革,在中国社会主义革命和建设史上具有特殊的地位和作用。

中国的特点是农民占人口的绝大多数。如何将几亿农民的个体所有制改造成集体所有制,是一个历史性的难题。以毛泽东为主要代表的中国共产党人根据马克思列宁主义关于农业社会主义改造的基本原理,从我国农村实际出发,制定并实行了一整套适合中国特点的对农业进行社会主义改造的方针、政策和办法,开辟了一条适合我国情况的农业社会主义改造道路。被毛泽东誉为"整个国家的形象"的"穷棒子社"就是农业合作化运动中的典型代表。

通过案例中"穷棒子社"的发展,我们可以清晰地看到合作化前后西铺村发生的翻天覆地的变化。通过"穷棒子社"的发展变化,我们也看到,占农村60%~70%的大多数贫下中农,由于经济、生产条件比较贫困,有自觉走农业合作化道路的要求;而对于少数比较富裕的农民来说,他们则是通过看到农业合作化运动的优越性的事实以后,要求入社的,这就是我国广大农民自愿加入农业合作社的总特点。

我国农业社会主义改造的基本完成,为解放生产力、发展农业生产开创了广阔的前景,并奠定了整个社会主义改造的基础。普通农民在农业合作化运动中创办的"穷棒子社"以及由此凝聚成的"穷棒子精神",不仅推动了当地农业社会主义的改造进程,而且在全国起到了典型示范作用,它对今天建设中国特色社会主义事业仍然具有启示意义。

【教学建议】

本案例可用于第二节第一目"适合中国特点的社会主义改造道路"中"农业、手工业的社会主义改造"内容的教学。引导学生明确以毛泽东为主要代表的中国共产党人开辟了一条适合我国情况的农业社会主义改造道路,奠定了整个社会主义改造的基础。

案例分析5:公私合营亲历者李建勋的讲述

【案例呈现】

1953年至1956年,新中国用4年时间完成了三大改造。这是国家工业化战略的一个重要步骤。与农业改造、手工业改造一起,民族工商业改造的完成标志着我国基本形成了以社会主义公有制为基础的所有制。1954年9月,政务院通过《公私合营工业企业暂行条例》。条例规定:对资本主义企业实行公私合营,应当根据国家的需要、企业改造的可能和资本家的自愿。1956年初,全国范围出现社会主义改造高潮,资本主义工商业实现了全行业公私合营。

亲历者李建勋为原同仁堂药店经理、支部书记,见证了新中国成立后同仁堂公私合营及发展全过程。

民族工商业改造,老店同仁堂新生

我是在同仁堂公私合营之前的1953年来到同仁堂的。1948年解放军围城打仗,当时的同仁堂虽然名气大,但是因为战争的缘故销售量并不高。我记得当时的统计显示,1948年同仁堂的年生产量为16万元(旧币),销售额只有30万元(旧币),销售情况并不太好。

众所周知,同仁堂是闻名全国的中药店,总店设在北京,创建于清朝康熙八年(1669年)。1948年年底时,京城同仁堂乐氏第十三世乐松生主事。此时,同仁堂资产约有80万元(旧币),职工190余人。

实际上,早在北平解放前夕,中国共产党的地下组织就把未来共产党对民族工商业的保护政策送到乐家了,但是乐家人对政策将信将疑,乐松生为此还去了天津他自己名下的达仁堂当了副职,以静观北京的变化。

1948年就已经是同仁堂经理的乐松生能回到同仁堂主事,则缘于1950年同仁堂发生的一起劳资纠纷。请回乐松生以后,劳资双方的谈判才获得成功。

新中国成立初期,随着农业合作化高潮的来临,城市资本主义同农村的联系被割断,资本主义独立生存的条件已经失去,资本家第一次发现自己真正处于孤立无援的境地,他们开始意识到,工商业改造已是大势所趋。于是,他们当中的一些人开始对前途感到茫然,终日惶惶不安,甚至对生产已是无心过问了。在公私合营之前的同仁堂也曾经是这样的状态,乐氏企业有好几家,谁也不好好经营企业,也不肯带头申请公私合营,同仁堂的发展一度停滞不前。

那时同仁堂虽然有190余名职工,但是做药的工人也就40多个,新中国成立以后,尤其是1950年、1951年,政府不仅没有没收同仁堂的财产,反而加大了对民族资本家的扶持,帮助同仁堂和全国合作总社等签订了销售合同,40多个工人一下子就忙不过来了。

率先合营

1952年,时任北京市市长的彭真来到同仁堂视察,由于中药原来只有丸、散、膏、丹四种形式,彭真希望国药也能搞搞创新,他建议同仁堂能够把中药片剂也研制出来。

为了避免损害同仁堂的利益,乐松生先以天津达仁堂的名义成立了国药研究所,并聘请了北京大学医学院教授郑启栋从事中药剂研究。1953年,郑启栋带领学生们成功研制出了银翘解毒片、香连片、女金丹片和黄连上清片等四种片剂,改变了中药没有片剂的历史。

那几年,在政府扶植下,同仁堂的生产逐步发展起来,这可比同仁堂自己经营强多了。原来同仁堂经营讲究只此一家,别无分号,乐家的子女们所开的店都不能用同仁堂的名字。所以原来一个店的时候人手还能忙过来,可是大量的合同签下来以后,工人们就不够用了。1953年,北京市工会组织就在北京市的其他药店里抽调了100余名表现积极的青年充实到同仁堂,这才让同仁堂的职工人数一下子增加到了280多人。我那时在另一家药店工作,因为我是共青团的积极分子,也一起来到了同仁堂。开始我"给药丸制造蜡皮"的工作,一年后调到了同仁堂的门市药店做保管员。

乐松生亲眼看到了共产党对民族资产阶级的保护，他对公私合营的事也积极起来了。于是他响应中国共产党的号召走社会主义道路。他也开始慢慢地说服自己的家里人接受公私合营。1954年，乐松生带头向国家递交了公私合营申请。

1954年8月27日，同仁堂公私合营大会召开，公私双方在协议书上签字。

公私合营对于同仁堂的工人们来说非常高兴，因为他们感觉一下子解放了。原来同仁堂有一个规矩，就是招来工人都要改名字，工人们虽然感觉受了侮辱，但是也没有办法。合营后工人们自己的名字恢复了，大家也都更积极地去做工了。

同仁堂是提前一年多的时间合营的，同仁堂合营后，推动了北京市其他私营工商业的合营。1955年初，彭真到同仁堂检查工作并会见了乐松生，肯定了他在公私合营中的表现。不久，毛泽东、周恩来在中南海接见了乐松生，毛泽东亲切地询问了乐松生的生活、工作和同仁堂生产情况，勉励他为国家医药事业多作贡献。周恩来转达了他的妻子邓颖超对乐松生的问候。邓颖超早年曾在天津达仁女子学校任教，而这所学校的创始人是乐松生的伯父乐达仁。

四马分肥

公私合营后的同仁堂，企业的性质发生了根本性的改变。同仁堂内部建立健全了党、政、工、团的领导组织，增建了企业各项的管理制度。国家还投资扩建厂房，增添生产设备，促进生产迅速发展。在管理上，破除了不适应当时生产力发展的经营方式，原来同仁堂是一厂一店，自己生产自己销售，生产面比较小。公私合营后，企业在国家统一安排下，北京市别家店的药同仁堂也可以生产销售；同时在销售面上，也由一厂一店自己销售，扩大到全国销售。

同时，在国家的扶持下，同仁堂像中国其他中药企业一样，彻底摆脱了手工作坊式的生产模式，简单的手工操作逐渐被机械化、半机械化的设备所替代。结果是素以"质高价昂"知名于世的北京同仁堂成药，在公私合营后连续几次降价，成为质高价廉的产品，受到了广大人民群众的热烈欢迎。

1956年，同仁堂建立了工厂管理委员会，简称工管会，目的是对同仁堂实现企业民主管理。工管会只承担决策，而不是一个生产管理的执行机构。工管会的建立，进一步完善了同仁堂的管理体制。

实行公私合营后，企业利润被分成国家所得税、企业公积金、工人福利费、资方红利四个部分，即所谓"四马分肥"，国家和工人所得占了大头。作为中国民族资本家的代表，同仁堂的乐氏家族经历过彷徨不安到主动接受的过程，但后来发现，"四马分肥"不但没有减少他们的收入，反而给他们带来了更高的红利，工人的收入亦因此翻了番。比如新中国成立前，四大房每年在铺面上提取银子4万两，新中国成立后四大房每年提取5.6万两。1953年，按照"四马分肥"原则，四大房共分得红利171561元，超过原来所得两倍多。仍任经理的乐松生乐不可支："原来担心合营会影响生产，没想到合营后业务发展这样好。"

公司效益好了,工人的收入亦翻了番。1953年1月,我在同仁堂工作,月收入能买180斤小米。而"四马分肥"后,我的工资开到了每月62.5元,而当时的小米是每斤一毛三,我的工资合480斤小米。收入只是一方面,公私合营后的工人们有了"主人翁"的感觉,干劲十足。以前再怎么样也是给东家干活儿,公私合营后,我们就是给自己干活儿了。

有一组数据最能说明同仁堂公私合营以后的效果,1949年到1959年10年间,同仁堂的职工从194人增加到540人,其中460多人是纯工人,生产总值也从1948年的16万元增加到了1959年的1251万元。

公私合营以后乐松生的社会工作也多了起来,自己忙不过来,就聘请了乐益卿和同济堂的刘景玉做副经理,自己则抽出时间来做其他社会工作。

1955年,乐松生当选为北京市人大代表、市政协委员,后又出任北京市副市长。1956年1月15日,这一天,北京市各界举行庆祝社会主义改造胜利大会,乐松生代表北京市工商界同业登上了天安门城楼,向毛泽东、刘少奇、周恩来等党和国家领导人报喜。

(资料来源:《中国经济周刊》,2019年第18期)

【案例讨论】

1. 结合案例中同仁堂合营前后的发展变化,谈谈资本主义工商业改造的重大历史意义。

2. 结合同仁堂合营所发生的变化,评价中国共产党对民族资本主义工商业社会主义改造采取的"和平赎买"政策。

【案例点评】

中华人民共和国成立以后,民族资产阶级在中国共产党的和平改造与实行赎买的方针下,在利用、限制、改造政策下,经过多次政治运动的考验,经过国家资本主义的提高,他们中的大多数人看到社会主义经济不断壮大,人民民主专政日益巩固,越来越认识到在中国不可能走资本主义道路,只能接受改造,通过和平转变,走社会主义道路。他们还切身感受到在接受改造的过程中,通过国家赎买、政治安排和工作安排,确实得到了实际的好处。他们逐步有所进步,并涌现出成批的进步分子。北京同仁堂的乐松生总经理就是他们的典型代表,这部分进步分子比较了解政策,能看清国家和自己的前途,向党和政府靠拢,赞成社会主义,宣传社会主义,走在资本主义工商业社会主义改造的前列。他们的所作所为,在推动整个民族资产阶级接受改造的过程中,起着显著的积极作用。著名企业同仁堂合营前后的变化,是比政策更具说服力的事实。正如后来邓小平所指出的,我国资本主义工商业社会主义改造胜利的取得,"是由于中国共产党领导全体工人阶级执行了毛泽东同志根据我国情况制定的马克思主义政策,同时,资本家阶级中的进步分子和大多数人在接受改造方面也起了有益的配合作用"。

【教学建议】

本案例可用于第二节第一目"适合中国特点的社会主义改造道路"中"资本主义工商业的社会主义改造"内容的教学。引导学生思考我国之所以能够采取赎买的方式对资本主义工商业进行和平改造的原因。

案例分析6:荣毅仁与中共领袖的真情交往

【案例呈现】

荣毅仁,1916年5月1日出生于江苏无锡一个著名的工商业家族。他早年接受中西方文化的启蒙教育,1937年从上海圣约翰大学历史系毕业后,开始辅佐父亲经营面粉、纺织和金融等庞大的家族企业。1949年上海解放前夕,荣氏家族已迁往海外,荣毅仁毅然作出留在上海的决定,并逐渐成为荣氏家族企业的代表。新中国成立后,荣毅仁满腔热忱地投身新中国的建设事业。1950年加入中国民主建国会,曾任民建中央常委、民建上海市委副主委,后历任国家进出口管理委员会、国家外国投资管理委员会顾问,全国工商联副主任委员、副主席、主席,香港特别行政区基本法起草委员会委员,海峡两岸关系协会名誉会长,中国和平统一促进会会长,纺织工业部副部长,中华人民共和国副主席。1956年,在对资本主义工商业的社会主义改造中,他率先把全部企业拿出来和国家合营,赢得了普遍尊重,被称为"红色资本家"。改革开放后的1979年,在邓小平的支持下,荣毅仁牵头组建并出任中国国际信托投资公司董事长兼总经理。1986年6月,邓小平在接见荣氏亲属回国观光团时说:"你们荣家对发展民族工业作了贡献,是有功的,是推动历史前进的,人民是不会忘记的。"

这是荣毅仁一生中最难忘的一天。1950年春末夏初,中南海碧水盈盈,颐年堂喜气洋洋。荣毅仁被通知出席毛泽东招待部分党外人士的宴会。这是自新中国成立以来,荣毅仁第一次见到毛泽东。

当荣毅仁等来到时,毛泽东在门前热情迎接他们。潘汉年把荣毅仁介绍给毛泽东,毛泽东握住了荣毅仁的手,亲切地说:"荣先生,你是大资本家呀!"

周恩来在一旁打趣地说:"他是中国民族资本家的'少壮派'。"

荣毅仁直说:"哪里……哪里……"

毛泽东看到荣毅仁这副毕恭毕敬的样子,微笑着又补充一句说:"你来了,很好。"

宴会就像家人团聚,气氛和谐欢快。席间毛泽东鼓励大家要为人民做好事,要一贯地做下去,好事做得越多,越有名誉,人民的奖励也越多,人民是不会忘记的。毛泽东的话,语重心长,感人肺腑,既是谆谆的嘱咐,又是殷切的期望。荣毅仁听了感到无比温暖,觉得毛泽东的话字字铭刻在自己的心上,以至于几十年后,荣毅仁还能清楚记得。

1955年11月1日,全国工商联召开执委会议,荣毅仁赴京参会。毛泽东也来了,并亲自主持了一次座谈会,恳切谈心约两个小时。毛泽东对与会的"资本家"们说:"只要把个人的前途和国家的前途联结在一起,个人的命运和前途是可以掌握的,是大有希望的。因为我们的国家是社会主义国家,而社会主义事业是很宽广的,并且将一天天发展。大家要把心安下来,不要十五只吊桶打水七上八下,要减少吊桶,增加抽水机,如果能全部改用抽水机更好,这样才好睡觉。"

毛泽东又讲到京剧《打渔杀家》中的萧桂英的故事,用以教育工商界。他说:"渔夫萧恩立志插翅飞过江去,斩除恶霸头子吕子秋,报仇雪恨。他的女儿萧桂英,又想要跟着爹爹去杀家造反,又放心不下那一点儿'私有财产'。船行在半江中,她还念念不忘:门还没有上锁呢!屋里还有不少家具呢!"毛泽东讲到这里自己忍不住笑了起来:"闹革命嘛,还舍不得丢坛坛罐罐?对旧的东西,一定要舍得丢,不要舍不得!"

当时正值全国范围内的公私合营高潮前夕,毛泽东的话语重心长,发人深思。他说:"只要谁肯真正为人民效力,在人民有困难的时期确实帮了忙,做了好事,而且是一贯地做下去,并不半途而废,那么,人民和人民的政府是没有理由不要他的,是没有理由不给他以生活的机会和效力的机会的。"接着他又补充说:民族资产阶级改造好了,将来一定可以加入到工人阶级的行列。

这次座谈会后,荣毅仁觉得很受启发。一回到上海,他就向上海市人代会保证:"我一定要把所得到的利润投资企业,购买公债,来支援国家建设。"他还在大会上表示:"我一定要把自己改造成为自食其力的劳动公民,做一个真正的同志。"

1955年10月的一次会议上,荣毅仁对毛泽东说:"毛主席,希望你能抽出时间到上海去,更希望到我们厂看看。"

1956年1月10日,荣毅仁正在上海申新纱厂总管理处上班,忽然接到时任市委书记的陈丕显亲自打来的电话,说有要事跟他谈,要他速回家中。荣毅仁急急赶回家,陈丕显已在家中等候。陈丕显说:"毛主席来上海了,今天马上就要去视察申新九厂,我们一起去厂里吧。"

荣毅仁立即随陈丕显赶到申新九厂。下午4点40分,毛泽东在陈毅、罗瑞卿、汪东兴陪同下乘车来到厂里。一下车,毛泽东见到在那儿迎候的荣毅仁说:"你不是要我到厂里来看看吗?今天我来了。"

荣毅仁万万没有想到,他在北京时对毛泽东讲的那句话,毛泽东竟记在心里了。

毛泽东问荣毅仁:"公私合营后生产怎样?"

荣毅仁说:"比以前好。"

毛泽东说:"跟国营企业比怎么样?"

荣毅仁说:"那还差一点。"

毛泽东说:"大概什么时候能赶上?"

荣毅仁说:"总要二三年吧。"

毛泽东没有坐下来休息,而是由荣毅仁等陪同径直向车间走去。

申新九厂共有17个车间,毛泽东视察了7个。每至一个车间,毛泽东都要仔细询问车间的工人的工作情况,还和他们亲切交谈。

毛泽东到上海视察不下几十次,但只视察过一家公私合营工厂,这就是申新九厂。

(资料来源:中国共产党新闻网,2016年6月12日,有删减)

【案例讨论】

什么是中国共产党"改造企业和改造人同时并举"的方针?

【案例点评】

在对资本主义工商业改造的同时,中国共产党十分重视对人的改造,把企业的改造同人的改造结合起来。首先,对资本家进行思想教育,经常组织他们学习,引导他们参加各种政治实践活动,对他们进行社会主义前途的教育,以提高他们的认识。一方面使他们认识到改变资本主义所有制已是大势所趋;另一方面,使他们了解党对资本家实行团结、教育和改造的方针。其次,本着"量才使用,适当照顾"的精神,给予资本家及资方人员必要的工作安排,使他们逐步成为自食其力的劳动者。再次,在生活上"包到底",给资本家高薪。从本案例可以看出"红色资本家"荣毅仁对共产党改造政策逐渐拥护的心路历程。

【教学建议】

本案例可用于第二节第一目"适合中国特点的社会主义改造道路"中"资本主义工商业的社会主义改造"内容的教学。引导学生明确社会主义改造是对企业的改造和对人的改造相结合,是改造资本家个人与消灭他们所属的资产阶级相结合,既避免了激烈的阶级对抗,减少了改造的阻力,又推动了生产力的发展和社会的进步。

案例分析7:朝梁子村发展农业生产合作社账本

【案例呈现】

河北省承德县博物馆收藏了一件特殊的文物,它就是"承德县朝梁子村发展农业生产合作社账本"。

新中国成立初期,为了解决旧中国大多数农民缺食少穿的问题,中国共产党领导开展了农业合作化运动。

当时,全国掀起了走合作化道路的热潮,但朝梁子村比较落后,条件不成熟,并没有被批准创办农业生产合作社。可就在这个落后的村庄,有17户并不富裕的家庭,他们自愿建起了一个初级农业生产合作社。后来在他们的带动下,又从最初的初级合作社逐渐变为由100多户组成的高级合作社。当时热河省委了解这一情况后,派工作组进行调查,写出《应该怎样认识工作薄弱村的合作化运动》的调查报告,并在《群众日报》发表。当时正逢全国农业合作化运动搞得轰轰烈烈,毛泽东主席主持编写了大型丛书《中国农村的社会主义高潮》,将这篇调查报告收入其中,并亲自写了按语。当年担任朝梁子村农业生产合作社第一任会计的员学忠意识到毛主席的按语具有重要的政治和社会价值,便悄悄地将账册和与之相关的清单等珍藏保护了起来。1988年,他将这些藏品捐献给了承德县博物馆,这些账本中记录了当时入社人员的姓名、成分,入社的股金,当时物价的情况以及当时劳动的报酬。这些珍贵的历史资料,不但记载了朝梁子村合作化的发展,同时也承载了中国合作化运动之路。

1965年的时候,群众日报社委托承德县委宣传部,到朝梁子村了解情况,这时村里人才知道,原来毛主席曾在10年前,就为此报告写了批语,他在批语中提出"所谓落后乡村并非一切都落后",对朝梁子村村民的合作化热情给予了极大肯定。毛主席的按语,极大地激发了中国农民的社会主义积极性,推动了合作化运动的开展。

1967年,朝梁子村委会用木板和纤维板制作了简易的按语碑,而如今的按语碑成为承德县的爱国主义教育基地。

2004年7月,账本被鉴定为国家一级文物。

(资料来源:"学习强国"学习平台,2021年6月3日)

【案例讨论】

为什么要进行农业社会主义改造?

【案例点评】

近年来,承德市博物馆在开展革命文物和"社建"文物普查中,在县城附近的朝梁子村发现了20世纪50年代合作社时期的账本。据捐献人、保管了40多年账本的合作社第一任会计员学忠介绍,这是当时的朝梁子农业合作社正式使用的第一批账本。说账本重要,是因为它和毛泽东的一篇按语有关联。20世纪50年代初,朝梁子村人民办社热情十分高涨。中共热河省委工作组为之写出了调查报告《应该怎样认识工作薄弱村的合作化运动》,刊登在1955年10月15日的热河省委机关报《群众日报》上。是年,毛主席主持编辑《中国农村的社会主义高潮》一书,将这篇调查报告选入书中,并亲自写了按语。毛主席的按语,对于指导当时的社会主义革命和社会主义建设具有极为重要的现实意义。由此产生的"朝梁子精神",至今依然激励着人们奋发图强。

【教学建议】

本案例可用于第二节第一目"适合中国特点的社会主义改造道路"中有关"农业的社会主义改造"内容的教学,通过讲授案例,学生能够对农业的社会主义改造认识更加深刻,了解到农业社会主义改造道路是符合我国国情的。

案例分析8:第一届全国人民代表大会第一次会议——人民当家作主落地生根

【案例呈现】

目的地,北京!

1954年9月,中南海怀仁堂迎来了1000多名意气风发的"新中国的主人"——第一届全国人大代表。他们中有93岁的齐白石,也有刚到选举年龄的郝秀秀;有工业劳模王崇伦,也有提出男女同工同酬的农民申纪兰。当时一位记者这样记录这场盛事:"他们从车床边来,从田地里来,从矿井来,从海岸的防哨来。放下钳子,放下犁耙,放下笔杆、圆规……同他们所爱戴的党和国家领导人在一起,商量着国家大事。"

破天荒的第一次

参与过1953年选民登记工作的法学家许崇德曾回忆:"旧社会很多农民连名字都没有,特别是妇女,就叫'张家大嫂''李家大妈'。没有名字怎么登记?于是我们就给她们起名字,一下子起了好多名字。我们一边起名一边登记选民,并发放选民证。拿到选民证,农民们特别高兴,因为'张家大嫂''李家大妈'很多都已经四五十岁了,第一次在大红色的选民榜上看到自己的名字,觉得非常光荣。更光荣的是,旧社会的受压迫者第一次拥有了选举权这项重要的政治权利,真正成了国家的主人。"

直到60年后,申纪兰还清楚记得那次长途跋涉,从山西长治到太原再到北京,一路骑毛驴,坐敞篷车,转火车。而踏上这趟旅途前,她刚经历过"中国历史上第一次规模空前的选举热潮"。

1949年9月,具有临时宪法性质的《中国人民政治协商会议共同纲领》提出,人民行使国家政权的机关为各级人民代表大会和各级人民政府。为了顺利召开地方各级人民代表大会和全国人民代表大会,从1953年4月起,人口普查、选民登记等工作在全国范围内展开,掀起了规模空前的选举热潮。对长期饱受封建专制压迫、从未真正行使过选举权的老百姓来说,这是破天荒头一次。十届全国人大法律委主任委员杨景宇回忆当年情形时说:"各地投票之日就像盛大节日,选民们穿上整洁的衣服,兴高采烈地来到选举站,投下了自己神圣的一票。"

经过一年多普选、逐级召开地方各级人民代表大会,共选出1226名全国人大代表。这1000多名全国人大代表，带着6亿人的嘱托，以主人翁的身份来到北京，集体决定着国家大事。

人民代表大会制度之所以具有强大生命力和显著优越性，关键在于它深深植根于人民之中。城乡按相同人口比例选举人大代表，增加县乡人大代表名额基数……

随着国家发展、社会变化，选举法也在不断作着调整。正如中国科学社会主义学会副会长、北京大学习近平新时代中国特色社会主义思想研究院副院长韩毓海所说，无论社会主义改造理论制度如何延展，它始终与中国共产党的初心使命一脉相承，它的根始终是人民群众。

人类政治制度史上的伟大创造

1945年7月，在延安窑洞那场著名的对谈中，黄炎培感叹历史"其兴也勃焉，其亡也忽焉"，称"一人，一家，一团体，一地方，乃至一国，不少单位都没能跳出这周期率的支配力"。毛泽东同志则表示，我们已经找到新路，我们能跳出这周期率。这条新路，就是民主。只有让人民来监督政府，政府才不敢松懈。只有人人起来负责，才不会人亡政息。100年前，嘉兴南湖红船上摇橹声中通过的党的第一个纲领，即有"把工人、农民和士兵组织起来"的表述。此后，大革命时期建立罢工工人代表大会和市民代表会议、组建农民协会；土地革命战争时期建立苏维埃政权，实行工农兵代表大会制度；抗日战争时期实行"三三制"参议会制度……当议会制、宪政制在中国黯然退场之时，中国共产党对于政权形式的擘画却逐渐清晰起来——1940年1月《新民主主义论》指出："中国现在可以采取全国人民代表大会、省人民代表大会、县人民代表大会、区人民代表大会直到乡人民代表大会的系统，并由各级代表大会选举政府。"1945年4月，毛泽东同志在《论联合政府》中进一步提出："新民主主义的政权组织，应该采取民主集中制。"

当时间的指针转到1954年，各方面条件均已成熟。来自全国各地的人民代表，与共和国的缔造者们一道，见证着这个千年古国正式迎来人民当家作主的历史新纪元——一届全国人大一次会议通过《中华人民共和国宪法》，规定"中华人民共和国的一切权力属于人民"，在旧中国毫无政治地位的工农大众，第一次成了国家的主人。

（资料来源：《光明日报》，2021年2月26日，有删改）

【案例讨论】

怎样理解在中国实行人民代表大会制度是中国人民翻身作主、掌握自己命运的必然选择？

【案例点评】

人民代表大会制度是中国特色社会主义制度的重要组成部分，是支撑我国国家治理体系和治理能力的根本政治制度，在我国国家制度体系中居于十分重要的地位。

实践充分证明，人民代表大会制度是符合我国国情和实际、体现社会主义国家性质、保证人民当家作主、保障实现中华民族伟大复兴的好制度。人民代表大会制度体现最广大人民的根本利益,得到广大人民认同和拥护。

【教学建议】

本案例可用于第三节"社会主义基本制度在中国的确立"的讲解,通过案例,学生能够明白,第一届全国人民代表大会的召开和《中华人民共和国宪法》的制定及颁布施行,为各族人民参与国家政治生活提供了必要条件和保证,为逐步健全和完善我国社会主义政治制度奠定了坚实的基础,成为我国社会主义民主政治建设的里程碑。在中国实行人民代表大会制度,是中国人民在人类政治制度史上的伟大创造,是深刻总结近代以后中国政治生活惨痛教训得出的基本结论,是中国社会100多年激越变革、激荡发展的历史结果,是中国人民翻身作主人、掌握自己命运的必然选择。

(二)观看纪录片《米棉之战》和《银元之战》

【实践类型】

课内实践。

【实践目标】

了解中华人民共和国成立后经济战线上取得的一个具有重大意义的胜利。这个胜利,使国内外那些怀疑共产党能否搞好经济的人们也不能不表示钦佩,叹为"奇迹"。这也证明中国共产党不仅在军事上是无敌的,在政治上是坚强的,在经济上也是完全有办法的。陈云成为新中国财经工作的卓越领导人。毛泽东说,这个胜利的意义"不下于淮海战役",并极为称道陈云的理财能力,赞其"可称之为能"。从中理解中华人民共和国成立之初的国情。

【实践方案】

1.实践时间:课内时间(2学时)。
2.实践地点:多媒体教室。
3.实践环节:
(1)观看文献纪录片《米棉之战》和《银元之战》

《米棉之战》

《银元之战》

(2)请同学用简单的语言谈谈自己看完纪录片后印象最深刻的镜头。
(3)课堂讨论:

①毛泽东为什么说陈云领导"银元之战"和"米棉之战"取得胜利的意义"不下于淮海战役"？你如何理解这个论断？

②你对中华人民共和国成立初期的国情有了哪些深刻认识？

(4)课后写一篇观后感，字数在1000字左右。

(三)讨论中国能否跨越资本主义"卡夫丁峡谷"

【实践类型】

课内实践。

【实践目标】

使学生更加深刻地理解社会主义制度确立的过程与条件，理解中国社会主义改造道路选择的时代背景。

【实践方案】

1. 实践时间：课内实践(1~2学时)。

2. 实践地点：多媒体教室。

3. 实践环节：

(1)背景介绍："卡夫丁峡谷"。公元前321年，早期罗马共和国在意大利半岛扩张的第二次萨姆尼特战争中，在卡夫丁峡谷，由执政官斯普里乌斯·波斯图米乌斯和提图斯·威图里乌斯·卡尔维努斯为统帅的5万之众的罗马军团，遭到萨姆尼特人的伏击，战败后被迫通过把两支长矛插在地上、将第三支长矛横置其上、状如架在牦牛背上的轭的"轭形门"。这是当时的意大利半岛上遣散战败者的传统方式，罗马人称之为"轭门下的遣送"。这一历史事件和史实在罗马史上被认为是罗马人的一次耻辱性的灾难和历史波折。可以引申为人们在谋求发展时所遇到的极大困难和挑战。

关于马克思所引用的"卡夫丁峡谷"一词的含义，理论界主要有两种认识。一种认为"卡夫丁峡谷"是指资本主义生产发展的过程。所谓可以不通过资本主义制度的卡夫丁峡谷，就是可以超越资本主义生产发展的整个阶段，由前资本主义的生产方式直接进入以公有制为基础的社会主义生产方式阶段。另一种认为"卡夫丁峡谷"意指资本主义的社会形态。前资本主义国家在特殊的历史条件下，可以直接进入社会主义社会，不仅实现生产方式的变更，同时也实现社会制度的更新。

(2)布置学生课后收集相关理论及其实践和结果。

理论依据：

①马克思、恩格斯的"跨越卡夫丁峡谷"理论。

②列宁的社会主义革命可能在比较落后的国家首先胜利理论。

③毛泽东的新民主主义革命理论。

实践结果:

①十月革命的胜利,第一个社会主义国家的诞生。

②二战后,社会主义从一国到多国的发展。

③社会主义建设的辉煌成就和严重挫折。

(3)课堂讨论"跨越卡夫丁峡谷"的经验与教训。

(四)观看文献纪录片《社会主义三大改造纪实》

【实践类型】

课内实践。

【实践目标】

通过观看文献纪录片,学生可以更加形象、深刻地理解社会主义改造的必要性和重要意义。

【实践方案】

1.实践时间:课内时间(2学时)。

2.实践地点:多媒体教室。

3.实践环节:

《社会主义三大改造纪实》

(1)观看文献纪录片《社会主义三大改造纪实》。

(2)讨论:

①新民主主义革命胜利后,为什么中国不能走资本主义的道路?

②社会主义三大改造的方式方法及意义?

③对典型人物事迹进行讨论,例如"红色资本家"荣毅仁、"火柴大王"刘鸿生等。

(3)课后写一篇观后感,字数在1000字左右。

(五)网络拓展

历史伟人:列宁　　　红色歌曲:《东方红》

二、课后习题

（一）单项选择题

1. 从中华人民共和国成立到社会主义改造基本完成,是从（　　）。
   A.1949年10月—1952年年初　　　B.1949年10月—1953年年初
   C.1949年10月—1956年年初　　　D.1949年10月—1956年年底

2. 新民主主义社会中的合作社经济是（　　）。
   A.社会主义性质　　　　　　　　B.半社会主义性质
   C.个体性质　　　　　　　　　　D.国家资本主义性质

3. 在新民主主义社会阶段,我国社会的主要矛盾是（　　）。
   A.中华民族与帝国主义之间的矛盾　B.广大民众与封建主义之间的矛盾
   C.工人阶级和资产阶级的矛盾　　　D.工人阶级和农民阶级的矛盾

4. 在新民主主义社会阶段,有关民族资产阶级的说法正确的是（　　）。
   A.同工人阶级既有合作又有对抗　　B.同工人阶级直接对抗
   C.同工人阶级完全合作　　　　　　D.直接被工人阶级消灭

5. （　　）,是国家独立和富强的必然要求和必要条件。
   A.实现社会主义工业化
   B.实现公有制
   C.实现对农业、手工业的社会主义改造
   D.实现对资本主义工商业的社会主义改造

6. 党在过渡时期总路线的主要内容被概括为"一化三改"。"一化"即（　　）。
   A.社会主义工业化　　　　　　　B.资本主义工业化
   C.工业现代化　　　　　　　　　D.四个现代化

7. 马克思、恩格斯认为如果能用（　　）的办法变革所有制,将是"最便宜不过了"。
   A.暴力没收　　B.和平赎买　　C.赎买　　D.直接消灭资产阶级

8. （　　）,由毛泽东审阅通过,中共中央宣传部编写了《为动员一切力量把我国建设成为一个伟大的社会主义国家而斗争——关于党在过渡时期总路线的学习和宣传提纲》。
   A.1952年6月1日　　　　　　　B.1952年12月1日
   C.1953年6月1日　　　　　　　D.1953年12月1日

9. 在对农业的社会主义改造中,互助组具有（　　）性质。
   A.农民个人所有制　　　　　　　B.社会主义萌芽
   C.半社会主义　　　　　　　　　D.社会主义

10.对手工业的社会主义改造,党和政府采取了( )的方针。

A.自愿互利 B.积极领导、稳步前进

C.典型示范 D.国家帮助

11.在对手工业的社会主义改造中,建立了手工业生产合作社。手工业者的生产资料( )。

A.归个人所有 B.一部分归个人、一部分归集体所有

C.归集体所有 D.归国家所有

12.中国共产党根据马克思、恩格斯和列宁关于采用和平方式变革所有制的设想,结合中国的具体情况,提出了对资本主义工商业实行( )方针。

A.革命 B.没收 C.和平赎买 D.保护

13.对民族资本主义赎买的具体方式是( )。

A.由国家支付一笔巨额补偿资金

B.让资本家在一定年限内从企业经营所得中获取一部分利润

C.遵循自愿互利、典型示范和国家帮助的原则

D.将民族资本主义经济进行分割,一部分属于国家,一部分属于资本家

14.( )年底,我国社会主义改造基本完成。

A.1953 B.1954 C.1955 D.1956

15.社会主义基本制度的确立是在( )年。

A.1945 B.1949 C.1956 D.1958

16.( )标志着中国历史上长达数千年的阶级剥削制度的结束。

A.辛亥革命 B.五四运动

C.中华人民共和国成立 D.社会主义改造的基本完成

17.人民代表大会制度这一根本政治制度、中国共产党领导的多党合作和政治协商制度、民族区域自治制度这些基本政治制度的确立,表明我国由一个( )的国家转变为社会主义国家。

A.封建主义 B.专制主义 C.资本主义 D.新民主主义

18.社会主义改造的基本完成和由此带来的社会各方面的变化,表明社会主义制度已经在我国的经济领域、政治领域及社会生活其他领域( )确立。

A.基本 B.正式 C.完全 D.绝对

19.( )是中国历史上最深刻最伟大的社会变革,为当代中国一切发展进步奠定了制度基础。

A.辛亥革命 B.中华人民共和国的成立

C.第一部《中华人民共和国宪法》颁布 D.社会主义基本制度的确立

20.中国共产党团结带领人民完成( ),确立社会主义基本制度,推进社会主义建设,完成中华民族有史以来最为广泛而深刻的社会变革。

　　A.资产阶级民主革命　　　　　　B.新民主主义革命

　　C.社会主义革命　　　　　　　　D.土地革命

(二)多项选择题

1.在新民主主义社会中,存在着以下哪几种经济成分?( )

　　A.国营经济　　B.合作社经济　　C.个体经济　　D.私人资本主义经济

　　E.国家资本主义经济

2.在新民主主义社会中,中国社会的阶级构成主要有( )。

　　A.工人阶级　　B.农民阶级　　C.小资产阶级　　D.民族资产阶级

　　E.地主阶级

3.下面关于1953年12月形成的总路线的说法正确的有( )。

　　A.从中华人民共和国成立,到社会主义改造基本完成,这是一个过渡时期

　　B.要在一个相当长的时期内,逐步实现国家的社会主义工业化

　　C.逐步实现国家对农业、手工业和资本主义工商业的社会主义改造

　　D."一体两翼"

　　E."一化三改"

4.我国由新民主主义社会逐步过渡到社会主义社会这一过渡历史时期之所以必要,并且需要一个相当长的时间,是由于( )。

　　A.我国经济和文化的落后

　　B.我国有极其广大的个体的农业和手工业

　　C.我国有在国民经济中占很大一部分比重的资本主义工商业

　　D.领导人的个人认识还有差异,思想上不能完全统一

　　E.我们首先要巩固政权,不能急于求成

5.为完成对农业的社会主义改造,我们实施了( )。

　　A.积极引导农民组织起来,走互助合作道路

　　B.遵循自愿互利、典型示范和国家帮助的原则,以互助合作的优越性吸引农民走互助合作道路

　　C.正确分析农村的阶级和阶层状况,制定正确的阶级政策

　　D.坚持积极领导、稳步前进的方针,采取循序渐进的步骤

　　E.直接让农民进入城市,变成产业工人

6.土地改革完成后,我国广大农民的生产积极性大大提高。这种积极性表现在( )。

　　A.和工人阶级紧密结合的积极性　　B.个体经济的积极性

C.消灭地主阶级的积极性　　　　D.互助合作的积极性

E.与资产阶级斗争的积极性

7.农业社会主义改造大体上经历了(　　)等几个发展阶段。

A.个体经济　　B.互助组　　C.初级社　　D.中级社

E.高级社

8.手工业社会主义改造大体上经历了(　　)等几个发展阶段。

A.组织手工业者建立手工作坊　　B.办手工业供销小组

C.办手工业供销合作社　　　　　D.建立手工业生产合作社

E.建立手工产品销售市场

9.对资本主义工商业实行和平赎买(　　)。

A.有利于发挥私营工商业在国计民生方面的积极作用,促进国民经济发展

B.有利于争取和团结民族资产阶级

C.有利于团结各民主党派和各界爱国民主人士,巩固和发展统一战线

D.有利于发挥民族资产阶级中大多数人的知识、才能、技术专长和管理经验

E.有利于争取和团结那些原来同资产阶级相联系的知识分子为社会主义建设服务

10.我国之所以能够采取赎买的方式对资本主义工商业进行和平改造,是因为(　　)。

A.民族资产阶级具有两面性

B.中国共产党与民族资产阶级长期保持着统一战线的关系

C.我国已经有了以工人阶级为领导、工农联盟为基础的人民民主专政的国家政权

D.民族资产阶级的积极主动

E.农业、手工业社会主义改造完成

11.初级形式的国家资本主义是国家对私营工商业实行(　　)。

A.委托加工　　B.计划订货　　C.代购代销　　D.统购包销

E.经销代销

12.在进行社会主义改造、向社会主义过渡的进程中,中国共产党积累了丰富的历史经验,主要有(　　)。

A.坚持社会主义工业化建设与社会主义改造同时并举

B.采取积极引导、逐步过渡的方式

C.用和平方法进行改造

D.这些方法也适用于其他国家

E.为从封建社会向社会主义社会过渡找到了一个方法

13.1956年年底,我国对( )的社会主义改造基本完成。
A.农业
B.手工业
C.资本主义工商业
D.商业
E.工商业

14.社会主义改造基本完成之后,( )。
A.我国社会主义经济结构发生了根本变化
B.社会主义经济成分已占绝对优势
C.社会主义公有制已成为我国社会的经济基础
D.标志着中国历史上长达数千年的阶级剥削制度的结束
E.标志着我国社会主义基本制度的确立

15.1954年9月,第一届全国人民代表大会的召开和《中华人民共和国宪法》的制定及颁布施行的意义是( )。
A.为各族人民参与国家政治生活提供了必要条件和保证
B.我国的人民民主政治建设并不是在有步骤地推进
C.为逐步健全和完善我国社会主义政治制度奠定了坚实的基础
D.成为我国社会主义民主政治建设的里程碑
E.是随着社会主义改造的进行而推进的

16.《中华人民共和国宪法》( )。
A.是中国人民100多年来为实现中华民族伟大复兴而英勇奋斗的历史经验总结
B.是中华人民共和国成立以来新的经验总结
C.明确规定了我国人民民主专政的国体
D.明确规定了我国人民代表大会的政体
E.并没有为各族人民参与国家政治生活提供必要条件和保证

17.哪些制度的确立表明我国由一个新民主主义的国家转变为社会主义国家?( )
A.人民代表大会制度
B.中国共产党领导的多党合作和政治协商制度
C.民族区域自治制度
D."一国两制"
E.村民自治制度

18.伴随着社会经济制度和社会经济结构的根本变化,我国社会的阶级关系发生了哪些根本的变化?( )
A.帝国主义侵略势力已经被清除出中国大陆
B.官僚资产阶级已经在中国内地被消灭

C.原来的地主和富农正在被改造成为自食其力的劳动者

D.民族资产阶级分子被改造成自食其力的社会主义劳动者

E.工人阶级已经成为国家的领导阶级

19.社会主义改造的完成和社会主义制度的确立这些实践证明了(　　)。

A.中国可以在没有实现工业化的情况下进入社会主义

B.社会主义基本制度的确立正是为了推进中国的工业化、现代化建设

C.由于经济文化还比较落后,中国的社会主义还只能是初级阶段的社会主义

D.不用经过社会生产力的极大发展,可以超越社会主义阶段

E.中国必须在实现工业化之后才能进入社会主义

20.社会主义基本制度确立的意义是(　　)。

A.是中国历史上最深刻最伟大的社会变革

B.为当代中国一切发展进步奠定了制度基础

C.为中国特色社会主义制度的创新和发展提供了重要前提

D.极大地提高了工人阶级和广大劳动人民的积极性、创造性

E.极大地促进了我国社会生产力的发展

(三)判断题

1.新民主主义社会不是一个独立的社会形态,而是由新民主主义向社会主义转变的过渡性社会形态。(　　)

2.新民主主义社会中,国家资本主义经济是私人资本主义经济向社会主义国营经济过渡的形式。(　　)

3.在新民主主义社会中,社会主义的因素不论在经济上还是在政治上都已经居于领导地位,所以非社会主义因素已无足轻重。(　　)

4.新民主主义社会属于社会主义体系,是逐步过渡到社会主义社会的过渡性质的社会。(　　)

5.从1949年至1952年,党领导人民集中力量恢复国民经济,继续完成民主革命遗留的任务。(　　)

6.党在过渡时期的总路线,完全照搬了马克思列宁主义关于过渡时期的理论。(　　)

7.在农业的社会主义改造中,对农民不能采取剥夺的办法,只能引导、说服和教育,使其自愿地走合作化的道路。(　　)

8.到1956年年初,农业社会主义改造基本完成。(　　)

9.无产阶级掌握国家政权后,"剥夺剥夺者",使被资本家占有的生产资料变成人民的财产。这是社会主义革命的一个基本原则。(　　)

10.所谓国家资本主义,就是在国家直接控制和支配下的资本主义经济。(　　)

11. 到1956年我国社会主义改造基本完成时,"一五"计划的主要指标还未完成。( )

12. 我们的社会主义改造是搞得成功的,很了不起。这是毛泽东同志对马克思列宁主义的一个重大贡献。( )

13. 1956年年底,我国对农业、手工业和资本主义工商业的社会主义改造基本完成。( )

14. 我国社会主义改造的完成标志着中国历史上长达数千年的阶级剥削制度的结束和社会主义基本制度的确立。( )

15. 1953年9月,第一届全国人民代表大会的召开和《中华人民共和国宪法》的制定及颁布施行,为各族人民参与国家政治生活提供了必要条件和保证。( )

16. 《中华人民共和国宪法》是中国人民100多年来为实现中华民族伟大复兴而英勇奋斗的历史经验总结,也是中华人民共和国成立以来新的经验总结。( )

17. 中国第一部宪法对我国人民民主专政的国体和人民代表大会的政体并没有作出明确规定。( )

18. 不经过社会生产力的极大发展,是可以超越社会主义初级阶段的。( )

19. 社会主义基本制度的确立,极大地挫伤了工人阶级和广大劳动人民的积极性、创造性。( )

20. 中国社会主义基本制度的确立,使占世界人口四分之一的东方大国进入了社会主义社会,这是社会主义发展史上又一个历史性的伟大胜利。( )

参考答案

(一)单项选择题

1.D 2.B 3.C 4.A 5.A 6.A 7.B 8.D 9.B 10.B 11.C 12.C 13.B 14.D 15.C 16.D 17.D 18.A 19.D 20.C

(二)多项选择题

1.ABCDE 2.ABCD 3.ABCDE 4.ABC 5.ABCD 6.BD 7.BCE 8.BCD 9.ABCDE 10.ABC 11.ABDE 12.ABC 13.ABC 14.ABCDE 15.ACD 16.ABCD 17.ABC 18.ABCDE 19.ABC 20.ABCDE

(三)判断题

1.对 2.对 3.错 4.对 5.对 6.错 7.对 8.错 9.对 10.对 11.错 12.对 13.对 14.对 15.错 16.对 17.错 18.错 19.错 20.对

第四章

社会主义建设道路初步探索的理论成果

在"一穷二白"的东方大国建设社会主义,没有先例可循,如同攀登一座人迹罕至的高山,需要筚路蓝缕、披荆斩棘。成就甚为显著,经验弥足珍贵,教训十分深刻。如何回望这段激情而峥嵘的岁月?如何正确把握艰辛探索的理论成果?如何认识这一时期与改革开放新时期的关系?这是本章要集中讲述的问题。

一、实践课堂

(一)案例分析

【实践类型】

课内实践。

【实践目标】

通过案例分析,加深学生对理论知识的掌握。

【实践方案】

1.实践时间:课内时间。

2.实践地点:多媒体教室。

3.实践环节:

(1)采取小组合作方式,提高学生学习、思考的积极性和参与度。

(2)小组成员需要提出自己的观点,并结合理论知识阐述理由。通过集体讨论,学生能够更全面地思考问题。

(3)案例分析为开放性结论,只要原理运用合理,思路阐述清晰,允许学生保留观点。

案例分析1:新中国成立初期为什么要照搬苏联模式?

【案例呈现】

毛泽东说:在新中国成立初期,"因为我们没有经验,在经济建设方面,我们只得照抄苏联"。他说:"这在当时是完全必要的,同时又是一个缺点,缺乏创造性,缺乏独立自主的能力。这当然不应当是长久之计。"在我国社会主义改造基本完成时,毛泽东曾试图改变照搬照抄苏联的做法,提出"以苏联为鉴",总结自己的经验,积极探索适合中国情况的社会主义建设道路。《论十大关系》的发表就是标志。

为什么在这时毛泽东要提出"以苏联为鉴",进行自己的探索呢?

新中国成立初期从苏联那里学来的高度集中的计划经济体制,在恢复国民经济、夺取抗美援朝战争的胜利以及保证重点建设方面发挥了积极作用。"一五"计划时期，依靠正在形成的这种体制，集中全国的人力、物力和财力，建立了苏联援建的156项重点工程，奠定了中国工业化的初步基础，确实发挥了集中力量办大事的优越性。但是随着经济发展规模的扩大、经济结构的复杂、发展目标和人民生活要求的多元化，这种体制愈来愈不适应日趋复杂的社会生产力发展的需要。同时，单一的社会主义公有制的建立，也同现阶段社会生产力发展水平不相适应。当苏联模式的社会主义体制在我国刚刚建立的时候，对于它的某些弊端，毛泽东等人即敏锐地有所觉察。"三大改造完成以后，发觉统得太死，不行，着手改进体制。"可以说，对于苏联模式的弊端，中国共产党人是发觉得最早的。之所以如此，是因他们在长期的革命斗争中积累了自己的独特经验，在民主革命时期既有过照搬照抄苏联经验的痛苦教训，也有过从实际出发，开创有中国特色的革命道路的成功实践。"中国革命就没有按照十月革命的模式去进行，而是从中国的实际情况出发，农村包围城市，武装夺取政权。"一切从实际出发，实事求是，勇于和善于独立思考是中国共产党的历史传统。所以他们很快就从新中国成立初期照搬照抄苏联经验的教条主义束缚中摆脱了出来，发现苏联的社会主义建设并不完全成功，就是苏联的成功经验也不都适合中国国情；苏联的成功经验，也只有同中国实际相结合，才有借鉴的价值和意义。因此，中国的社会主义建设道路，同民主革命一样，必须从中国的实际出发，由中国人民自己来寻找，自己来探索。学习苏联，终究不能代替自己的探索。照搬照抄，言听计从，同中国共产党的独立自主、实事求是的传统不能不发生尖锐的矛盾，更是不能容许！毛泽东后来谈到新中国成立初期照抄苏联的办法，"总觉得不满意，心情不舒畅"。毛泽东的心情正是这一矛盾的反映。由此可见，改变照搬照抄的做法，从中国的实际出发，探索自己的道路，对于坚持独立自主、实事求是的中国共产党人来说，是理所当然、顺理成章的。

(资料来源：人民网——领袖人物资料库，2019年10月12日)

【案例讨论】

新中国成立初期为什么要照搬苏联模式？

【案例点评】

新中国成立之初，如何在中国这样一个经济文化比较落后的东方大国建设社会主义，成为摆在我们党面前的一个全新课题。刚开始，我们只能以苏为师，照搬照抄苏联经验，但很快就意识到"苏联模式"的局限性，提出要"以苏为鉴"，独立自主探索适合中国国情的社会主义建设道路。在这一过程中，虽然我们也走过弯路，但取得的理论成果和实践成就，为开创中国特色社会主义奠定了前提和基础。

【教学建议】

本案例适用于第一节"初步探索的理论成果"的导入教学。通过案例教学,引导学生理解新中国成立初期我们照搬苏联模式的原因,进而明确毛泽东等中央领导人在实践过程中发现苏联模式不适合中国国情,开始逐步探索在中国怎样建设社会主义的道路。

案例分析2:毛泽东一生中所做规模最大的一次经济工作调查

【案例呈现】

为准备召开党的八大和迎接大规模的经济建设,1955年年底至1956年春,毛泽东等中央领导人进行了大量周密而系统的调查研究。1956年2月至4月,毛泽东分别听取了国务院34个部委关于工业生产和经济工作的汇报,逐渐形成对中国社会主义建设的一系列看法。

毛泽东明确指出,"最重要的是独立思考,把马列主义的基本原理同中国革命和建设的具体实际相结合。民主革命时期,我们吃了大亏之后才成功地实现了这种结合,取得了新民主主义革命的胜利。现在是社会主义革命和建设时期,我们要进行第二次结合,找出在中国怎样建设社会主义的道路"。

为了听汇报,毛泽东竟改变了长期以来养成的夜间工作的习惯。周恩来除个别时候因事请假外,每次都来。刘少奇、陈云、邓小平有时也来参加。

据毛泽东身边的工作人员回忆,毛泽东每天听一个部汇报,书面都写好,还要当面讲。毛泽东问得很细,比如说问什么分子式,或者问英文字怎么讲,所以很多部长都很紧张。这是毛泽东一生中所做规模最大的一次经济工作调查。

1956年4月24日,调查结束。毛泽东把汇报中发现的问题,概括为十个方面的重大关系。他先后在中央政治局扩大会议和最高国务会议上,就这十个方面的重大关系发表讲话。这些讲话经过整理,便是著名的《论十大关系》。

(资料来源:中共中央党史和文献研究院,2021年4月30日)

【案例讨论】

为什么说调查研究是我们党的传家宝?

【案例点评】

1956年2月起,毛泽东用一个半月时间听取了中央34个经济部门的工作汇报。关于十大关系的思想,就是在这个基础上,经中央政治局几次讨论,由毛泽东概括出来的。同年4月25日,毛泽东在有各省、自治区、直辖市党委书记参加的中央政治局扩大会议上,作关于十大关系的报告。接着,在5月2日最高国务会议的讲话中,他又作了进一步阐述。

【教学建议】

本案例适用于第一节第一目"调动一切积极因素为社会主义事业服务"的教学中。通过对案例的学习,让学生感受毛泽东对符合中国国情的社会主义建设道路进行了艰辛的理论探索,增强学生对《论十大关系》的了解。

案例分析3:《论十大关系》与适合中国国情发展理念的提出

【案例呈现】

《论十大关系》吸取了苏联社会主义建设发展中的反面教训,总结了新中国经济社会发展的成功经验,是以毛泽东为核心的中共第一代中央领导集体,探索符合中国国情的发展道路的结晶。它对即将到来的社会主义建设应该遵循什么样的发展理念作了比较系统的回答。

(一)改革创新的理念

《论十大关系》针对苏联模式的弊端和我国片面学习苏联的教训,紧扣当时发展面临的十大矛盾,系统地提出了一套有别于苏联模式的社会主义建设方法,为全面建设社会主义奠定了理论基础。具体来说,在操作层面包括以下三个方面:一是体制改革。毛泽东在最开始听取汇报时就提到"条条"和"块块"不衔接的问题,如何解决中央"几十只手插到地方"的问题。毛泽东的主张归纳起来就是放权简政,给予地方政府更多的机动权;提倡同地方商量办事的作风;对中央部门进行分类,并精简党政机构。二是技术革命。毛泽东认为在知识分子问题上的主动远远不够,科学上没有独立性,亟待"革技术的命"。他认为技术改革是很大的改革,带革命性的,号召大家以小学生仿写的态度把国外的先进技术学过来。三是制度建设。解决制度问题比解决思想问题更重要,更带有根本性质,这是毛泽东在形成《论十大关系》过程中的一个重要观点。建立党委集体领导和个人负责相结合的管理制度,而不是搬用苏联的一长制,这是毛泽东制度建设的核心。

(二)平衡协调的理念

在《论十大关系》中,毛泽东十分注意平衡协调问题,这是其战略思维的集中展现。在时间布局上,毛泽东能分清轻重缓急,善于抓重点。同时,他又用联系和发展的观点看问题,注重眼前利益和长远利益的平衡协调,强调要"算总账"。在重工业、轻工业和农业的关系上,他明确重工业是我国建设的重点,但又强调适当提高农业和轻工业的比重可以满足人民群众生活的需要,又可以更快地增加资金的积累,从而促进重工业又好又快地发展。在经济建设和国防建设的关系上,毛泽东从战略高度指出,只有经济建设发展得更快,国防建设才能够有更大的进步。在空间布局上,毛泽东在准确把握历史和现实的基础上,主张沿海的工业基地必须充分利用,但是,为了平衡工业发展的布局,内地工业也必须大力发展。他还从国际环境变化的视角入手,从经济效益的角度出发,论证了改变对沿海工业估计不足、对沿海工业发展不十分注重状态的必要性。

(三)统筹兼顾的理念

军民兼顾和公私兼顾是革命战争年代的经验总结,也是新中国成立后经济恢复和社会建设的有效方法。毛泽东在《论十大关系》中继续发挥了统筹兼顾的思想,认为国家、生产单位和个人都必须兼顾,不能只顾一头。毛泽东认为,这个问题的核心是物质利益的分配问题,尤其是分配要向个人倾斜的问题。增加工资,改进劳动条件和集体福利,解决劳动和生活中的迫切问题,是兼顾工人和国家利益的办法。而在兼顾农民和国家利益的问题上,毛泽东主张吸取苏联把农民挖得太苦的教训,坚持"少取,多予",既要坚持轻税,缩小剪刀差,又要保证农产品价格稳中有涨,适当补贴。毛泽东告诫大家,在处理国家和农民关系问题上不能"要母鸡多生蛋,又不给它米吃,又要马儿跑得好,又要马儿不吃草"。总之,物质利益在国家、集体和个人三者之间的分配需要确定一个合理的比例。

(四)团结共处的理念

《论十大关系》还蕴含着丰富的全国人民团结共处的理念。一切物质因素只有通过人的因素,才能加以开发利用,毛泽东对国内各种力量进行了划分和定位:工人和农民是基本力量,中间势力是可以争取的力量,反动势力是消极因素。这三种力量如何团结共处呢?毛泽东抓住了政治生活中应该注意的几大关系:在汉族和少数民族问题上,毛泽东强调要以反对大汉族主义为重点,注意加强民族政策教育和民族关系工作。在民主党派关系问题上,毛泽东强调"长期共存、互相监督",认为一切善意地向我们提意见的民主人士,我们都要团结。他还特别指出,党外人士的"骂"对党、人民和社会主义都比较有利,要看到"他们是反对派,又不是反对派,常常由反对走到不反对"。在如何对待反革命问题上,毛泽东指出他们是消极因素、破坏因素,但又强调在我国的条件下,他们中间的大多数将来会有不同程度的转变。在是非问题上,毛泽东反对那种幸灾乐祸的宗派主义,认为对待犯错误的同志要坚持"惩前毖后,治病救人"的方针,一要看,二要帮。

(五)学习外国的理念

苏联走过的弯路不想走,苏联的教训要引以为戒,自己的经验又不足,怎么办?向国外学习。毛泽东认为这是要有一点勇气的。学习的对象不再仅仅局限于社会主义国家,而是一切民族、一切国家,尤其是将发达资本主义国家作为学习的对象。学习的内容包括政治、经济、科学、技术、文学、艺术等一切真正好的东西。学习的方法上,毛泽东强调有分析有批判地学。他认为,对外国的科学、技术和文化既不能不加分析地一概排斥,也不能不加分析地一概照搬。毛泽东在批判那种毫无主见,往往由一个极端走到另一个极端的做法时,还借此提醒:对苏联引以为戒,并不是全盘否定苏联的经验,普遍真理性的东西要继续学;向资本主义国家学习,要抵制一切腐败制度和思想作风。学习的态度上,毛泽东强调,即便发展起来也要谦虚谨慎,不能把尾巴翘起来,要有"一万年都要学习"的态度。

(资料来源:《湖南科技大学学报》,2017年第5期)

【案例讨论】

1. 如何理解《论十大关系》是党探索中国社会主义建设道路的良好开端?
2. 《论十大关系》中的发展理念有何现实意义?

【案例点评】

《论十大关系》初步提出了改革创新的理念、平衡协调的理念、统筹兼顾的理念、团结共处的理念、学习外国的理念。在这些发展理念的指引下,中国共产党对如何在中国建设社会主义进行了进一步探索,在顺境中能够保持清醒的头脑,提升认识;在挫折后能够及时总结经验教训,回归正途。发展理念引领发展实践,发展实践又能为发展理念的进步提供丰富的实践经验,《论十大关系》所蕴含发展理念的初步实践为"五大发展理念"的贯彻实施提供了历史借鉴。

【教学建议】

本案例可用于第一节第一目"调动一切积极因素为社会主义事业服务"的教学。引导学生明确《论十大关系》确定了"努力把党内党外、国内国外的一切积极的因素,直接的、间接的积极因素全部调动起来"的基本方针,提出了一系列理念,是党探索中国社会主义建设道路的良好开端。

案例分析4:人民内部矛盾学说的开山之作

【案例呈现】

毛泽东《关于正确处理人民内部矛盾的问题》的发表是20世纪50年代中期我国政治生活中的一件大事。在这篇经典文献中,毛泽东创造性地提出社会主义社会人民内部矛盾学说,在当时党内产生了极其重要的影响。

毛泽东的人民内部矛盾理论首先得到了党内的拥护和支持。从毛泽东1957年2月27日在最高国务会议上的讲话,到6月19日《关于正确处理人民内部矛盾的问题》在《人民日报》正式发表,党内围绕《关于正确处理人民内部矛盾的问题》阐发的理论观点进行了广泛讨论。

毛泽东2月27日讲话后不久,4月27日,刘少奇在上海党员干部大会上作了《如何正确处理人民内部矛盾》的讲话,系统地阐述他对人民内部矛盾问题的思考。他明确指出,人民内部矛盾已成为主要矛盾。他认为,无产阶级思想与非无产阶级思想的矛盾,工人阶级与农民的矛盾,工人阶级与资产阶级的矛盾,上层建筑与经济基础、生产关系与生产力的矛盾,人民群众与领导者之间的矛盾,人民群众与官僚主义者之间的矛盾以及唯物主义与唯心主义的矛盾,这些都是人民内部矛盾。在他看来,解决人民内部矛盾,要采取和风细雨的办法,也就是"团结—批评—团结"的办法来解决。

周恩来则更加注重从改进实际工作、解决实际矛盾以及有效调动各方面的积极因素等角度来宣传和解释人民内部矛盾理论。4月下旬,他在浙江、上海作报告时指出,正确处理人民内部矛盾,首先要在党内搞通,使党本身能够认识、掌握和解决这个问题。他还特别强调,由于过去我们长期进行革命斗争,主要是处理敌我矛盾问题,很容易把两种矛盾混同起来,这点我们必须谨慎。

在邓小平看来,解决人民内部矛盾,除了做好思想政治教育工作外,还要着重解决发扬民主的问题。3月18日,他在山西作报告时指出,解决人民内部矛盾的根本方法是加强教育,扩大民主。4月5日,他在兰州又专门谈到人民内部矛盾问题,强调指出,处理人民内部矛盾比阶级斗争更复杂,如果继续用阶级斗争的方法处理人民内部矛盾,就非犯错误不可。

《关于正确处理人民内部矛盾的问题》同时还得到习仲勋等其他党内领导同志的充分肯定。习仲勋指出,人民内部矛盾过去就是存在的,毛泽东在最高国务会议和全国宣传工作会议上的报告都阐明了这个问题,也提出解决的方针。李维汉在《回忆与研究》中专门谈道:"毛泽东同志的这个讲话,精辟地分析了社会主义的矛盾,提出了正确处理人民内部矛盾的原则和方针,丰富和发展了马克思主义的科学社会主义学说,对于我们党团结全国人民,胜利从事社会主义建设具有重大和长远的指导意义。"胡乔木认为,《关于正确处理人民内部矛盾的问题》是中国共产党对马克思主义的党的建设理论和政治理论的重要贡献。

(资料来源:《学习时报》,2017年10月4日)

【案例讨论】

毛泽东关于正确认识和处理社会主义社会矛盾的思想包含哪些内容?

【案例点评】

在社会主义基本制度确立后,在共产党执政的条件下,社会主义社会仍然存在着各种矛盾,如何正确认识和处理日渐突出的人民内部矛盾,已成为党和政府面临的一个重大问题。毛泽东在这个时候提出"正确处理人民内部矛盾"这样一个重大问题,深刻地反映了当时国内外形势的发展变化,也反映了党在八大后对社会主义建设道路的探索。它不仅是我国由革命转入全面社会主义建设时期的迫切需要,也是对中国革命和建设经验以及整个国际共产主义运动经验的深刻总结。

【教学建议】

本案例可用于第一节第二目"正确认识和处理社会主义社会矛盾的思想"的教学。引导学生思考毛泽东关于正确认识和处理社会主义社会矛盾的思想的重要意义。

案例分析5：毛泽东关于中国工业化的思考和论述

【案例呈现】

新中国成立之初，为了使国家迅速改变积贫积弱的面貌，毛泽东及时提出："中国必须建立强大的国防军，必须建立强大的经济力量，这是两件大事。"他一方面为"国家获得工业化的基本条件而表示高兴，表示庆贺"，另一方面他也深知，一个落后的农业大国要真正实现工业化，必然是任重而道远，"中国民族和人民要彻底解放，必须实现国家工业化，而我们已作了的工作，还只是向这个方向刚才开步走"。

1953年，"一五"计划开始实施，新中国进入大规模经济建设时期。毛泽东信心百倍地提出"准备以20年时间完成中国的工业化"。同年6月，在谈到党在过渡时期的总路线和总任务时，他对国家工业化的认识作了这样的表述："什么叫国家基本工业化？工业在国民经济中的比重，至少要达到51%，或者达到60%吧！按照苏联的经验，工业的比重要达到70%才算工业化，我们现在还差42%。我国的工业化，工业比重也要达到70%。"

毛泽东迫切希望改变中国工业落后的现状，是同他记忆深处旧中国"落后就要挨打"的历史悲剧紧紧联系在一起的。青少年时代的毛泽东，曾目睹和感受旧中国的屈辱惨状。他曾有这样的回顾："我国从19世纪40年代起，到20世纪40年代中期，共计105年时间，全世界几乎一切大中小帝国主义国家都侵略过我国，都打过我们，除了最后一次，即抗日战争，由于国内外各种原因以日本帝国主义投降告终以外，没有一次战争不是以我国失败、签订丧权辱国条约而告终。"究其原因，毛泽东认为主要是两点："一是社会制度腐败，二是经济技术落后。"中国共产党领导的革命，就是要为发展经济技术创造政治前提，就是为了解放生产力。如今，新社会已经建立起来了，重要任务自然就是发展生产力的问题。为此，他强调："如果不在今后几十年内，争取彻底改变我国经济和技术远远落后于帝国主义国家的状态，挨打是不可避免的。""我们应当以有可能挨打为出发点来部署我们的工作，力求在一个不太长久的时间内改变我国社会经济、技术方面的落后状态，否则我们就要犯错误。"

1964年12月13日，毛泽东在审阅周恩来在三届全国人大一次会议上的政府工作报告草稿时加写了这样一段话："我们不能走世界各国技术发展的老路，跟在别人后面一步一步地爬行。我们必须打破常规，尽量采用先进技术，在一个不太长的历史时期内,把我国建设成为一个社会主义的现代化强国。我们所说的"大跃进",就是这个意思。"毛泽东这种谨防挨打、不甘落后、奋起直追的强烈意识,是同他对中国历史与现实的认识相关联,也是同当时党和人民的普遍愿望与迫切要求相一致的。

毛泽东所思考的工业化,并不只局限在工业领域。在希望加速实现国家工业化的同时,他已考虑到农业、轻工业等相关产业以及文化事业应与之同步发展。新中国成立初期,他就指出:"完成工业化当然不只是重工业和国防工业,一切必要的轻工业都应建设起来。为了完成国家工业化,必须发展农业,并逐步完成农业社会化。""要实现社会主义工业化,要实现农业的社会主义化、机械化。""一五"计划完成以后,毛泽东更加注重发展农业,强调:"在一定的意义上可以说,农业就是工业。要说服工业部门面向农村,支援农业。要搞好工业化,就应当这样做。""必须实行工业与农业同时并举,逐步建立现代化的工业和现代化的农业。过去我们经常讲把我国建成一个工业国,其实也包括了农业的现代化。"

"大跃进"的深刻教训,也促使毛泽东对中国经济建设的规律有了新的更加全面的认识。他说:"建设社会主义,原来要求是工业现代化,农业现代化,科学文化现代化,现在要加上国防现代化。在我们这样的国家,完成社会主义建设是一个艰巨任务,建成社会主义不要讲得过早了。""中国的人口多、底子薄,经济落后,要使生产力很大地发展起来,要赶上和超过世界上最先进的资本主义国家,没有一百多年的时间,我看是不行的。"

至此,中共中央和毛泽东基本形成了由单纯实现工业化到基本实现"四个现代化"的发展轮廓。

(资料来源:《党的文献》,2010年第2期)

【案例讨论】

毛泽东关于中国工业化道路的思想有何现实意义?

【案例点评】

实现国家的工业化的目标和步骤,反映了以毛泽东为核心的党的第一代中央领导集体十几年来的艰难探索和实践,凝聚了全国各族人民为改变"一穷二白"面貌的奋斗成果和经验,这当中也有"大跃进"那样急于求成的违背经济发展规律的失误教训。但新中国前30年终于初步建立起独立的比较完整的工业体系和国民经济体系,初步实现了毛泽东心目中的"工业化"目标,为后来中国的持续发展提供了必要的物质基础和条件。

【教学建议】

本案例可用于第一节第三目"走中国工业化道路的思想"的教学。引导学生明确走中国工业化道路的思想,是党探索我国社会主义建设道路的一个重要思想,对于加快我国社会主义建设事业发展具有重要意义。

案例分析6：自力更生，遍地开花

【案例呈现】

新中国成立以后，党领导全国各族人民进行社会主义建设，虽然经历曲折，但是成绩斐然，从1953年到1978年，工农业总产值年均增长率为8.2%，其中工业总产值年均增长率为11.4%，农业总产值年均增长率为2.7%。这个增长速度是旧中国无法比拟的，与当时世界其他各国相比也是快速的。在此期间，各项事业都取得巨大成就。建立独立的、比较完整的工业体系和国民经济体系。新中国伊始，经过三年的经济恢复，国民经济得到根本好转。为了有计划地进行社会主义建设，我国编制了发展国民经济的第一个五年计划，就此社会主义建设全面展开。

这一时期，在钢铁工业方面，陆续建成鞍山钢铁厂、武汉钢铁厂、包头钢铁厂、攀枝花钢铁厂、酒泉钢铁厂、成都无缝钢管厂。在机械工业方面，分别形成了冶金、采矿、电站、石化等工业设备制造以及飞机、汽车、工程机械制造等十几个基本行业，并且能够独立设计和制造一部分现代化大型设备。1964年，我国主要机器设备的自给率已达90%以上。特别突出的是，石油工业发展成为这个时期我国国民经济的支柱产业。建设完成了大庆油田，随后又开发了胜利油田和大港油田。到1965年国内需要的石油已经全部自给，实现了中国石油工业发展史上的一次飞跃。

到1966年，建成并投产的限额以上大中型项目1198项，初步形成门类比较齐全的工业体系。兴建了一批新兴的工业部门，我国的电子工业、石油化学工业、原子能工业等，大多是在这个时期打下基础的，填补了我国工业的许多空白。工业布局有了明显改善，内地和边疆地区都建起了不同规模的现代工业，基本上改变了旧中国工业畸形发展的局面。

集中力量进行大规模基础设施建设。这一时期，为保证大规模社会主义建设需要，我国依靠人民集体力量修建8万多座大中小型水库，比如新安江水库、密云水库、十三陵水库等，至今仍在农业生产中发挥灌溉、拦洪等方面的重要作用。为保证社会主义建设用电，又相继建立了三门峡水电站、刘家峡水电站、丹江口水电站等大中型水电站。

同时，交通运输业也得以大发展，成渝、鹰厦、包兰、兰青、兰新、川黔、黔桂、成昆等线建成通车。全国除西藏外，各省、自治区、直辖市都有了铁路，福建、宁夏、青海、新疆第一次通火车。公路、水运、航空等事业也有较大发展，全国大部分县、镇通了汽车，沿海港口新增10多个万吨深水泊位，远洋航运开辟了通往东南亚、欧洲和非洲的三条航线。

克服种种困难进行科研攻关并取得重大突破。

1960年,我国成功发射了第一枚运载火箭。1964年10月和1965年5月,我国先后两次原子弹爆炸试验成功,从而打破了国际上的核垄断,提高了我国的国际地位。导弹和人造卫星的研制也取得突破性进展。1966年10月,我国第一次成功进行了发射导弹核武器的试验;1967年6月,成功爆炸了第一颗氢弹;1969年9月,首次成功进行了地下核试验;1970年4月,成功发射了第一颗人造地球卫星"东方红一号",我国第一颗返回式遥感人造地球卫星于1975年11月发射成功。

(资料来源:海外网,2021年4月22日,有删改)

【案例讨论】

这一时期我国工业方面还取得了哪些成就?

【案例点评】

面对严峻复杂的国际环境,中国实施集中计划经济体制,走了一条独立自主的工业化道路,建立了完整的工业体系,为改革开放后中国经济快速发展打下了坚实的工业基础。

【教学建议】

本案例适用于第一节第三目"走中国工业化道路的思想"部分的教学。通过学习本案例,学生能够具体感受社会主义建设时期我国工业取得的成就,让学生明确我们不走苏联的老路,走出了一条属于新中国的工业化道路。

案例分析7:改革开放前的30年经济与科教成就

【案例呈现】

改革开放前的30年经济成就:逐步建立了独立的比较完整的工业体系和国民经济体系。1980年同完成经济恢复的1952年相比,全国工业固定资产按原价计算,增长26倍多,达到4100多亿元;棉纱产量增长3.5倍,达到293万吨;原煤产量增长8.4倍,达到62000万吨;发电量增长40倍,达到3000多亿度;原油产量达到10500多万吨;钢产量达到3700多万吨;机械工业产值增长53倍,达到1270多亿元。农业生产条件发生显著改变,生产水平有了很大提高。1980年同1952年相比,全国粮食增长近1倍,棉花增长1倍多。城乡商业和对外贸易也都有很大增长。国家进出口贸易的总额,1980年比1952年增长7.7倍。1980年,全国城乡平均每人的消费水平,扣除物价因素,比1952年提高近1倍。

改革开放前的30年科教成就:教育、科学、文化、卫生、体育事业有很大发展。1981年,全国各类全日制学校在校学生20400万人,比1952年增长2.7倍。核技术、人造卫星和运载火箭等方面的成就,表现出我国的科学技术水平有很大的提高。文艺方面,创作了一大批为人民服务、为社会主义服务的优秀作品。群众性体育事业蓬勃发展,不少运动项目取得出色的成绩。烈性传染病被消灭或基本消灭,城乡人民的健康水平大大提高,平均寿命大大延长。

附:新中国经济、科技、军备成就一览表(1956—1959年)

年份	经济	科技	军备	综合
1956年	第一汽车制造厂生产出第一辆解放牌汽车;沈阳第一机床厂建成投产;虽有严重水灾,粮食产量还是比丰收的1955年增产154亿斤	-	第一个飞机制造厂试制成功第一架喷气式飞机(歼5型歼击机);第一台涡喷-5发动机在沈阳航空发动机厂仿制成功	-
1957年	建成武汉长江大桥,这是长江第一桥;全国钢铁产量达到535万吨	-	-	超额完成了第一个五年计划;与1952年相比,工农业总产值增长68%,年均增长10.9%。国民收入增长53%,城乡居民平均消费水平增长23%。
1958年	北京石景山钢铁厂开工扩建,武汉炼钢厂开工兴建,重庆钢铁公司扩建工程开工	第一座实验性原子反应堆和回旋加速器移交生产,第一座实验性原子反应堆建成,标志着中国开始跨入原子能的时代;太阳能发电研制开始	开始研制核潜艇	-

续表

年份	经济	科技	军备	综合
1959年	大庆油田第一口油井喷射出石油，中国开始摘掉"贫油国"帽子；当年没有搞大炼钢铁的群众运动，实实在在地生产了1387万吨钢	地质学家李四光等人提出了"陆相生油"理论，打破了西方学者的"中国贫油"说；第一台每秒运算一万次的快速通用电子数字计算机在北京试制成功；第一套试制成功的电视发送设备在北京试播	新中国已初步建立了较为完备的军事工业体系，人民解放军陆海空三军主战装备均在这一时期实现了全部国产化，其中代表性的有仿苏T54A的59式中型坦克、仿苏米格17的歼-5歼击机、仿苏AK47的56式突击步枪等；海军长波电台、导弹开始研制	1959年至1961年，由于各种原因，国民经济遭到了严重挫折。但在1962年中央提出调整方针后，在还清了苏联外债的同时，国民经济又很快实现了好转。尤其是毛泽东于1959年4月提出"农业的根本出路在于机械化"和实现"四个现代化"的目标后，1962年至1965年农业总产值年均增长15.7%

(资料来源:《高校理论战线》,1999年第10期)

【案例讨论】

如何看待改革开放前的30年取得的重大成就？

【案例点评】

党对社会主义建设道路的初步探索，积累了丰富的经验，取得了巨大成就，这不仅表现在丰富的理论成果上，也体现在政治、经济、科教文卫、外交等各个领域。这一时期的建设成就为开启新时期新道路奠定了重要的物质基础。

【教学建议】

本案例可用于第二节第一目"初步探索的意义"的教学。结合探索的成就，引导学生明确社会主义建设没有一个固定不变的模式，各个国家应该根据自己的国情，独立自主地选择适合自己的发展道路。

案例分析8:1956年——探索中国特色社会主义道路的开篇之年

【案例呈现】

1956年是中国社会的深刻变化之年。这年的6月和10月,波兰波兹南事件和匈牙利事件相继发生,同时,国内的社会主义改造引发的一些社会矛盾也逐渐显露,出现了一些社会风潮。毛泽东高度关注事态的发展,称这一年是多事之秋,各种思想继续暴露出来,希望同志们注意。

对于发生"多事之秋"的深层次原因,毛泽东进行了分析和研究,主要从人民内部矛盾和阶级斗争两个方面加以认识。在11月4日的政治局常委扩大会上,毛泽东说:"波匈事件应使我们更好地考虑中国的问题。苏共二十大有个好处,就是揭开盖子,解放思想,使人们不再认为苏联所做的一切都是绝对真理,不可改变,一定要照办。我们要自己开动脑筋,解决本国革命和建设的实际问题……根据波匈事件的教训,好好总结一下社会主义究竟如何搞法。矛盾总是有的,如何处理这些矛盾,就成为我们需要认真研究的问题。"

在毛泽东看来,社会主义社会仍然存在生产关系同生产力的矛盾、上层建筑同经济基础的矛盾,在国内外各种因素的相互作用下,这些矛盾表现在人们的社会关系上,形成了人民内部矛盾和敌我矛盾两类不同性质的矛盾,斯大林的严重错误之一就是混淆了敌我矛盾和人民内部矛盾,用对付敌人的办法来对待人民。苏共二十大也是混淆了敌我矛盾和人民内部矛盾,全盘否定斯大林,丢掉了列宁和斯大林这两把"刀子",为否定十月革命开了门。受斯大林错误和苏共二十大错误的影响,"东欧一些国家的基本问题是阶级斗争没有搞好,那么多反革命没有搞掉,没有在阶级斗争中训练无产阶级,分清敌我,分清是非,分清唯心论和唯物论"。

面对国内社会风潮中暴露出的矛盾,毛泽东深感在开始进入社会主义社会、全党和全国工作重点转向经济文化建设的时候,教育党员干部学会搞经济建设和学会正确处理人民内部矛盾的重要性,强调:"以后凡是人民内部的事情,都要用整风的方法,用批评和自我批评的方法来解决,而不是用武力来解决。"结合波匈事件的教训,他提醒全党:"我们一定要警惕,不要滋长官僚主义作风,不要形成一个脱离人民群众的贵族阶层。谁犯了官僚主义,不去解决群众的问题,骂群众,压群众,总是不改,群众就有理由把他革掉。"

"多事之秋"使毛泽东进一步看到了建设社会主义的长期性、复杂性和艰巨性,人民内部矛盾和阶级斗争新情况的出现又使他对如何建设社会主义有了新的思考。

1956年临近结束的12月29日,《人民日报》发表了《再论无产阶级专政的历史经验》,毛泽东的多次修改意见中有这样一段话:"一个人只要站在人民的立场上,就决不应该把人民内部矛盾同敌我矛盾等量齐观,或者相互混淆,更不应该把人民内部矛盾放在敌我矛盾之上。否认阶级斗争,不分敌我的人,决不是共产主义者,决不是马克思列宁主义者。"他还删去了文章初稿中的"中国社会主义建设事业的迅速发展,在很大程度上就是学习苏联经验的结果"一句,并批注:"中国建设事业的方针是否正确,还待将来证明,这里不说为宜。"历史的发展证明了毛泽东的预见。

60年过去了,关于1956年在开创和发展中国特色社会主义事业中的历史地位问题,习近平总书记在纪念毛泽东诞辰120周年座谈会上的讲话为我们提供了认识这个问题的思想指导,他指出:"道路决定命运,找到一条正确道路是多么不容易。中国特色社会主义不是从天上掉下来的,是党和人民历尽千辛万苦、付出各种代价取得的根本成就。改革开放前的社会主义实践探索,是党和人民在历史新时期把握现实、创造未来的出发阵地,没有它提供的正反两方面的历史经验,没有它积累的思想成果、物质成果、制度成果,改革开放也难以顺利推进。一切向前走,都不能忘记走过的路;走得再远、走到再光辉的未来,也不能忘记走过的过去。"

(资料来源:《红旗文稿》,2016年3月28日)

案例分析9:如何正确对待改革开放前后两个历史时期

【案例呈现】

"不能用改革开放后的历史时期否定改革开放前的历史时期,也不能用改革开放前的历史时期否定改革开放后的历史时期。"习近平同志的这一重要论述,对于澄清一些模糊认识,坚定中国特色社会主义的道路自信、理论自信、制度自信,具有重要的现实意义。

1978年年底召开的党的十一届三中全会,作出了改革开放的重大抉择。以此为标志,可以将我国社会主义建设划分为两个历史时期。长期以来,对于怎样认识改革开放前后两个历史时期,各种看法较多。应该说,人们对改革开放前后两个历史时期进行比较和审视很正常,毕竟改革开放是世界社会主义实践中史无前例的探索,它给我国经济社会带来的变化是翻天覆地的。但是,在比较和审视时必须坚持正确的立场、观点和方法,这样才能正确认识和对待改革开放前后两个历史时期。

一方面,我们不能用改革开放后的历史时期否定改革开放前的历史时期。虽然改革开放前由于各种原因,我们党和国家的事业发展遭遇了一些重大曲折,但改革开放前的历史时期毕竟为改革开放后中国特色社会主义的探索积累了经验、奠定了基础。《关于建国以来党的若干历史问题的决议》指出,"我们在社会主义条件下取得了旧中国根本不可能达到的成就,初步地但又有力地显示了社会主义制度的优越性"。改革开放后进行的中国特色社会主义建设不是零起点,不是抛开前面的历史另起炉灶,而是在很多方面体现了对改革开放前的历史时期的继承。

另一方面,我们也不能用改革开放前的历史时期否定改革开放后的历史时期。

改革开放后,我们党坚持解放思想、实事求是、与时俱进、求真务实,开创了建设中国特色社会主义的新路,取得了举世瞩目的发展成就。这条新路既摆脱了照搬苏联模式的社会主义建设老路,又与西方模式的现代化道路有着本质区别。它鲜明地坚持以马克思主义为指导,坚持社会主义基本原则和根本方向。虽然当前我国经济社会发展中出现了许多新情况、新问题、新矛盾,改革开放向纵深推进遇到了一些困难,但这都是发展和前进中的问题。我们决不能以此否定改革开放后的历史时期,希望回到改革开放前的老路上去。改革开放后我们党坚持和发展中国特色社会主义,是继往和开来的统一,是历史和现实的结合。

改革开放前后两个历史时期,是我们党领导社会主义建设的同一个过程,虽然这两个历史时期在进行社会主义建设的指导思想、方针政策、实际工作上有很大差别,但两者绝不是彼此割裂的,更不是根本对立的。那种将改革开放前后两个历史时期割裂和对立起来的观点,是一种非此即彼的机械化、绝对化、片面化的观点。

肯定什么、否定什么,体现的是一种价值判断,影响着未来的发展方向。在新的发展起点上,坚持不以改革开放后的历史时期否定改革开放前的历史时期,也不用改革开放前的历史时期否定改革开放后的历史时期,就是要以科学的态度将我国社会主义建设的历史、现实和未来紧密地联系在一起,鲜明地回答我们昨天是怎么走过来的、今天必须怎么走、明天应该怎么走的问题。只有牢牢把握住这些问题,我们才能既不走封闭僵化的老路,也不走改旗易帜的邪路,而是始终坚持走中国特色社会主义道路。

(资料来源:人民网,2013年6月25日)

【案例8、9讨论】

如何认识党对社会主义建设道路初步探索的重大意义?

【案例8、9点评】

1956年是以建立社会主义基本经济制度为主要内容的社会主义改造的基本完成之年,从此中国开始了全面建设社会主义的探索时期,为党在新的历史时期开创中国特色社会主义道路提供了宝贵经验、理论准备和物质基础。因此我们应辩证地看待这一艰辛的初步探索,既看到取得的重大成就,也不能忽视其中存在的问题和失误,只有这样,才能正确认识改革开放前和改革开放后两个历史时期。

【教学建议】

案例8、9可用于第二节"初步探索的意义和经验教训"的教学。引导学生明确社会主义建设道路初步探索的正反两方面经验,为今天坚持和发展中国特色社会主义提供了重要借鉴。对待改革开放前的社会主义实践探索,要坚持实事求是的思想路线。

(二)观看《复兴之路》之《中国新生》

【实践类型】

课内实践。

【实践目标】

了解新中国历经磨难和挫折后的崛起,激励学生在牢记历史、向党看齐的同时也要撑起自己的未来,为中国的复兴作贡献。

【实践方案】

1.实践时间:课内时间(2学时)。

2.实践地点:多媒体教室。

3.实践环节:

(1)观看前对《中国新生》内容作简单介绍:

新中国成立后,以社会主义制度的确立和社会主义工业化取得的重大成绩为核心内容的社会主义建设,表现中国共产党独立自主探索国家发展道路的经验和教训。在20世纪50年代独特的国际、国内环境下,新中国选择了社会主义道路:在三大改造基本完成后确立社会主义制度;通过计划经济的方式,快速向工业化迈进,并取得了辉煌的成果。虽然由于缺乏经验、急于求成,导致社会主义道路遭遇曲折,但是党的第一代领导集体在探索适合中国国情的社会主义建设道路上,仍然取得了伟大的成就。中华民族开始了在社会主义道路上实现伟大复兴的历史征程。

(2)观看《复兴之路》之《中国新生》。

《复兴之路》之《中国新生》

(3)观看后开展课堂讨论:

①新中国是如何在严峻的国际国内环境中奠基和发展的?

②新中国为何选择了社会主义改造的道路?

③中国确立社会主义制度的重要意义是什么?

(4)课后写一篇500字的观后感。

(5)教师根据学生课堂发言和观后感的完成情况进行考核并记录成绩。

(三)网络拓展

历史伟人:毛泽东　　红色歌曲:《春天的故事》

二、课后习题

(一)单项选择题

1.新中国成立初期,我国主要是学习(　　)经验,这在当时是必要的,也取得了一定的成效。

　　A.苏联　　　　B.美国　　　　C.法国　　　　D.英国

2.(　　)标志着党探索中国社会主义建设道路的良好开端。

　　A.《论十大关系》

　　B.《新民主主义论》

　　C.《关于建国以来党的若干历史问题的决议》

　　D.《论联合政府》

3.(　　)认为,社会主义建设中的积极因素与消极因素是一对矛盾,这一矛盾呈现出既统一又斗争的关系。

　　A.马克思　　　B.恩格斯　　　C.斯大林　　　D.毛泽东

4."中国的改革和建设靠我们来领导。如果我们把作风整顿好了,我们在工作中间就会更加主动,我们的本事就会更大,工作就会做得更好。"毛泽东这是在讲(　　)问题。

　　A.党的建设　　B.军队建设　　C.经济建设　　D.文化建设

5.党的(　　)提出,要扩大社会主义民主,开展反对官僚主义的斗争。

　　A.一大　　　　B.三大　　　　C.七大　　　　D.八大

6.在探索中国社会主义建设道路过程中,毛泽东提出,社会主义又可分为(　　)阶段。

　　A.两个　　　　B.三个　　　　C.四个　　　　D.五个

7.毛泽东认为,要大兴(　　)之风,总结正反两方面经验教训,找出社会主义建设的客观规律,制定适合中国情况的方针和政策。

　　A.调查研究　　B.建设　　　　C.整顿　　　　D.改造

8.(　　)以后,国内的社会矛盾和阶级关系发生重大变化,无产阶级同资产阶之间的矛盾已经基本解决。

　　A.新中国成立　　　　　　　　B.社会主义改造的任务完成

　　C.朝鲜战争　　　　　　　　　D."三反""五反"

9.(　　)后,东欧一些社会主义国家弥漫着动荡不安的气氛,相继发生了波兰和匈牙利事件,帝国主义乘机掀起反苏反共反社会主义的浪潮。

　　A.苏共二十大　　B.新中国成立　　C.二战　　　D.朝鲜战争

10.(　　)在领导苏联社会主义建设的实践中,一开始不承认社会主义社会存在矛盾,后来又认为苏联社会主义社会存在着严重的阶级矛盾,在实践中造成了严重后果。

　　A.列宁　　　　B.斯大林　　　C.赫鲁晓夫　　D.勃列日涅夫

11.党的八大正确分析了社会主义改造完成后我国(　　)的变化,指出:社会主义制度在我国已经基本上建立起来了。

　　A.社会主要矛盾　　B.阶级关系　　C.社会生活　　D.经济基础

12.毛泽东指出,用(　　)的方法解决人民内部矛盾,这是一个总方针。

　　A.中立　　　　B.专制　　　　C.集中　　　　D.民主

13.党领导人民探索社会主义建设道路,历经艰辛和曲折,在理论和实践上取得了一系列重要成果。这些成果的意义不包括(　　)。

　　A.巩固和发展了我国的社会主义制度

　　B.对世界社会主义的发展没有促进意义

　　C.开创和发展中国特色社会主义

　　D.丰富了科学社会主义的理论和实践

14.社会主义制度建立以后,(　　)是我们党必须认真研究和解决的一个重大课题。

　　A.如何巩固和发展社会主义制度　　B.如何深化阶级斗争

　　C.如何继续进行革命　　　　　　　D.如何开展整风运动

15.改革开放以后我国赖以进行现代化建设的物质技术基础,很大一部分是(　　)时期建设起来的。

　　A.全面建设社会主义　　　　　B.土地革命

　　C.抗战　　　　　　　　　　　D.解放战争

16.党领导人民探索社会主义建设道路汲取了(　　)的经验教训,根据自己的实践形成了许多独创性成果,深化了对社会主义的认识。

　　A.朝鲜　　　　B.苏联　　　　C.匈牙利　　　D.越南

17.充分认识社会主义建设的(　　),才能逐步掌握社会主义建设规律,开辟适合中国特点的社会主义建设道路。

　　A.过渡性　　　　　　　　　　B.艰巨性

C.长期性和复杂性　　　　　　　D.必须性

18.关于我国社会主要矛盾的认识不正确的是（　　）。

A.社会主义建设开始后,党对我国社会的主要矛盾有了较为正确的认识,据此提出我国的根本任务是在新的生产关系下保护和发展生产力

B.党的八大二次会议改变了党的八大关于我国社会主要矛盾的正确判断

C.党的八大二次会议错误地认为在社会主义社会建成以前,无产阶级与资产阶级的矛盾,社会主义道路与资本主义道路的矛盾,始终是我国社会的主要矛盾

D.社会主义建设开始后,党对我国社会主要矛盾的认识一开始就是错误的

19.改革开放前和改革开放后两个历史时期,本质都是（　　）。

A.我们党领导人民进行社会主义建设的实践探索

B.新民主主义革命

C.无产阶级革命

D.阶级斗争扩大化

20.关于改革开放前和改革开放后的两个历史时期表述不正确的是（　　）。

A.改革开放前的社会主义实践探索为改革开放后的社会主义实践探索积累了经验并准备了条件

B.改革开放后的社会主义实践探索是对前一个时期探索的坚持、改革、发展

C.我们党领导人民进行社会主义建设,有改革开放前和改革开放后两个历史时期,这是两个相互联系又有重大区别的时期

D.两个历史时期没有任何关系

（二）多项选择题

1.实践表明,照抄照搬苏联经验（　　）。

A.不符合中国国情

B.仍需要实现马克思主义与中国实际的"第二次结合"

C.需要积极探索适合中国特点的社会主义建设道路

D.是被实践证明了的关于中国革命和建设的正确的理论原则和经验总结

E.是完全错误的

2.关于《论十大关系》,说法正确的是（　　）。

A.1956年4月和5月,毛泽东先后在中央政治局扩大会议和最高国务会议上作的报告

B.初步总结了我国社会主义建设的经验

C.明确提出要以苏为鉴,独立自主地探索适合中国情况的社会主义建设道路

D.《论十大关系》标志着党探索中国社会主义建设道路的良好开端

E.从十个方面论述了我国社会主义建设需要重点把握的一系列重大关系

3.《论十大关系》前三条讲( )。
   A.重工业和轻工业、农业的关系　　B.沿海工业和内地工业的关系
   C.经济建设和国防建设的关系　　　D.生产单位和生产者个人的关系
   E.中央和地方的关系

4."十大关系"的后五条讲( )。
   A.汉语与少数民族的关系　　B.党与非党的关系
   C.革命和反革命的关系　　　D.是非关系
   E.中国和外国的关系

5.( )表明,在全党和全国工作重心由革命转向建设的时候,面临着一个如何认识和处理社会主义矛盾的问题。
   A.我国社会主义改造和建设中并没有出现失误
   B.由于我国社会主义改造和建设中出现了一些失误,以及少数干部存在着官僚主义作风,严重脱离群众,引起了部分群众的不满
   C.1956年秋冬,在一些农村、工厂、学校还出现了"闹事"的情况
   D.面对这些新问题、新矛盾,许多党员和干部思想上缺乏准备,也缺乏处理这些问题和矛盾的经验
   E.党员干部能够正确认识和处理社会主义社会矛盾问题

6.关于社会主义社会矛盾,毛泽东认为( )。
   A.矛盾是普遍存在的,社会主义社会同样充满着矛盾
   B.提倡运用对立统一规律深刻分析社会主义社会的矛盾
   C.在社会主义社会中,基本的矛盾仍然是生产关系和生产力之间的矛盾,上层建筑和经济基础之间的矛盾
   D.矛盾推动着社会主义社会不断地向前发展
   E.社会主义社会不存在矛盾

7.人民内部矛盾,包括( )。
   A.工人阶级内部的矛盾　　B.农民阶级内部的矛盾
   C.知识分子内部的矛盾　　D.工农两个阶级之间的矛盾
   E.工人、农民同知识分子之间的矛盾

8.毛泽东关于社会主义社会矛盾的学说,( )。
   A.科学揭示了社会主义社会发展的动力
   B.以独创性的内容丰富了马克思主义的理论宝库
   C.为正确处理社会主义社会各种矛盾,提供了基本的理论依据
   D.为后来的社会主义改革奠定了理论基础
   E.为创造良好的社会环境和政治环境,提供了基本的理论依据

9.走中国工业化道路,必须( )。
   A.明确战略目标和战略步骤
   B.采取正确的经济建设方针
   C.发展科学技术和文化教育
   D.重视知识分子工作
   E.调整和完善所有制结构

10.毛泽东提出的"两条腿走路"的工业化发展思路包括( )。
   A.重工业和轻工业同时并举
   B.中央工业和地方工业同时并举
   C.沿海工业和内地工业同时并举
   D.大型企业和中小型企业同时并举
   E.工业和农业同时并举

11.党领导人民探索社会主义建设道路所面对严峻复杂的国内外形势有( )。
   A.我国人口多
   B.我国底子薄
   C.我国经济文化比较落后
   D.我国社会主义建设的任务艰巨繁重
   E.以美国为首的西方国家对中国采取敌视政策,并进行封锁和遏制,企图颠覆社会主义制度

12.中华人民共和国成立初期,党领导人民探索社会主义建设的成就为开启新时期新道路奠定了哪些重要的物质基础?( )
   A.在这一探索过程中,我国经济保持了较快的发展速度,经济实力显著增强
   B.基本建立了独立的比较完整的工业体系和国民经济体系,从根本上解决了工业化"从无到有"的问题
   C.改革开放以后我国赖以进行现代化建设的物质技术基础,很大一部分是这一时期建设起来的
   D.全国经济文化建设等方面的骨干力量和他们的工作经验,大部分也是在这一时期培养和积累起来的
   E.在探索中形成的一些正确的和比较正确的思想观点,取得的独创性理论成果

13.党对社会主义建设道路的初步探索在取得巨大成就的同时也遭受严重挫折,留下了哪些深刻教训?( )
   A.必须把马克思主义与中国实际相结合,探索符合中国特点的社会主义建设道路
   B.必须正确认识社会主义社会的主要矛盾和根本任务,集中力量发展生产力
   C.必须从实际出发进行社会主义建设,建设规模和速度要和国力相适应,不能急于求成
   D.必须发展社会主义民主,健全社会主义法制

E.必须坚持党的民主集中制和集体领导制度,加强执政党建设

14.党的八大二次会议改变了党的八大关于我国社会主要矛盾的正确判断等错误实践表明,(　　)。

　　A.在社会主义初级阶段,要科学把握我国社会主要矛盾

　　B.以经济建设为中心,不断提高人民物质文化生活水平

　　C.以经济建设为中心,不断满足人们对美好生活的向往

　　D.对于社会主义社会一定范围内长期存在的阶级斗争,不能将其简单地等同于全国范围的阶级斗争

　　E.不能搞大规模的政治运动,更不能搞阶级斗争扩大化

15.导致阶级斗争扩大化,甚至发生"文化大革命"的严重错误的原因有(　　)。

　　A.我国的社会主义是从半殖民地半封建的社会并经过短暂的新民主主义社会逐步过渡来的,党对发展社会主义民主的经验不足

　　B.对于什么是社会主义民主、怎样发展社会主义民主,认识上也不是完全清楚

　　C.虽然制定了法律,却没有树立起法律的权威

　　D.民主和法制都不健全,党内外关于社会主义建设的不同意见受到压制和打击

　　E.错误的决策得不到及时制止甚至被当作社会主义的原则加以固守

16.阶级斗争扩大化的错误证明(　　)。

　　A.中国要实现社会主义现代化,就必须发展社会主义民主,加强社会主义法制

　　B.大力发展人民民主,确保人民行使当家作主的权利,使公民的民主权利得到切实保障

　　C.党必须在宪法和法律范围内活动

　　D.任何一级党组织和领导人都不能有超出法律之上的权力

　　E.各种制度和法律可以因领导人的改变而改变,可以因领导人看法和注意力的改变而改变

17.关于资本主义和社会主义,以下表述正确的是(　　)。

　　A.资本主义的出现,开创了生产力快速发展的时代,是人类历史发展的重要阶段

　　B.社会主义代替资本主义,并不意味着社会主义要全盘否定和抛弃资本主义创造的一切成果

　　C.社会主义代替资本主义,也并不意味着社会主义不同资本主义发生任何联系

　　D.社会主义要体现出相对资本主义的优势并最终战胜资本主义,必须大胆借鉴和吸收包括资本主义文明在内的一切人类文明成果

　　E.社会主义要体现出相对资本主义的优势并最终战胜资本主义,创造出高于资本主义国家的社会生产力和物质文化生活水平

18.新中国成立后,毛泽东曾多次指出( )。

A.要在平等的基础上开展同一切国家的经济技术交流

B.同一些资本主义国家发展经济贸易关系

C.坚决不同资本主义国家发展经济贸易关系

D.要学习一切国家和民族的长处

E.不要学习一切国家和民族的长处

19.社会主义建设道路初步探索的正反两方面经验,为今天坚持和发展中国特色社会主义提供了重要借鉴。习近平强调,( )。

A.我们党领导人民进行社会主义建设,有改革开放前和改革开放后两个历史时期

B.改革开放前和改革开放后两个历史时期是两个相互联系又有重大区别的时期

C.改革开放前和改革开放后两个历史时期本质上都是我们党领导人民进行社会主义建设的实践探索

D.中国特色社会主义是在改革开放历史新时期开创的

E.中国特色社会主义也是在新中国已经建立起社会主义基本制度、并进行了20多年建设的基础上开创的

20.党领导人民探索社会主义建设道路的意义在于( )。

A.巩固和发展了我国的社会主义制度

B.为开创中国特色社会主义提供了宝贵经验

C.为开创中国特色社会主义提供了理论准备

D.为开创中国特色社会主义提供了物质基础

E.丰富了科学社会主义的理论和实践

(三)判断题

1.如何在中国这样一个经济文化比较落后的东方大国建设和巩固社会主义,是党面临的一个崭新课题。( )

2.新中国成立初期,我国主要是学习美国经验,这在当时是必要的,也取得了一定的成效。( )

3.《论十大关系》标志着党探索中国社会主义建设道路的良好开端。( )

4.调动一切积极因素为社会主义事业服务,必须发展社会主义民主政治。( )

5.《论十大关系》前五条主要讨论政治问题。( )

6.毛泽东认为,社会主义建设中的积极因素与消极因素是一对矛盾,这一矛盾呈现出既统一又斗争的关系。( )

7.调动一切积极因素为社会主义事业服务,必须坚持中国共产党的领导。( )

8.调动一切积极因素为社会主义事业服务,并不存在一个如何认识社会主义发展

阶段和社会主义建设规律的问题。（ ）

9.在探索中国社会主义建设道路过程中，毛泽东提出，社会主义又可分为两个阶段，第一个阶段是不发达的社会主义，第二阶段是比较发达的社会主义。（ ）

10.我国社会主义改造的任务完成以后，国内的社会矛盾和阶级关系发生重大变化，无产阶级同资产阶级之间的矛盾没有得到解决。（ ）

11.由于社会主义制度刚刚建立，需要有一个不断完善和巩固的过程，在这种情况下，大量人民内部矛盾逐步成为国家政治生活中居于主导地位的矛盾。（ ）

12.波匈事件对我国没有产生影响。（ ）

13.在全党和全国工作重心由革命转向建设的时候，面临着一个如何认识和处理社会主义矛盾的问题。（ ）

14.毛泽东在1957年2月所作的《关于正确处理人民内部矛盾的问题》的报告，系统论述了社会主义社会矛盾的理论。（ ）

15.社会主义制度建立以后，如何巩固和发展这一制度是我们党必须认真研究和解决的一个重大课题。（ ）

16.作为一种崭新的更高形态的社会制度，社会主义制度的建立极大地激发了广大人民群众的建设热情和积极性。（ ）

17.在全面建设社会主义时期，党对社会主义建设道路的探索是完全成功的。（ ）

18.社会主义建设开始后，党对我国社会的主要矛盾有了完全正确的认识。（ ）

19.对于社会主义社会一定范围内长期存在的阶级斗争，可以将其简单地等同于全国范围的阶级斗争。（ ）

20.社会主义代替资本主义，意味着社会主义要全盘否定和抛弃资本主义创造的一切成果。（ ）

参考答案

(一)单项选择题

1.A 2.A 3.D 4.A 5.D 6.A 7.A 8.B 9.A 10.B 11.A 12.D 13.B 14.A 15.A 16.B 17.C 18.D 19.A 20.D

(二)多项选择题

1. ABC 2. ABCDE 3. ABC 4. ABCDE 5. BCD 6. ABCD 7. ABCDE 8. ABCDE 9. ABCDE 10. ABCD 11. ABCDE 12. ABCD 13. ABCDE 14. ABCDE 15.ABCDE 16.ABCD 17.ABCDE 18.ABD 19.ABCDE 20.ABCDE

(三)判断题

1.对 2.错 3.对 4.对 5.错 6.对 7.对 8.错 9.对 10.错 11.对 12.错 13.对 14.对 15.对 16.对 17.错 18.错 19.错 20.错

第五章

邓小平理论

立时代潮头,开改革之先。以邓小平为主要代表的中国共产党人,顺民意,挽狂澜,实现伟大历史转折,吹响改革开放号角,开辟中国特色社会主义道路,创立邓小平理论。思想解放的滚滚洪流,冲开了神州大地创新创造的闸门,中国人民以昂扬姿态踏上富起来的新征程。当代中国为何能发生历史性巨变?改革开放如何改变了中国又改变了世界?新时期党和国家全部理论和实践的主题是什么?我们需要到邓小平理论中寻找这一切的初始密码。

一、实践课堂

(一)案例分析

【实践类型】

课内实践。

【实践目标】

通过案例分析,加深学生对理论知识的掌握。

【实践方案】

1.实践时间:课内时间。

2.实践地点:多媒体教室。

3.实践环节:

(1)采取小组合作方式,提高学生学习、思考的积极性和参与度。

(2)小组成员需要提出自己的观点,并结合理论知识阐述理由。通过集体讨论,学生能够更全面地思考问题。

(3)案例分析为开放性结论,只要原理运用合理,思路阐述清晰,允许学生保留观点。

案例分析1:想当年一切凭票供应看今朝买遍全球轻松刷屏

【案例呈现】

用眼药水瓶装油

没有经历过物资匮乏年代的年轻人无法想象,没有粮票就没饭吃,没有布票就没衣穿的日子。

新中国成立之初,国家一穷二白,党和政府一方面组织恢复和发展粮食生产,一方面采取措施尽快稳定粮价。1953年开始,中共中央决定实行粮食统购统销政策。

1955年,粮票登上历史舞台,百姓必须凭粮票才能购买粮食。这对保证粮食供应、支援社会主义建设起了重要作用。

此后,统购统销还扩大到棉布、食品等日常生活用品,油票、肉票、糖票、肥皂票、火柴票、电灯泡票、缝纫机票、自行车票等应运而生。这些票证实行计划供应,按人口定量发行。

那时,省级地方粮票只能在省内流通。若要到外地出差,人们必须先携带单位出差证明,到相关部门兑换全国通用粮票,这样去到外地才能吃得上饭。

广东省收藏家协会理事林仕荣就收藏了很多超小面额的票证,比如河南省镇平县1965年发行的5分5厘油票(约为0.055两)。5分5厘油到底有多少?林仕荣很形象地说:"就是拿一根筷子蘸到油桶里,再拿出来滴到碗里,就有5分5厘了。"因为每天用油都少得可怜,人们便用眼药水瓶来装油,每顿饭就挤上几滴。

直到1984年,粮食已经出现了恢复性的增长,供应不再紧张。作为国家经济特区的深圳,拿出了先行先试的改革精神,取消粮、油、猪肉票证,实行议价、敞开供应。

1994年,全国各地基本取消粮票,票证终于成为历史。

到商场买"高级货"

在凭票生活的年代,各地的购销站、代购代销站就是老百姓的购物天堂。改革开放后,我国经济体制从计划经济迈向社会主义市场经济,综合国力增强,物资慢慢丰富,人民生活水平提高了,商品市场也开始活跃起来。1981年,中国第一家超级商场——广州友谊商店超级商场开张,当时市民需要持外汇券才能购买货品。虽然商品种类很少,但为了一睹这种新鲜事物,一时间友谊商店被挤得水泄不通,只好采取限制人流的方式进入。

在全国各地,各式各样的商业街也逐渐出现。上海有著名的七浦路市场,广州则有西湖路灯光夜市。每天入夜开市前,档主用竹竿沿着马路两边搭建成一个个档口。起初夜市只有两三百个摊位,后因生意太红火,"档龙"迅速延伸,高峰期达1000多档。经营的范围也从各种时髦衣服及日常用品、儿童玩具,慢慢扩展到婚纱、旗袍等高档服装,让刚刚实现温饱的老百姓大开眼界。因为毗邻港澳,西湖路灯光夜市一度领先国内时装潮流,成了全国的时装橱柜,喇叭裤、牛仔裤、新潮皮鞋从这里走向了全国市场。一直到2001年,西湖路灯光夜市"消失"。

西湖路夜市的没落,不仅因为政策上的还路于民,另一大原因就是人们的购物需求西湖夜市已无法满足。例如,家庭耐用消费品开始向电气化迈进,居民家庭青睐的"三大件"从之前的手表、自行车和缝纫机升级为了冰箱、洗衣机、彩色电视机。想买这些"高级货",百姓有了更好的、更多的购物场所选择。比如当时广州人引以为傲的南方大厦,这里经营商品近3万种,大楼天台还设有空中花园、游乐场,还有电梯。它和附近的人民南路、十三行商圈等共同成为广州商业中心。"在里面一逛就大半天,金声、彩虹、平安几家戏院,5分钱看一出电影,逛累了还可以到广州酒家、莲香楼等茶楼歇脚。"有广州老市民回忆。

我们的消费方式被时代打上了很深的烙印——从20世纪五六十年代"凭票购物"、80年代"逛市场",随后,"逛专卖店""逛商厦",再到现在的"逛网店"……70年来,消费方式、内容及观念日新月异。

站在广州新大新百货北京路店的文化概念馆,看着面前铺开的一张张粮票、布票、侨汇券,70多岁的李奶奶说:"那时候,每到月底都盼着发粮票,当时谁能想象得到,现在的日子能过得这么好!"

随着市场供应的逐渐丰富和人民生活水平的提高,到1984年,广东开风气之先,从深圳开始取消粮、油、猪肉票证,实行议价、散开供应,大家再也不用担心粮票和定量的问题。解决了吃饭问题之后,人们对于大件消费品的需求开始爆发,"结婚三大件"在六七十年代是"三转一响"。到了80年代,冰箱、电视、洗衣机成了新的"三大件",当时无论谁家有一台即使是9英寸的黑白电视机,都会成为邻里街坊茶余饭后的聚脚点。

如今电视机已经成了百姓生活最普通的日用品,广东的消费市场,也正以惊人的速度发生着日新月异的变化:移动支付的普及,让菜市场上买根葱都用上了扫码支付;人脸识别技术的应用,终结了超市排长龙付款的历史;跨境电子商务的持续领跑,让热衷"买买买"的广东人放手"买全球"。

关于消费的故事愈演愈烈,"买买买"反映、拓展家国变迁与时代内涵——消费真正成了拉动经济三驾马车中最有力的一个。据国家统计局数据显示,2018年全年最终消费支出对国内生产总值增长的贡献率为76.2%,社会消费品零售总额超38万亿元。

从粮票、布票承载一个家庭的苦辣酸甜,到2018年"双11"18.82亿件快递飞往千家万户,人们在日益美好的生活中触摸国家繁荣富强的果实,讲述着广东消费市场不断形成新需求、释放新活力的精彩故事。

靠网络放手"买全球"

小档口、超市、商场应该没想到,仅仅过了10年左右,一个新的消费时代便开启了。

1999年大年初五,马云和另外17个人的"密谋"为新的消费方式按下了开始键。后面的事情大家都知道了,2003年,淘宝网诞生。4年后,淘宝网的交易额超越了沃尔玛与家乐福之和。

淘宝购物代表着商业时代的巨变,人们日常的消费场景从小商铺的混乱、柜台前的拥挤,到商厦商场的琳琅满目,变成网络购物的随时随地。更重要的是,淘宝网彻底改变了中国人的消费方式,甚至生活方式。如今只要一部手机在手,我们生活中任何一点细枝末节的需求,都可以被满足。

例如,早几年过春节,"囤菜过年"算是各家置办年货中的重头戏,很多人以前冰箱里不塞满肉菜都不敢过年。而最近几年,越来越多的新零售宣布"春节不打烊",向来追求"日日吃新鲜"的"老广"们,可以坐在家里就能在网上买到最新鲜的食材。

作为数字经济大省的广东,新技术应用和商业模式创新大大推动了消费创新。

如今,在广州几乎所有的肉菜市场,移动支付的普及让买根葱都可以扫码付款,支付更加便捷;人脸识别技术的应用,终结了超市排长龙付款的历史,购物体验再度刷新;只要一部手机在手,乘地铁坐公交,都可以扫码搞定;网购蔬菜、外卖食品一小时送达,快递物品"飞速"到手,新技术让物流更快……

消费市场也经历了观念上的跨越变迁——从20世纪六七十年代"节约型消费"、80年代"实用型消费"、90年代"品牌型消费""服务型消费",到新世纪开始时的"投资型消费"。如今,更深层次的变化是,传统消费正转向新兴消费,从不差钱的"买买买"到深度体验,从生活必需品转向享受型消费,从商品消费转向服务消费……消费的差异化、个性化、多元化释放强劲动能和巨大潜力。在广百百货多个购物中心,去年以来医药健康、美容护理等品类的销售都快速增长,"健康"这一品质生活的前提开始成为刚需。消费结构、观念的变化和消费潜力的释放,不仅深刻改变了广东的消费市场,而且日益影响着世界。海关总署广东分署6月2日发布的数据显示,仅2019年1—4月,广东跨境电商进出口237亿元,大幅增长62.2%。从本土消费到消费的全球化,线上消费拓展了消费者的选择范围,放手"买全球",成为广东新消费时代的常态特征。

站在5G商用元年,在5G建设方面走在全国前列的广东省,可以预见的是,接下来新技术的赋能也将为广东的消费升级带来巨大的想象空间。

(资料来源:广州市政协门户网站,2019年8月12日)

【案例讨论】

改革开放后人民日常生活发生巨大变化的主要原因是什么?

【案例点评】

党的十一届三中全会以后,国家经济的发展,让市场商品供应有了根本性好转。随着改革开放的不断深入,城乡居民生活物资日益充足,票证逐步退出历史舞台。

2018年12月18日,习近平总书记在庆祝改革开放40周年大会上的讲话提到:"粮票、布票、肉票、鱼票、油票、豆腐票、副食本、工业券等百姓生活曾经离不开的票证已经进入了历史博物馆,忍饥挨饿、缺吃少穿、生活困顿这些几千年来困扰我国人民的问题总体上一去不复返了!"仅从票证这一个小小的角度,我们足见改革开放所带来的民生巨变。

【教学建议】

本案例适用于本章的导入案例教学。通过此案例教学,教师能够引导学生看到改革开放前后人们生活水平的差异之大,让学生明确,从粮票、布票承载一个家庭的苦辣酸甜,到"双11"买遍全球,人们在日益美好的生活中触摸改革开放的果实。

案例分析2:邓小平的传奇瞬间——三落三起

【案例呈现】

邓小平的一生,是20世纪中国革命和中国共产党历史发展的缩影。政治上"三落三起"的特殊生涯,使他成为中国乃至世界政治舞台上的传奇人物。邓小平"三落三起"的坎坷经历都是与党的失误和成功密切联系的。可以说,邓小平的"三落三起"真实而深刻地反映了我党探索正确的革命和建设道路的艰难历程,是党的曲折发展史的真实写照。

一落

时间:1933年

原因:拥护以毛泽东为代表的正确路线,抵制王明"左"倾错误路线。

邓小平的第一次"落"和"起"发生在20世纪30年代。1933年年初,中共临时中央政治局迁入苏区,以王明为代表的"左"倾机会主义路线开始在党内占据主导地位。他们不但反对毛泽东的正确方针,将毛泽东排挤出红军,而且对其他抵制"左"倾错误的同志进行残酷打击,错误地批判福建的罗明和江西的邓、毛、谢、古(邓小平、毛泽覃、谢唯俊、古柏)就是其中的两个典型事例。中共福建省委代理书记罗明因主张在根据地边沿地区保留一定的地方武装,开展游击战争,被临时中央视作"对革命悲观失望的、机会主义的、取消主义的逃跑路线"而遭到批判和打击。邓、毛、谢、古则被视为江西的"罗明路线"。邓小平在这次残酷斗争中被撤销了中共江西省委宣传部部长职务,并被给予党内"最后严重警告"处分。此际,邓小平还遭遇了个人生活的一个大变故,就是妻子金维映与他离了婚。

一起

时间:1933年

原因:因才华出众被中央军委副主席兼红军总政治部主任王稼祥调到总政治部任秘书长。

1933年的政治磨难,并没有使邓小平屈服和消沉。他的才能,依然受到很多同志的赏识。中央军委副主席兼红军总政治部主任王稼祥深知邓小平精明强干,提议调邓小平到总政治部任秘书长。1934年10月他随中央红军长征。1934年年底中共中央在黎平开会,毛泽东得到了多数人的支持,而一直拥护毛泽东的邓小平,经毛泽东提议,当上了中央秘书长。1935年1月,他参加了著名的遵义会议。此后,他的人生和党的事业一样,从一个辉煌奔向另一个辉煌。

二落

时间:1966年

原因:错估形势的毛泽东领导和发动了"文化大革命",邓小平对党中央工作中"左"的思想倾向进行抵制,被扣上"党内第二号走资本主义道路当权派"的帽子受到错误的批判和斗争。

邓小平的第二次"落"和"起"发生在20世纪60年代中期到70年代初"文化大革命"期间。由于受"左"倾思想支配,毛泽东认为国内阶级斗争越来越严重,错误地领导和发动了"文化大革命"运动。在运动之初,时任中共中央总书记、国务院副总理的邓小平就被作为"中国第二号修正主义分子"受到错误的批判和斗争。从第一代中央领导集体的成员变成了专政的对象,从党的总书记职务一下子被贬到江西"劳动改造"。1969年10月,邓小平被下放到江西省新建县拖拉机修造厂劳动。他的长子邓朴方被迫害致残,儿女都分散在各地乡下插队,骨肉分离。

二起

时间:1973年

原因:"九一三"林彪事件后,毛泽东重新起用老干部。

1971年9月13日,林彪叛逃,在蒙古国的温都尔汗坠机身亡,邓小平终有了复出的机会。林彪的事在精神上对毛泽东打击很大,他开始反思自己以前的一些做法。1972年1月,陈毅元帅逝世,毛泽东亲自参加追悼会,有了重新起用老干部的念头。毛泽东说,邓小平的事情属于人民内部矛盾,周恩来马上示意陈毅的子女,把毛泽东对邓小平的评价传出去。对于邓小平的文韬武略,毛泽东多次给予高度评价。他多次称赞邓小平是"柔中寓刚,绵里藏针""政治思想强""人才难得"。在毛泽东的过问下,邓小平的复出之路柳暗花明。1973年3月10日,中共中央发出了《关于恢复邓小平同志的党的组织生活和国务院副总理的职务的决定》。4月12日晚,邓小平出席了在人民大会堂举行的欢迎西哈努克亲王的宴会。邓小平的出现,引起了国外舆论的广泛关注,西方一家杂志就此称他为"打不倒的东方小个子"。在纷繁复杂的问题面前,邓小平从铁路交通入手,继而在钢铁、文化、教育等各个领域大刀阔斧开展了全面整顿。在1975年召开的中共十届二中全会和四届全国人大一次会议上,邓小平先后出任中共中央副主席、国务院第一副总理、中央军委副主席兼中国人民解放军总参谋长。在周恩来总理因病住院期间,由邓小平主持国务院工作,不久,又确定由他主持党中央日常工作。9月,周恩来接受手术前,握着邓小平的手大声说:"这一年你比我干得好!"

三落

时间:1976年

原因:由于系统地纠正"文化大革命"的错误而为毛泽东所不能容忍,再次被

"打倒"。

邓小平的第三次"落"和"起"是在他第二次复出3年之后。1975年下半年,毛泽东的病情逐渐加重,此时他内心非常矛盾。他支持邓小平搞整顿、抓生产,但不希望邓小平改变对"文化大革命"的定性。在"四人帮"的蛊惑下,一场"反击右倾翻案风"运动开始了。1976年1月15日,邓小平代表中央为周恩来逝世致完悼词后,便在中国的政坛上消失了。1976年的清明节前夕,全国不少地方出现了自发悼念周总理、反对"四人帮"、拥护邓小平的群众性活动。天安门广场成了声讨"四人帮"的主战场。4月4日,中央政治局召开会议,在江青等人的操纵下,天安门广场的悼念活动被定性为"反革命事件"。邓小平被指控为"天安门事件总后台",第三次被"打倒",被撤销了党内外一切职务,保留党籍,以观后效。

三起

时间:1977年

原因:"文化大革命"结束后,党中央顺应民心,恢复邓小平所有职务。

1976年10月,"四人帮"被粉碎,持续十年之久的"文化大革命"也随即结束。始终乐观地相信未来的邓小平再一次迎来了他政治生涯中的辉煌岁月。

1977年3月,中共中央召开工作会议,会上陈云作了书面发言,提出让邓小平重新参加党中央领导工作,是"中国革命和中国共产党的需要"。1977年7月的中共十届三中全会,恢复了邓小平中共中央副主席、中央军委副主席、国务院副总理、中国人民解放军总参谋长的职务。次年有国外报刊称:"邓小平时代"开始了! 7月30日,邓小平出现在北京国际足球邀请赛的看台上面。这个镜头成为73岁的邓小平第三次复出的象征性画面。

无私广阔的心胸、坚定不移的信仰、乐观主义的精神支撑着邓小平,使他涉过道道险关,攀上了人生的顶峰,创造出指导我们迈向新的征程的伟大理论——邓小平理论。在他生命的最后20年里,邓小平开辟了一个时代,创造了历史,为一个国家和一个民族赢得了从未有过的青春。

(资料来源:央广网,2014年8月16日,有改动)

【案例讨论】

1.透过邓小平"三落三起"的坎坷经历,你能感受到一代伟人邓小平有哪些宝贵的人格特征?这些人格特征对于邓小平理论的创立有何意义?

2.邓小平"三落三起"的传奇人生经历,对你有怎样的启示?

【案例点评】

邓小平是中国社会主义改革开放和现代化建设的总设计师,是建设有中国特色社会主义理论的主要创立者。当受到打击、处于逆境的时候,他从不消沉,总是无私无畏,不屈不挠,沉着坚韧,对党对人民无限忠贞,对党和人民的事业充满信心,并总是由此更加深刻地思索中国革命的经验教训和根本规律问题,发愤要有新的作为。这使他能够顺应历史和时势的要求,在经历逆境之后重新起来担当重任。特别是他在"文化大革命"中的起落,更引起他对"什么是社会主义,怎样建设社会主义"的深刻反思,从而使他在党的十一届三中全会以后,坚定地领导全党全国人民开拓建设中国特色社会主义的新道路。在开拓新道路的进程中,他尊重实践,敏锐把握时代发展的脉搏和契机,既继承前人又突破陈规,既借鉴别国经验又不照搬别国模式,从中国的现实和当代世界发展的特点出发,总结新经验,创造新办法,创立了邓小平理论,开拓了马克思主义的新境界。

【教学建议】

本案例可用于第一节"邓小平理论的形成"教学的导入。他传奇式的"三落三起"的特殊经历,不仅铸就了他的崇高品格和风范,也使他对马克思主义有深邃而独到的理解。

案例分析3:邓小平三谈"傻子瓜子"

【案例呈现】

1992年年初,邓小平在南方谈话中谈道:"农村改革初期,安徽出了个'傻子瓜子'问题。当时许多人不舒服,说他赚了一百万,主张动他。我说不能动,一动人们就会说政策变了,得不偿失。"在1980年和1984年,邓小平也曾在重要场合提到"傻子瓜子"品牌创始人年广久。1980年、1984年、1992年,是改革开放的三个重要转折点。年广久这个改革开放以来个私经济的代表人物,他的命运起伏,也暗合着我国个私经济的发展进程。

2013年11月17日晚9点多,采访组一行抵达夜幕中的安徽芜湖。76岁高龄的年广久,仍坚持在寒风中前去迎接。"我对小平的感激,一天也说不完。"见到来自小平家乡的记者们,年广久话语之中流露出浓浓的真情。

第二天一早,采访组来到位于芜湖市中山路的一栋三层楼房。一楼是年广久的"傻子瓜子"专卖店,二楼仓库堆满了各式各样的炒货,三楼则是年广久的办公室和卧室。邓小平南方谈话谈到"傻子瓜子"的内容,也被年广久印下来,店铺、卧室、名片上都能看到。这个皱纹深刻在眉头但仍然精神矍铄、声若洪钟的老人,用整整一天的时间,向我们讲述了那记忆最深处的往事。

1937年,年广久出生在淮河岸边的安徽省怀远县,抗战后的一次大水灾,父亲带着全家来到芜湖要饭。十几岁的年广久学会了在街头叫卖。1963年,年广久因投机倒把罪被判处有期徒刑一年。出狱后,年广久想起了炒瓜子、卖瓜子。谁都没想到的是，这样一个小人物，成就了一个响当当的行业——徽派"炒货"。

当时炒的是葵花子，5分钱一小纸包，经常到剧院门口或大街小巷叫卖。年广久的瓜子比人家便宜，称好之后还要多送一把，在旁人眼里，年广久有点"傻"。这样日长天久，芜湖市民都知道，剧院门口有个傻子卖瓜子。后来他就干脆称自己卖的瓜子为"傻子瓜子"。

由于"傻子瓜子"味道好、价格低，很快就在芜湖市小有名气。有了名气，生意就好做了。那时，他白天摆摊，晚上在家数钱。年广久说，在"文化大革命"之前，他已经成了"万元户"。忙不过来的年广久就请起了雇工。党的十一届三中全会之后，年广久决定大干一场，他以灵活的经营手段，将产品迅速打进北京、上海、南京等大城市，成为中国最早的百万富翁之一。

（资料来源：人民网，2014年2月7日）

【案例讨论】

关于"傻子瓜子"的争论，实质是什么？

【案例点评】

改革开放之初，关于"傻子瓜子"的争论，其实质是姓"资"姓"社"的争论，出现这种争论的根本原因是人们对于"什么是社会主义"的认识还不清楚，简单地把是否存在雇工、是否存在剥削现象作为区分社会主义与资本主义的标准。正确认识改革进程中的新现象、正确看待非公有制经济，就必须撇开现象揭示社会主义的深层次本质。邓小平的讲话一方面指出了问题的实质，另一方面指出了雇工和剥削现象不会影响社会主义性质，同时，他还指明了解决问题的基本方向，那就是通过实践进行检验。这一案例既反映出揭示社会主义本质的重要性和紧迫性，也反映了邓小平在对待"什么是社会主义"问题上的实事求是态度和解放思想的精神。这为科学揭示社会主义本质奠定了坚实的基础。

【教学建议】

本案例可用于第二节"邓小平理论的基本问题和主要内容"教学的课程导入，以引起学生对于"什么是社会主义"的关注，认识到揭示社会主义本质的重要性。

案例分析4：走向共同富裕——新时代起点上的邓小平故里

【案例呈现】

冬天的四川省广安市，尽管室外天气阴冷，但邓小平故居陈列馆里却人流不断，热情涌动。

"邓小平曾说：'国家发展了，我当一个富裕国家的公民就行了。'"32岁的谢枫艳用流利的普通话向游客讲述。她说,党的十九大闭幕后,来邓小平故里景区参观的游客比之前更多了,有党政机关和企业组织的团体,也有专程来缅怀小平同志的零散游客,还有来自国外的访问者。

1979年,邓小平提出"小康水平"的概念,并逐步形成从温饱到小康再到中等发达国家水平的"三步走"现代化发展战略。他强调要经济社会全面发展,物质文明和精神文明共同进步,先富带后富,走全体人民共同富裕的道路。

党的十八大以来打响的脱贫攻坚战,让广安市发生了历史性巨变。有470万人口的广安市下辖6个区县,曾经都是贫困县。2017年10月,经过核查评估,3个区县已经成功脱贫,包括邓小平故居所在地广安区。而其余3个区县有望2018年摘帽。

在沿渠江分布的自然台地上,从低到高依次坐落着广安的古城、旧城和新城,映射出广安大踏步迈入新时代的身姿。

在不到4年的时间里,位于最高一级台地上的枣山物流商贸园区,从一大片农田发展成初具规模的城市新区。区内有2014年建成的广安南站,坐高铁两个多小时就可以到达成都。

刚刚摘掉贫困县帽子的前锋区,以市属国有企业为龙头带动村民持续增收致富的平台已经搭建起来。5000亩优质高产花椒种植基地已初具规模,带动周围800多农户加入,每亩纯收入可达7000元。

广安生态农业开发供销集团筹备组成员、广安生态农产品开发供销有限公司董事长米永奇说,未来花椒种植基地将扩展到10万亩,采取种植养殖加工相结合的模式,发展乡村旅游、健康养老、休闲度假、农事体验、农家文化等多种经营,建设田园综合体、特色小镇,走出一条乡村振兴的发展之路。未来3到5年,公司有望成为四川省农业产业化经营龙头企业。"到那时,农民不仅可以获得种植收入、土地分红,而且将成为公司的产业工人,享受相应的社会保障。"米永奇说。

这一切历史性变革的根本原因,在于我国成功走出了一条从站起来到富起来再到强起来的正确道路。"中国特色社会主义道路已经走了几十年,是唯一正确的道路,必须坚持走下去。"邓小平故里管理局党组成员、邓小平故居陈列馆馆长彭备军说,"十九大把习近平新时代中国特色社会主义思想写入党章,是中国特色社会主义理论成熟的标志。"

距离邓小平故居不到10公里的广安(深圳)产业园,正在以"一天两层楼"的速度加速建设。按照工业4.0标准规划设计的产业园,已经吸引比亚迪云轨西南生产基地等10多个大型项目落户。到2030年,产业园有望成为集聚30万人的产业新城,税收收入达到50亿元,助力广安成为四川东北部的高端制造业基地。管理者形象地称之为"深圳飞地"。

站在仿照深圳立的"发展就是硬道理"标语牌前,负责园区开发运营的四川深广合作产业投资开发有限公司总经理王清峰说,新时代,深圳将继续担当东西部携手、区域协调发展的排头兵,推动形成"深圳总部基地+广安生产基地"的发展模式,让深圳产业和广安经济发展有机耦合,走优势互补、共同富裕之路。

除广安(深圳)产业园外,广安还在与天津高新区合作推动建设津广创新示范园。广安经济技术开发区党工委书记杨世章说,在两个园区的发展助推下,2017年前三季度,开发区实现生产总值同比增长9%,固定资产投资增长24.8%,成为广安经济发展的重要增长极。

正在施工的10公里云轨项目把广安新区同邓小平故里连接起来,串联起广安的昨天、今天和明天。

(资料来源:新华网,2017年12月15日)

【案例讨论】

如何理解社会主义的本质?

【案例点评】

邓小平关于社会主义本质的概括突出强调"消灭剥削,消除两极分化,最终达到共同富裕"。党的十八大报告把"必须坚持走共同富裕道路"作为夺取中国特色社会主义新胜利的八项基本要求之一,强调"共同富裕是中国特色社会主义的根本原则",深刻阐明了在推进中国特色社会主义事业中必须坚持共同富裕的价值追求、原则导向和实践要求。党的十九大报告明确指出新时代是逐步实现全体人民共同富裕的时代;明确必须坚持以人民为中心的发展思想,不断促进人的全面发展、全体人民共同富裕。能否在经济发展的基础上让全体人民共享改革发展成果,决定改革开放和中国特色社会主义事业的兴衰成败。

【教学建议】

本案例可用于第二节第一目"邓小平理论回答的基本问题"的教学。引导学生明确邓小平关于社会主义本质的概括对于我们在坚持社会主义基本制度的基础上推进改革,指导改革沿着合乎社会主义本质要求的方向发展,对于建设中国特色的社会主义,具有重大的政治意义、理论意义和实践意义。伴随着中国特色社会主义事业的发展进步,共同富裕的价值理念和实践要求应得到更加有力的彰显,努力在经济发展的基础上让全体人民共享改革发展成果,过上幸福美好生活。

案例分析5:改革开放的序曲——邓小平北方谈话

【案例呈现】

邓小平北方谈话,指的是1978年9月13日至20日,邓小平在视察本溪、大庆、哈尔滨、长春、沈阳、鞍山、唐山、天津等地所发表的一系列重要谈话。北方谈话是相对于邓小平1992年在武昌、深圳、珠海和上海等地的"南方谈话"而言的,是邓小平理论的重要组成部分。

怎么样举毛泽东思想旗帜,是个大问题。邓小平在听取吉林省委常委的汇报后明确指出:"怎么样举毛泽东思想旗帜,是个大问题。'两个凡是'不是高举毛泽东思想的旗帜。这样搞下去,要损害毛泽东思想。毛泽东思想的基本点就是实事求是,就是把马列主义的普遍原理同中国革命的具体实践相结合,毛泽东思想的精髓就是这四个字。"他又进一步指出:"什么叫高举毛泽东思想的旗帜呢?就是从现在的实际出发,充分利用各种有利条件,实现毛泽东同志提出、周恩来同志宣布的四个现代化的目标。"

不论搞工业,搞农业,搞科学研究,搞现代化,都要实事求是,老老实实。邓小平不仅尖锐地批评"两个凡是",而且大声疾呼要恢复实事求是的思想路线。他在听取吉林省委常委汇报时指出:"现在摆在我们面前的问题,关键还是实事求是、理论与实际相结合、一切从实际出发。这是政治问题,是思想问题,也是我们实现四个现代化的现实问题。一切从实际出发,我们的事业才有希望。理论联系实际,就是从实际出发,把实践经验加以概括。不论搞工业,搞农业,搞科学研究,搞现代化,都要实事求是,老老实实。"他听取辽宁省委常委汇报时进一步强调:"不恢复毛主席树立的实事求是的优良传统和作风,四个现代化没有希望。我们要根据现在的国际国内条件,敢于思考问题,提出问题,解决问题。"

要解放思想,开动机器,不合理的东西可以大胆改革。邓小平在听取吉林省委常委汇报时一再告诫:"实践是检验真理的唯一标准,这是马克思主义,是毛主席经常讲的。毛主席总是提倡要开动脑筋,开动'机器'。""马克思主义要发展嘛!毛泽东思想也要发展嘛!所谓理论要通过实践来检验这样的问题还要引起争论,可见思想僵化。"他在听取辽宁省委常委汇报工作时进一步指出:"我们的思想开始活跃,现在只能说是开始,还心有余悸。要开动脑筋,不开动脑筋,就没有实事求是。不开动脑筋,就不能分析自己的情况,就不能从实际出发提出问题,解决问题。只凭上级指示,或中央发的文件,或省里下发的文件,能解决所有具体问题吗?要提倡、要教育所有干部独立思考,不合理的东西可以大胆改革,也要给他这个权。所谓考核,第一就是考核这个问题。凡是能够这样独立思考解决问题的,肯定会大有好处。当然也会出现瞎指挥,但总的来说会好一些。这是全国性的问题,是政治问题,也是思想问题,也是实际问题。"邓小平在听取天津市委常委汇报工作时再次特别指出:"我走了几个地方,一再讲要解放思想,开动机器,不要当懒汉,从实际出发。"

关起门来不行,要好好向世界先进经验学习。邓小平在听取吉林省委常委汇报时说:"世界天天发生变化,新的事物不断出现,新的问题不断出现,我们关起门来不行,不动脑筋永远陷于落后不行。"在听取鞍山市委汇报后,他又语重心长地说:"世界在发展,我们不在技术上前进,不要说超过,赶都赶不上去,那才真正是爬行主义。我们要以世界先进的科学技术成果作为我们发展的起点。我们要有这个雄心壮志。"之后邓小平又进一步指示说:"一定要按照国际先进的管理方法、先进的经营方法、先进的定额来管理,也就是按照经济规律管理经济。一句话,就是要革命,不要改良,不要修修补补。"邓小平强调,要"走出去",好好向世界先进经验学习。

必须发展生产力,改善人民生活条件。在北方谈话中,邓小平着重提出要把工作着重点转移到经济建设上来的思想观点。在调研过程中,他多次对身边的人说:"我们太穷了,太落后了,老实说对不起人民。我们现在必须发展生产力,改善人民生活条件。""我们是社会主义国家,社会主义制度优越性的根本表现,就是能够允许社会生产力以旧社会所没有的速度迅速发展,使人民不断增长的物质文化生活需要能够逐步得到满足。按照历史唯物主义的观点来讲,正确的政治领导的成果,归根到底要表现在社会生产力的发展上,人民物质文化生活的改善上。生产力发展的速度比资本主义慢,那就没有优越性,这是最大的政治,这是社会主义和资本主义谁战胜谁的问题。生产力总是需要发展的。"1982年9月18日,邓小平在接见金日成时,回忆了他的"北方谈话",他说:"我在东北三省到处说,要一心一意搞建设。国家这么大,这么穷,不努力发展生产力,日子怎么过?我们人民的生活如此困难,怎么体现社会主义的优越性?""因此,我强调提出,要迅速地坚决地把工作重点转移到经济建设上来。"他还以愉快的心情表示:"实践证明,这条路线是对的。"

要改进技术改造企业,加大地方和企业的权力。邓小平在听取鞍山市委汇报后谈道:"现在摆在你们面前的问题是鞍钢如何改造。"他尤其强调:"改进技术改造企业,第一要学会,第二要提高创新。许多工作从现在起就要着手,如培训工人,培训干部,现在不着手,外国先进技术就不能掌握。"他在听取天津市委常委汇报工作谈到引进技术要改革企业管理时,又说:"凡这样的工厂,管理要按人家的方法,这个对我们来说叫革命。"邓小平特别强调了在企业改革中一定要扩大企业的自主权,他说:"要加大地方的权力,特别是企业的权力,企业要有主动权、机动权,如用人多少,要增加点什么,减少点什么,应该有权处理。企业应该有点外汇,自己可以订货,可以同国外交流技术。有些事情,办起来老是转圈,要经过省、部、国家计委,就太慢了。"他还进一步说,过去讲发挥两个积极性,无非是中央和省市。现在不够了,现在要扩大到基层厂矿。比如大庆,它引进的工厂,从头至尾应该由大庆自己负责。派人考察,同外国人来往,签订合同,每件技术怎么引进,怎么学会都应该由大庆这个企业负责。并特别指出:"现在我们的上层建筑非改不行。"

教育不注意不行,科学研究不注意不行了。邓小平特别注重教育和科研在提高现代化建设中的重要作用,并指出,人海战术打不赢现代化战略。要培训人才不但管理人员要合格,工人也要合格的。他在听取鞍山市委负责同志的汇报时指出:"我们改造企业,为了保证应有的技术水平、管理水平,要有合格的管理人员和合格的工人。应该设想,经过技术改造,文化和技术操作水平较高的工人应当是大量的,否则不能操作新技术、新设备。""你们要注意编制里面一定要有相当规模的科学研究机构。美国和日本的大企业,都有相当规模的科学研究机构。我们也要把科研队伍加强和扩大起来。"在听取黑龙江省委常委汇报时,邓小平特别强调:"教育不注意不行,科学研究不注意不行了。"

先让一部分人富裕起来。推进改革开放,必须调动全体人民的积极性、主动性、创造性。为此,邓小平北方谈话的一个突出话题,就是按劳分配,破除平均主义,先让一部分人富裕起来。他在听取鞍山市委负责同志汇报时说:"合格的管理人员、合格的工人,应该享受比较高的待遇,真正做到按劳分配。这个并不是资产阶级的,平均一百元、二百元的工资,变不成资本家。这会不会打击其他人的积极性?讲怪话的会有,但可以刺激大家努力向上。"邓小平又进一步指出:"发展经济工人要增加收入,这样才能反过来促进经济发展。农业也是一样,增加农民收入,反过来也会刺激农业发展,巩固工农联盟……我们要在技术上、管理上都来个革命,发展生产,增加职工收入。"在天津,他说:"毛主席讲过先让一部分人富裕起来。好的管理人员也应该待遇高一点,不合格的要刷下来,鼓励大家想办法。讲物质刺激,实际上就是要刺激。"

邓小平北方谈话对中国社会主义的发展道路、根本任务、发展动力等根本问题进行了不同程度的阐述,集中反映了邓小平在历史大转折前夕的理论思考,在许多党和国家的重大问题上开始破题,特别是实现了党的思想路线和政治路线的拨乱反正,既为党的十一届三中全会做了良好的舆论准备,打下了思想基础,又为即将启动的改革开放指明了方向。今天重温邓小平北方谈话,对于我们在新的历史起点上的全面深化改革具有重要的指导意义。

(资料来源:共产党员网,2014年8月18日)

【案例讨论】

1. 理论界有人用"足将进而趑趄,口将言而嗫嚅"这两句古话来形容"文化大革命"结束后的两年中,人们思想仍处于比较僵化状态的局面。为什么会出现这种局面?

2. "真理标准问题的争论,的确是个思想路线问题,是个政治问题,是个关系到党和国家的前途和命运的问题。"如何理解这一论断?

3. 邓小平勇于冲破"两个凡是"思想禁锢、坚持真理的精神对你有怎样的启示?

【案例点评】

实践证明,什么时候坚持实事求是,道路就会越走越宽广,事业就会越来越红火;

什么时候背弃了实事求是,困难和挫折就会接踵而至。"文化大革命"时期,对毛泽东的个人崇拜、对马克思主义教条式的认识以及林彪、"四人帮"唯心主义和形而上学的禁锢,导致了人们的思想处于僵化或半僵化状态,各项事业停滞不前。"文化大革命"结束以后,为冲破思想禁锢,重新恢复工作的邓小平旗帜鲜明地反对"两个凡是",支持和领导了关于真理标准问题的大讨论。要使人们从"两个凡是"等"左"的僵化、半僵化状态中摆脱出来,探索建设中国特色社会主义的正确道路,必须从端正党的思想路线入手。党的思想路线的拨乱反正是一切拨乱反正的前提和基础。如果思想路线问题不解决,政治上的拨乱反正,历史经验和教训的科学总结,组织上的清理整顿,经济上的调整改革,未来道路的正确选择,所有这一切都无从谈起。关于真理标准大讨论的尖锐性、敏感性恰恰就在于它的政治意义。这场大讨论极大地促进了人们的思想解放,为党的十一届三中全会重新确立党的实事求是的思想路线奠定了思想基础,有力地推动了拨乱反正和改革开放的顺利进行。

【教学建议】

本案例可用于第二节第二目"邓小平理论的主要内容"中"解放思想、实事求是的思想路线"内容的教学。解放思想、实事求是的思想路线,开辟了建设中国特色社会主义的伟大航道。它是我们党的锐利武器和胜利法宝,无论什么情况下都必须牢牢地坚持而不能丢弃。

案例分析6:苏联的探索

【案例呈现】

20世纪初,资本主义发展到帝国主义阶段。列宁从帝国主义时代的历史条件出发,论证了社会主义可能在经济文化相对落后的俄国首先取得胜利,领导俄国劳动人民取得了十月革命的胜利。列宁在《国家与革命》中,论述马克思关于共产主义社会的思想时,第一次明确地把马克思关于"共产主义社会第一阶段或低级阶段"称为"社会主义社会",把"共产主义社会高级阶段"称为"共产主义社会"。列宁在领导社会主义建设实践中,对社会主义发展阶段提出了许多创造性的见解。

首先,他对从资本主义到共产主义(实际上是社会主义)的过渡时期的认识更加具体和深刻。认为过渡时期不能不兼有两种社会经济结构的特点和特征,是衰亡着的资本主义和生长着的共产主义彼此斗争的时期;社会经济结构的基本形式是资本主义、小商品生产和社会主义,相应的基本力量是资产阶级、小资产阶级和无产阶级;主要是资本主义与社会主义、资产阶级与无产阶级的斗争,阶级斗争必然导致无产阶级专政,这是阶级斗争的新形势的继续;资本主义愈不发达的社会,过渡时期就愈长,任务愈艰巨,斗争愈尖锐;过渡时期要经过若干阶段,在政策上要照顾到许多更小的过渡,估计到每一种过渡的特殊任务。因此,他深感马克思强调新社会诞生时的那种"长久的阵痛"不是没有缘故的。

其次,他虽然没有明确社会主义社会有哪些发展阶段,但已经察觉到了社会主义社会存在不同的发展阶段。他说,苏维埃俄国只能过渡到新的、还没有长出来的、还没有稳固基础的社会主义,将来达到"发达的社会主义社会"。显然,在他的思想里有"发达的社会主义"和"不发达的社会主义"之分。而且他还有一个提法,即从资本主义跃进到共产主义的低级阶段,跃进到中级阶段,跃进到共产主义的最高阶段。列宁的这些思想,反映了他对落后国家建设社会主义的长期性的新认识,并察觉到了社会主义是要划分为阶段的。列宁关于过渡时期的新认识、察觉到社会主义有不同发展阶段的新提法,对于不发达国家建设社会主义务必从实际出发,不要超阶段很具有指导意义。

从斯大林开始的苏联历届领导人以及东欧诸国领导人都没有搞清楚本国究竟处于社会主义的哪个发展阶段。斯大林实际上没有接受列宁提出的由资本主义过渡到社会主义要经过一个较长的时期,要经历若干阶段的思想。1936年,他宣布"我们已经基本上实现了共产主义第一阶段,即社会主义"。1938年,苏联制定第三个五年计划就明确提出要在五年完成无产阶级的社会主义的建设并从社会主义逐渐过渡到共产主义。显然,斯大林错误地把社会主义社会也视为一个短暂的历史阶段,超阶段地急于向共产主义过渡。赫鲁晓夫执政时期也没有弄清楚苏联的基本国情,基本上继承了斯大林把社会主义看作短暂的阶段的思想,认为20世纪30年代苏联已经建成社会主义,现在的任务是准备向共产主义过渡。他急于求成,在改革上实施了一套"左"的办法。1961年10月,赫鲁晓夫在苏共二十二大上宣布"20年基本上建成共产主义社会",还制定了一个时间表。因此,人们称赫鲁晓夫的主张是"共产主义建成论"。勃列日涅夫时期,纠正了赫鲁晓夫的主观主义唯意志论,调整过"左"的改革措施,对社会主义的认识也有一些改变。勃列日涅夫停止使用"全面开展共产主义建设"的口号,提出了"发达社会主义"理论,认为社会主义社会是一个很长的历史阶段,苏联已经"建成发达社会主义社会",但认为已经"为顺利建成共产主义创造了条件"。以后,苏联领导人对共产主义的认识更接近苏联实际,1982年勃列日涅夫去世,安德罗波夫及其继任者契尔年科都认为苏联当时的社会性质是处于社会主义历史阶段的"起点"上,这被人们称为"社会主义起点论"。在这之苏联对社会主义社会的认识在理论和实践上都不够准确。1985年3月,戈尔巴乔夫执政,竭力改变过去的看法,用"完善社会主义"取代了"完善发达社会主义"的提法,这就是"完善社会主义论"。由于苏联领导人"多年来,存在一个对马克思主义、社会主义的理解问题",对"如何认识和发展马克思主义,没有搞清楚",因而马克思主义的政治方向、政治立场、政治观点不坚定,在改革中左右摇摆。最后,戈尔巴乔夫完全抛弃了马克思主义,用人道的、民主的社会主义代替科学社会主义,并最终葬送了社会主义。

(资料来源:《邓小平理论教程》,辽宁大学出版社1998年版)

【案例讨论】

1. 苏联历届领导人对苏联社会主义的发展阶段是怎样认识的？
2. 苏联对社会主义发展阶段的认识对我国有何启示？

【案例点评】

列宁从俄国的国情出发，提出经济文化落后的俄国经历一系列阶段才能过渡到社会主义，并正式把共产主义社会的低级阶段称为社会主义社会。十月革命胜利后，他特别强调要研究革命发展的阶段问题，但当时主要致力于研究和解决需要经过哪些阶段过渡到社会主义的问题，而来不及探索社会主义社会本身有哪些阶段。斯大林在领导苏联人民建立起社会主义制度后，没有深入分析本国的具体国情，错误地认为社会主义建成之日，就是向共产主义过渡开始之时，在生产力不够发达的基础上急于向共产主义社会的高级阶段过渡。他去世以后，苏共领导人并没有改变社会主义是一个短暂阶段的观念，相反，1959年苏共二十一大宣布，苏联进入"全面开展共产主义社会建设时期"，1961年苏共二十二大进一步宣布"20年基本上建成共产主义社会"。虽然苏共此后的领导人对共产主义的认识开始接近实际，但由于苏联领导人对"如何认识和发展马克思主义，没有搞清楚"，也就不能在正确认识国情的基础上，找到正确的发展道路，最终葬送了社会主义。

党的十一届三中全会召开以前，我国曾和苏联一样，对社会主义发展阶段的认识，总的来说，一直处于不完全清醒的状态。这主要表现在，错误认识我国社会主义所处的历史阶段，脱离实际，超越国力，结果欲速则不达。可见，搞社会主义建设，必须深刻地认识和掌握中国的国情，也就是不但要搞清什么是社会主义、怎样建设社会主义，而且还必须搞清现阶段我国社会主义还处于社会主义的哪个阶段，搞清楚什么是现阶段的社会主义、在现阶段怎样建设社会主义。

【教学建议】

本案例可用于第二节第二目"邓小平理论的主要内容"中"社会主义初级阶段理论"内容的教学。邓小平关于社会主义初级阶段的论断，使我们对社会主义建设的长期性、复杂性、艰巨性有了更加清醒的认识。要以苏为鉴，总结我们自己的经验，探索自己的建设社会主义的道路。

案例分析7："一国两制"写华章

【案例呈现】

1997年7月1日、1999年12月20日，饱经历史沧桑的香港、澳门先后回到祖国怀抱。伴随着雄壮的《义勇军进行曲》，鲜艳的中华人民共和国国旗和香港、澳门特别行政区区旗在香港、澳门冉冉升起,高高飘扬……盛放的焰火、鸣响的汽笛、沸腾的人群,欢庆着"一国两制"巨轮顺利启航。香港、澳门从此迈入了"一国两制"的历史新纪元。

铺就繁荣路

在香港会展中心旁,有一座中央人民政府赠送给香港特区的金紫荆铜像,边上高约20米的香港回归纪念碑,与金紫荆铜像交相辉映。在澳门新口岸的金莲花广场上,矗立着由中央人民政府致送的一尊名为《盛世莲花》的雕塑。灿烂绽放、光芒闪耀、冉冉升腾的金紫荆和金莲花,象征着"一国两制"的伟大成功实践,也代表回归祖国怀抱的香港和澳门,愈加欣欣向荣,繁荣稳定。

20多年过去了,背倚祖国,港澳经济社会实现了长足发展。港澳回归后举世公认的发展成就,以无可辩驳的事实证明了"一国两制"的强大生命力。

回归后,香港同胞真正实现了当家作主。回到祖国怀抱的香港继续保持繁荣稳定,自身特色和优势得以保持,中西合璧的风采浪漫依然,活力之都的魅力更胜往昔。回归后,澳门经济快速增长、民生持续改善、社会稳定和谐。国家大力支持澳门发展经济与民生。从2003年的《内地与澳门关于建立更紧密经贸关系的安排》,到2019年的《粤港澳大湾区发展规划纲要》,澳门逐渐融入国家发展的大局。20多年来,澳门伴随国家经济持续快速增长,已成为全球最富有地区之一。

事实有力证明:祖国不仅是香港抵御风浪、战胜挑战的最大底气所在,也是香港繁荣发展的巨大机遇所在。事实也有力证明:没有"一国两制",就没有澳门回归祖国以来日新月异的发展成就。澳门创新发展研究会副理事长兼秘书长刘景松表示,国家"十四五"规划支持港澳巩固提升竞争优势,让港澳民众深受鼓舞。高质量建设粤港澳大湾区,完善便利港澳居民在内地发展政策措施等表述,无不彰显了高质量发展的时代主题,让港澳同胞对未来的持续繁荣与发展更加充满信心。事实已经证明并将继续证明:"一国两制"是解决历史遗留的港澳问题的最佳解决方案,也是港澳回归后保持长期繁荣稳定的最佳制度安排。

发展有后盾

从"一带一路"倡议、粤港澳大湾区建设到"十四五"规划,融入国家发展大局,港澳繁荣发展不断增添动力。

"香港享有独特的地理优势,是连接内地与其他'一带一路'国家的双门户。"香港特区行政长官林郑月娥表示,众多独特的优势有利于香港在"一带一路"建设中当好"超级联系人"。作为"一带一路"建设的重要平台和节点,香港各界正利用其国际金融、贸易、专业服务等优势,推动香港与内地和"一带一路"相关国家及地区伙伴的协作,开拓经济新增长点。

随着世界卫生组织传统医药合作中心于2015年落户澳门,澳门大专院校相继设立中医药高等教育体系和中药质量研究国家重点实验室,澳门成为中医药走向葡语国家的重要门户,并通过"一带一路"惠及更多沿线国家人民。

坚守"一国"之本、善用"两制"之利,粤港澳大湾区发展按下"快进键"。截至目前,位于深圳的前海深港青年梦工场累计孵化创业团队446家,其中港澳台及国际团队227家,累计融资超过15亿元。一个又一个港澳青年抓住粤港澳大湾区发展的机遇,在内地实现了自身梦想。在澳门经济学会青年委员会委员梁嘉豪看来,国家发展与澳门青年息息相关。"十四五"规划为澳门青年阐释了未来国家与澳门的重要发展蓝图,对澳门青年发展有着举足轻重的影响。澳门青年应深刻认知国家与澳门的发展趋势,尤其把握澳门与横琴区城合作为澳门青年带来的前所未有的便利及发展机遇。

迈入新征程

历史若镜,岁月淘沙。从世界发展大势来审视,从民族复兴伟大征程来凝望,从港澳回归以来生动实践来印证,随着时间的推移,人们越来越感受到"一国两制"蕴含的政治智慧。

"一国两制"的伟大事业,没有现成的经验可循,前进的道路上不可避免地历经风雨和考验,面对挑战和冲击。然而,不断应对和化解新情况、新问题、新挑战的过程,也正是彰显"一国两制"强大生命力和制度韧性的过程。

进入新时代,党中央研究新形势新情况,审时度势,果断决策,全面准确贯彻"一国两制"方针,牢牢掌握宪法和基本法赋予的中央对香港和澳门的全面管治权,深化内地和香港、澳门的交流合作,引领"一国两制"实践乘风破浪,不断取得新成就。

2021年3月11日,十三届全国人大四次会议审议通过《全国人民代表大会关于完善香港特别行政区选举制度的决定》,这是继香港国安法出台之后中央治港又一重大举措,在"一国两制"实践进程中具有重要的里程碑意义。

不忘初心,方得始终。

"爱国者治港""爱国者治澳"作为"一国两制"的核心要义,必须贯穿于"一国两制"实践始终,容不得丝毫偏离。唯有如此,才能确保"一国两制"实践行稳致远。紫荆花开正烂漫;盛世莲花别样红。中华民族伟大复兴的步伐不可阻挡,中央坚持和完善"一国两制"的决心坚定不移。让我们齐心协力,推进"一国两制"事业劈波斩浪、行稳致远!

(资料来源:《人民日报》海外版,2021年6月30日)

【案例讨论】

为什么说"一国两制"是保持香港、澳门长期繁荣稳定的最佳制度?

【案例点评】

"一国两制"是从中国的实际出发,解决台湾问题、香港问题和澳门问题,实现祖国和平统一的伟大构想。这篇谈话中关于"一国两制"的论述、关于"港人治港"的内涵及爱国者标准的论述,仍有很强的现实意义。"一国两制"是保持香港、澳门长期繁荣稳定的最佳制度。

【教学建议】

这两个案例可用于第二节第二目"邓小平理论的主要内容"中关于"一国两制"问题的讲解。学生应充分意识到"一国两制"的构想既体现了坚持祖国统一、维护国家主权的原则性,又体现了照顾历史实际和现实可能的灵活性,是对马克思主义国家学说的创造性发展。

案例分析8:一道世纪性的难题

【案例呈现】

社会主义发展阶段的理论是科学社会主义的重要内容。科学社会主义的创始人马克思、恩格斯在社会主义制度诞生之前,就依据社会发展的客观规律,在论证社会主义必将取代资本主义的同时,也作出未来社会分阶段发展的判断。他们认为,无产阶级夺取政权后的社会演进,将分为三个互相衔接的历史发展阶段:从资本主义到共产主义的革命转变阶段、共产主义第一阶段、共产主义高级阶段。

列宁结合俄国社会主义革命和建设的具体实践,进一步探索了在经济文化落后国家建设社会主义所需要经历的发展阶段问题。他在马克思、恩格斯划分三阶段的基础上,首次把共产主义第一阶段明确地称为"社会主义社会",并认为过渡时期和社会主义社会本身也是一个多极的发展过程,其状况就像许多环节组成的链条一样。依据这个思想,列宁判定当时的俄国"还只是处在由资本主义到社会主义过渡的第一阶段",这个阶段也有"它的开始、继续和终了"的发展过程。

而斯大林在社会发展阶段问题上的贡献,是提出了区分从资本主义到社会主义的过渡时期与社会主义制度确立的三个标准,即基本实现工业化、农业集团化和消灭剥削阶级,并以此为基点,于1936年宣布苏联基本上实现了社会主义。问题是他没有深入研究社会主义发展中所必须经历的"中间环节",忽略了列宁提出的社会主义社会是一个多极的发展过程,需要划分阶段的思想,也忽略了苏联的社会生产力水平尚低,是一个经济文化还落后的国家的现实,将自己建立的社会主义坚定地等同于马克思、恩格斯设想的共产主义第一阶段。

1956年,毛泽东在宣布我国进入社会主义后,曾结合我国工业化任务尚未完成的情况,一度把社会主义区分为"建立"和"建成"两个概念,认为我国的社会主义制度刚刚建立,还没有建成。他将社会主义划分为两个阶段,"第一个阶段是不发达的社会主义,第二个阶段是比较发达的社会主义。后一阶段可能比前一阶段需要更长的时间"。毛泽东上述关于社会主义的"建立"与"建成"及社会主义划分为两个阶段的论述,发展了列宁提出的社会主义要划分阶段的思想,较斯大林的认识前进了一大步。但由于对我国的国情及如何巩固和发展社会主义的问题缺乏清醒的认识,提出的社会主义划分阶段的理论,又不是对我国现实国情进行分析的结果,没有制定出相应的政策,因而在社会上并未引起应有的重视,在实践中也未能得到有效的坚持和认真的贯彻。

20世纪30年代,特别是五六十年代,先后走上社会主义道路的国家在对本国的定位上,都犯了"超越阶段"的错误。其中苏联是第一个宣布建成社会主义并起步向共产主义过渡的国家,具有示范的作用;而中国在"超越阶段"的问题上,一度"后来居上",更加超前和冒进。

1936年,斯大林宣布苏联建成社会主义。1952年,苏共十九大通过的党章就郑重提出:"现在苏联共产党的主要任务是,从社会主义逐渐过渡到共产主义,最后建成共产主义社会。"1959年,赫鲁晓夫在苏共二十一大的报告中宣布,苏联已经进入"一个新的,极为重要的发展时期,全面展开共产主义社会建设的时期"。1961年,苏共二十二大通过的《苏联共产党纲领》,即具体规定了到1980年"基本上建成共产主义社会"的任务,响亮地喊出了"党庄严地宣告:这一代的苏联人将要在共产主义制度下生活"。

我国在"超越阶段"的问题上,同其他社会主义国家一样都受到了苏联的影响,但在具体做法上却有自己的特点。1956年,我国建立了社会主义制度。在中国向社会主义过渡的步骤上,毛泽东在斯大林提出"一国共产主义"的基础上,还提出了国内个别地区可以搞试点,如河北省就确定徐水(今保定市徐水区)和安国(今安国市)等县作为共产主义的试点。由此,引起了"一个县能否进入共产主义"的辩论。

现实使各社会主义国家逐渐冷静下来,重新考虑本国社会的发展阶段。自20世纪60年代中期以后,苏联对本国社会发展阶段的定位逐步降调。1967年,勃列日涅夫提出苏联正处于"发达的社会主义阶段",但仍定位过高。1982年,安德罗波夫提出苏联是处在"发达社会主义阶段的起点"。1986年,戈尔巴乔夫又提出苏联只是"发展中的社会主义"。其他东欧社会主义国家的情况也大致相同。然而不幸的是,他们在面对现实时,并没有以马克思主义为指导,用积极的态度去总结历史经验,而是滋长了消极悲观情绪,或认为当年的社会主义革命搞早了,或对社会主义前途丧失信心。他们的认识从"左"到右,从"超越阶段"到落后社会发展阶段。这正是他们后来背离社会主义道路的思想根源。

我国的情况与苏联有所不同。在"大跃进"和"跑步进入共产主义"受挫以后,毛泽东也开始强调我国社会主义阶段的长期性,1962年提出了社会主义社会是一个相当长的历史阶段的论断。在这里,毛泽东提出社会主义社会是一个相当长的历史阶段,不是基于社会上还将长期存在阶级和阶级斗争,还要持久地开展无产阶级专政条件下的继续革命。这又把社会主义同过渡时期混为一谈。当时社会上流行的口号是阶级斗争要年年讲、月月讲、天天讲。其结果是导致了一个阶级推翻另一个阶级的"文化大革命"的发生,把社会主义社会发展问题弄得更加迷茫和混乱。

正是在这样一个特定的历史大背景下,在世界社会主义运动发展的艰难时刻,以邓小平为核心的第二代中央领导集体,以马克思主义者的巨大理论勇气,从我国的具体实际出发,在深刻总结我国和其他社会主义国家对于社会主义发展阶段问题的经验教训的基础上,明确地提出了我国正处于社会主义初级阶段的科学论断。这个论断,是在中国具体历史条件下产生的,带有自己民族的特色。但作为理论概括,它所揭示的本质性和规律性的东西,包含着真理性的认识,也带有普遍意义。因为这个理论所要解决和回答的问题,也是现在各个社会主义国家共同面临的问题。只要在经济文化落后国家建设社会主义,就不能回避这个问题。这个论断,完满地回答了长期困扰社会主义运动健康发展的这道世纪性难题,在国际共产主义运动处于暂时低潮的情况下,又点亮了复兴社会主义之光,唤起了革命人民的希望,对马克思主义的发展作出了历史性的贡献。

(资料来源:《马克思主义研究》,2004年第4期,有删减)

【案例讨论】

1. 出现在20世纪的社会主义国家大都犯了超越社会发展阶段的错误,这成了社会主义运动中长期不能破解的一道世纪性难题。问题的症结究竟在什么地方？为什么迟迟得不到解决呢？

2. 以邓小平为核心的第二代中央领导集体,回答了社会主义运动中长期未能破解的一道世纪性难题。邓小平是如何回答这道世纪性难题的？

【案例点评】

社会主义初级阶段,是我们党从社会性质和发展阶段上对中国国情所作的全局性、总体性判断。实践证明,只有牢牢立足社会主义初级阶段这个最大实际,更准确地把握我国社会主义初级阶段不断变化的特点,从实际出发,稳步前进,才能更好地发展中国特色社会主义事业,推动人的全面发展和社会全面进步。

【教学建议】

本案例可用于第二节第二目"邓小平理论的主要内容"中"社会主义初级阶段理论"内容的教学。引导学生明确社会主义初级阶段理论是基于对中国国情的准确把握,揭示了当代中国的历史方位,是建设中国特色社会主义的总依据。

案例分析9：邓小平与改革开放

【案例呈现】

1984年1月24日，中国改革开放总设计师邓小平首次亲临深圳特区视察，这在中国改革开放历史中，是具有深远历史意义的重要事件。

带着问号南下视察

邓小平为什么要在1984年春节前后到特区视察？应当说，最主要的问题是特区这个决策对不对？特区还要不要办下去？

自1979年在邓小平等中央领导人支持下，开始创办经济特区以来，4年时间过去了，特区特别是深圳特区，按照自身的发展逻辑，取得了巨大的建设成绩。到1983年，深圳已和外商签订了2500多个经济合作协议，成交额达18亿美元。与1978年相比，1983年深圳工农业总产值增长11倍，财政收入比办特区前增长10倍多，外汇收入增长2倍，基本建设投资比中华人民共和国成立后30年的总和增加20倍。但是，当时面临的问题是，围绕特区的是非和议论很多，特区本身也反映出发展遇到很大的困难。

首先，特区发展遇到了种种困难。当时，已77岁高龄的中央顾问委员会委员章蕴曾多次给邓小平、胡耀邦写信，反映她在广东调研时看到的特区面临的困难。1982年12月20日，章蕴在第二封给胡耀邦并邓小平的信中说，当地干部群众希望我们在各方面工作中，要继续清除"左"的影响，把手脚再放开一些，加速改革不合理的经济体制，对行之有效的政策要保持稳定性，不要多变。信中呼吁，对制止滥发奖金不要搞"一刀切"，不要搞成"有限制的多劳多得"，以致挫伤了职工的积极性。

邓小平看了胡耀邦转给他的这封信后，对广东地区这种动态很关注，12月22日马上作出批示："可印发政治局、书记处各同志。"

1982年12月31日，章蕴第三次给胡耀邦、邓小平写信，反映广东在对外开放中实行特殊政策、灵活措施效果很好，"但要循此继进，则困难重重。仲夷、田夫、灵光等同志为此很伤脑筋"。问题主要是，一年多来特别是1982年以来，上缴任务一再加码，"条条"限制日益增多，弄得广东特殊、灵活余地越来越小，步子越来越迈不开。

1983年1月1日元旦这天，胡耀邦圈阅了这封信。邓小平则更重视，他在1月3日作了批示，提出意见，表明态度："这个情况应该引起重视，请国务院财经小组一议。"

其次，党内舆论也有对特区的非议。一些人把特区工作上的失误看重了，性质上也定得不当，提高到新条件下阶级斗争的问题。一些人用旧中国的租界问题影射特区。一些老干部到特区走了一趟后回来痛哭流涕，认为颜色变了，回到了资本主义。人们思想上引起了混乱，从事特区工作的同志顾虑重重，有些工作事事观望，推动缓慢。

另外，党内高层对特区发展的快慢、急缓也有不同考虑。有些老同志态度要谨慎一些。更多强调的是不断总结经验，步子稳一点，把事情办好。

所有这一切,都使邓小平特别关心特区问题。1984年春节前夕,为实地看看牵挂已久的特区问题,邓小平提议到广东亲自去看一看。"小平同志非常挂念深圳的发展,他要看深圳到底发展到什么程度。特区的事情在他心里面总是记挂着,究竟搞成搞不成,搞好搞坏。他是很迫切地要来深圳看看的。"刚到深圳时,他也说,"办经济特区是我倡议的,中央定的,是不是能够成功,我要来看一看"。

那么,他如何看特区呢?

应该说,到特区之前和到特区之后是稍有区别的。到特区之前,他是大方向肯定,但心中不踏实,没有底。比如,在去特区之前,1983年6月18日上午,他在人民大会堂东大厅会见世界华裔科学家时说:"三中全会提出,有一部分地区,有些人,早点富裕起来是好事。我们在广东、福建办了特区,看来这个路子走对了,当然问题还有。总的路子走对了。这两个省有两省的条件,都在海外有不少人,如他们能回来投资,就能很快发展起来。"

但当他到特区亲自看了以后,他心里踏实了,形成了明确的看法。

开放政策是放不是收

视察深圳特区后,邓小平得出了这样几个结论:

特区的路子走对了。邓小平一行离开深圳到中山,1月28日晚上,邓小平在温泉宾馆会见了霍英东、马万祺等,他说:办特区是我倡议的,不晓得成功不成功。看来路子走对了。他后来在北京讲:"特区是个窗口,是技术的窗口、管理的窗口、知识的窗口,也是对外政策的窗口。"

开放政策是放而不是收。1984年2月14日,邓小平在上海指出:"现在看,开放政策不是收的问题,而是开放得还不够。你们要加快速度,条件可以放宽一些。"回到北京后,他在2月24日的谈话中也说:"我们建立经济特区,实行开放政策,有个指导思想要明确,就是不是收,而是放。"

提出具体措施,落实放而不是收的政策。继续开放港口城市,实行特区的某些政策。邓小平在北京提出:除现在的特区之外,可以考虑再开放几个港口城市,如大连、青岛。1984年3月26日至4月6日,中央召开沿海部分城市座谈会,决定厦门特区扩大到全岛,进一步开放14个沿海港口城市。1985年1月25日至31日,国务院召开长江三角洲、珠江三角洲和闽南厦(门)漳(州)泉(州)三角地区座谈会。会议建议将这三个"三角"地区开辟为沿海经济开放区。这一决策的实施,使我国的对外开放形成了从经济特区到沿海开放城市再到沿海经济开放区的多层次、由外向内逐步推进的新格局。

(资料来源:《瞭望》,2010年8月21日,有删减)

【案例讨论】

如何理解改革开放是"中国的第二次革命"?

【案例点评】

1984年,在改革开放的这部史书里,注定是一个重要的年份。这一年,改革开放的总设计师邓小平同志首次亲临深圳特区视察,作出"建立经济特区的政策是正确的"这一判断,为我国进一步改革开放奠定了时代的最强音,为建设中国特色的社会主义指明了道路。

以改革开放为起点,中国共产党人打开了一条一心一意搞建设的新路,并且取得了举世瞩目的历史性成就。习近平总书记说:"如果没有邓小平同志指导我们党作出改革开放的历史性决策,我们国家要取得今天的发展成就是不可想象的。"40多年前开始的改革开放,是决定当代中国命运的关键一招,也是决定实现"两个一百年"奋斗目标、实现中华民族伟大复兴的关键一招。

【教学建议】

本案例可用于第二节第二目"邓小平理论的主要内容"中"改革开放理论"内容的教学。引导学生明确,应当与时俱进,跟上时代前进的步伐和历史发展的主旋律,来认识和对待改革开放中出现的问题。

案例分析10:邓小平理论是国家治理现代化强有力的推进器

【案例呈现】

邓小平以全新角度思考国家治理现代化

"文化大革命"结束后,中国向何处去?邓小平宣告:走自己的道路,建设有中国特色的社会主义。从此,中国特色社会主义道路引领中华民族走向伟大复兴。这就以全新角度开启了国家治理现代化的伟大进程。

1980年8月18日,邓小平在中共中央政治局扩大会议上所作《党和国家领导制度的改革》的讲话,是邓小平以全新角度思考国家治理现代化的历史起点。1980年8月,他在这篇讲话中指出:我们建立的社会主义制度是个好制度,必须坚持。但是,现行的一些具体制度存在不少弊端。比如,权力过分集中、干部领导职务终身制和形形色色的特权现象等。改革并完善党和国家各方面的制度,最为关键的是党和国家的领导制度。他提出,为了改革并完善社会主义制度,"将吸收我们可以从世界各国吸收的进步因素,成为世界上最好的制度"。这已蕴含国家治理现代化思想的初始因子。

1986年至1987年提出的政治体制改革和推进民主政治建设的总体设想,成为国家治理现代化载体的"中国特色社会主义制度"的雏形。1986年9月至11月,邓小平四次谈到政治体制改革。他指出,我国现阶段政治体制改革总的目标是:第一,巩固社会主义制度,始终保持党和国家的活力;第二,克服官僚主义,提高工作效率,发展社会主义的生产力;第三,发扬社会主义民主,调动广大人民的积极性。党的十三大确定了政治体制改革的长远目标和近期要求。党的十三大后,政治体制改革广泛展开,努力健全和完善人民代表大会制度这一根本政治制度,还有共产党领导的多党合作和政治协商制度等三项基本政治制度;建设中国特色社会主义法律体系的任务开始实施。

1992年南方谈话,将实际上的国家治理现代化思想升华到一个新境界。南方谈话对改革并完善中国特色的社会主义制度,提出了四个思想:一是党的基本路线不能变,再过30年,在各方面形成一整套更加成熟、更加定型的制度。二是社会主义可以搞市场经济,计划和市场不是社会主义与资本主义的本质区别。社会主义要赢得与资本主义相比较的优势,必须大胆吸收和借鉴人类社会的一切文明成果。三是发挥社会主义制度的优势,两手抓,两手都要硬。只有两个文明建设都要超过比较发达的国家和地区,才是有中国特色的社会主义。四是巩固和发展社会主义制度,最重要的是选拔德才兼备的人进入领导班子。国家能否长治久安,从一定意义上说,关键在人。如果说使社会主义制度更加成熟、更加定型,提出了国家治理体系现代化,那么选拔德才兼备的人进入领导班子,实际上包含有国家治理能力现代化。这是他的国家治理现代化思想升华的一个重要标志。

邓小平与推进国家治理现代化关键问题的把握

完善中国特色社会主义制度,推进国家治理现代化,最关键的是提高各级干部、各方面管理者的思想政治和科学文化素质。

第一,解放思想,实事求是。改革开放以来,我们国家能发生翻天覆地的变化,是始终不渝地坚持这条思想路线的结果。今后,推进国家治理现代化,仍然需要坚持解放思想,实事求是。

第二,勇于开拓,敢于担当。邓小平说:改革开放的胆子要大一些。看准了的,就大胆地试,大胆地闯。不对的赶快改。坚持这种态度就不会犯大错误。他本人正是坚持这种精神,使我国成功实现了从高度集中的计划经济体制到充满活力的社会主义市场经济体制的历史性转折。习近平总书记在党的十八届三中全会上进一步强调改革的责任担当意识。推进国家治理现代化,一定要有这种勇于开拓、敢于担当的时代精神。

第三,博学多识,笃行实干。邓小平非常强调尊重知识、尊重人才,努力掌握现代化本领,吸收国际先进技术和管理经验,了解世界发展信息。同时,他又强调,"靠空讲不能实现现代化",必须真抓实干。党的十八大以来,习近平总书记一直强调"空谈误国,实干兴邦",他在北大师生座谈会上还说,"要笃实,扎扎实实干事,踏踏实实做人"。这对于推进国家治理现代化是不可或缺的。

习近平总书记在纪念邓小平同志诞辰110周年座谈会上指出,纪念邓小平同志,就要学习他对共产主义远大理想和中国特色社会主义信念无比坚定的崇高品格;学习他对人民无比热爱的伟大情怀;学习他始终坚持实事求是的理论品质;学习他不断开拓创新的政治勇气;学习他高瞻远瞩的战略思维;学习他坦荡无私的博大胸襟。这既是对党员干部自身品格的要求,也是当今时代对执政党的要求。今天,我们要不断完善中国特色社会主义制度,推进国家治理体系和治理能力现代化,学习邓小平理论不仅是很好的营养剂,更是强有力的推进器。

(资料来源:《文汇报》,2014年8月22日)

【案例讨论】

如何认识邓小平理论的历史地位?

【案例点评】

邓小平作为我国改革开放和现代化建设的总设计师,深刻理解我们事业的出发点和归宿,他鲜明指出:"我们是坚持社会主义和共产主义的,我们采取的各方面的政策,都是为了发展社会主义,为了将来实现共产主义。"正确理解和把握邓小平理论,对于我们建设中国特色社会主义有着长远的现实指导意义。

【教学建议】

本案例可用于第三节"邓小平理论的历史地位"的教学。引导学生明确邓小平理论是中国共产党和中国人民宝贵的精神财富,是党和国家必须长期坚持的指导思想。

(二)师生角色互换,学生主讲,体验教师的感受

【实践类型】

课内实践。

【实践目标】

"师生角色互换"建立了新型的师生关系,这种关系并没有削弱教师在学生中的地位,也没有削弱教师在教育活动中的作用,它只是把老师对学生的教育建立在师生平等的基础上,把课堂还给学生,让每个学生都融入课堂,都有表现自己的机会,使其主动参与到教学当中。他们对知识的被动接受变为了主动吸收,不仅能够提高教学效果,也实现了素质教育中以点带面、全面合作型的学习方式。

【实践方案】

1.实践时间:课内时间(2课时)。

2.实践地点:多媒体教室。

3.实践环节:

(1)结合本章内容布置学生讲课内容。

①党的基本路线的演变。

②社会主义根本任务。

③社会主义市场经济理论。
④"一国两制"。
(2)指导学生搜集资料,备课,制作教案及PPT。
(3)选出1~2名学生上讲台讲课,其他学生和教师进行点评。
(4)教案、PPT和学生及教师的评价装订上交。

(三)主题演讲——改革开放以来人民生活变化

【实践类型】

课内实践。

【实践目标】

学生通过搜集改革开放以来人民生活变化的资料,如服饰穿着的变化、饮食结构的变化、住宅的变化、婚姻风俗的变化、丧葬礼俗的变化及其他社会风俗的变化等,探讨改革开放政策的巨大意义,加深对改革开放政策的理解。

【实践方案】

1.实践时间:课内时间(2课时)。
2.实践地点:多媒体教室。
3.实践环节:
(1)将学生分成若干小组,布置具体实践项目。
①服饰穿着的变化。
②饮食结构的变化。
③住宅空间的变化。
④交通方式的变化。
⑤社会风俗的变化。
(2)学生课后搜集资料,制作PPT及撰写演讲稿。
(3)每个小组选出一名代表参加演讲。
(4)学生讨论。
(5)教师总结。

(四)观看大型政论片《必由之路》

【实践类型】

课外实践。

【实践目标】

通过观看政论片,学生能够深刻理解中国特色社会主义是建立在我们党长期奋斗基础上,是由我们党带领人民历经千辛万苦、付出各种代价、接力探索取得的;明确改革开放是决定当代中国命运的关键一招,也是决定实现"两个一百年"奋斗目标、实现中华民族伟大复兴的关键一招。

【实践方案】

1.实践时间:课内时间(2课时)和课后。
2.实践地点:多媒体教室和学生寝室。
3.实践环节:
(1)教师介绍《必由之路》。

大型政论专题片《必由之路》全方位展示了改革开放波澜壮阔的伟大历程。全片共分八集,分别为《历史之约》《关键抉择》《伟大跨越》《力量之源》《立国之本》《兴国之魂》《大国之盾》《共同命运》。以改革开放是坚持和发展中国特色社会主义的必由之路为主题,全景式回顾改革开放40年历程,以风云激荡的感人故事,铺陈出一部国家民族砥砺奋进的壮丽史诗。

《必由之路》

(2)课堂上播放《必由之路》其中一集。
(3)讨论改革开放的历程及伟大意义。
(4)布置学生撰写一篇2000字左右的观后感。
(5)选取优秀作品进行展览。

(五)"纪念改革开放"之"我看家乡新变化"摄影展

【实践类型】

社会实践。

【实践目标】

组织动员广大学子深入基层、深入社会,用青年的视角记录和展现改革开放取得的丰硕成果,抒发广大青年爱国、爱党、爱社会主义,立志投身社会主义事业的豪情壮志,展现大学生在改革开放进程中奋发进取、朝气蓬勃的精神风貌,以大学生的所学所闻所感,结合学生自身的成长以及学校的发展变化,用独特的镜头和鲜活的照片记录身边的新变化、新气象,展现中国改革开放40多年的伟大成果。

【实践方案】

1.实践时间:寒暑假期和新学期开学第一周。

2.实践地点:校内外。

3.实践环节:

(1)发放活动方案通知。

(2)征集摄影作品。

(3)进行作品展览。

(4)评选优秀作品。

(六)网络拓展

历史伟人:邓小平　　　红色歌曲:《走进新时代》

二、课后习题

(一)单项选择题

1.邓小平理论是在(　　)成为时代主题的历史条件下,逐步形成和发展起来的。

A.和平与发展　　B.无产阶级革命　　C.阶级斗争　　D.资产阶级革命

2.我国社会主义建设经历的曲折和失误,特别是(　　)给党、国家和各族人民带来的严重灾难,促使中国共产党人和中国人民进行深刻的反思。

A."三反""五反"　　B."大跃进"　　C."文化大革命"　　D.人民公社化

3.(　　)是全党全军全国各族人民公认的享有崇高威望的卓越领导人,是中国社会主义改革开放和现代化建设的总设计师。

A.邓小平　　　　B.毛泽东　　　　C.刘少奇　　　　D.周恩来

4.党的十一届三中全会确定把全党工作的着重点转移到(　　)上来。

A.社会主义现代化建设　　　　B.无产阶级革命

C.阶级斗争　　　　　　　　　D.世界革命

5.党的十二大之后,(　　)成为我们党的全部理论和实践的主题。

A."无产阶级革命"　B."文化大革命"　C."社会主义"　D."中国特色社会主义"

6.1984年党的十二届三中全会作出了《关于经济体制改革的决定》,提出了社会主义经济是(　　)。

A.市场经济

B.有计划的商品经济

C.公有制基础上的有计划的商品经济

D.公有制经济

7.1987年召开的党的十三大,第一次比较系统地论述了我国(　　)理论。

  A.市场经济   B.社会主义初级阶段

  C.计划经济   D.商品经济

8.建设中国特色社会主义的首要的基本的理论问题是(　　)。

  A.解放思想、实事求是

  B.大力发展社会生产力

  C.一切从社会主义初级阶段出发

  D.什么是社会主义、怎样建设社会主义

9.改革开放以来,邓小平反复强调坚持四项基本原则,其实质就是要求我们坚持(　　)。

  A.改革开放   B.社会主义基本制度

  C.社会主义经济制度   D.社会主义政治制度

10.社会主义本质是(　　)。

  A.社会主义公有制和按劳分配

  B.人民当家作主,成为社会的主人

  C.高度的社会主义精神文明和人的全面解放

  D.解放生产力,发展生产力,消灭剥削,消除两极分化,最终达到共同富裕

11.邓小平提出的我们必须坚持的社会主义的原则是(　　)。

  A.对内改革和对外开放   B.公有制为主体和共同富裕

  C.发展生产力和同步致富   D.建设高度的物质文明和精神文明

12.邓小平在重新确立实事求是思想路线的过程中,特别强调(　　)的重要性。

  A.解放思想   B.经济建设

  C.理论联系实际   D.实践是检验真理的标准

13.(　　)是邓小平理论的活的灵魂。

  A.社会主义初级阶段理论   B.解放思想、实事求是的思想路线

  C.改革开放理论   D.社会主义本质理论

14.今天强调一切从实际出发就是要从(　　)这个最大的实际出发。

  A.中国特色社会主义

  B.社会主义市场经济

  C.中国处于并长期处于社会主义初级阶段

  D.全面建设小康社会

15.我国社会主义初级阶段的含义是( )。

A.任何国家进入社会主义都必须经历的起始阶段

B.我国已是社会主义国家,但我国的社会主义将长期处于社会主义的初级阶段

C.从资本主义社会到社会主义社会的过渡时期

D.从社会主义社会到共产主义的过渡阶段

16.( ),是党在社会主义初级阶段基本路线最主要的内容。

A."一个中心"　　　　　　　　B."两个基本点"

C."一个中心、两个基本点"　　D.改革开放

17.邓小平深刻地概括出( )是第一生产力。

A.科学技术　　B.文化建设　　C.经济建设　　D.生态建设

18.中国的改革首先从( )开始。

A.城市　　B.农村　　C.内陆　　D.沿海

19.我国经济体制改革的目标是( )。

A.转换国有企业经营机制,建立现代企业制度

B.建立社会主义市场经济体制

C.合理的个人收入分配和社会保障制度

D.统一、开放、有序的市场体系

20.社会主义市场经济理论认为,计划经济与市场经济属于( )。

A.不同的资源配置方式

B.不同的经济增长方式

C.不同的经济制度的范畴

D.不同的生产关系的范畴

(二)多项选择题

1.邓小平理论的形成条件有( )。

A.和平与发展成为时代主题

B.社会主义建设的经验教训

C.改革开放和现代化建设的实践

D.二战之后的国际局势

E.新中国的成立

2.我们国家曾经在经济上急于求成、盲目求纯和急于过渡;在政治上坚持以阶级斗争为纲。造成这些失误的更深层的原因有( )。

A.偏离了党的实事求是的思想路线

B.对国际国内的形势缺乏正确的认识

C.对我国社会主义时期的主要矛盾作出了错误的估量和判断

D.对中国现实的具体国情作出了错误的估量和判断

E.对什么是社会主义和如何建设社会主义问题没有完全搞清楚

3.邓小平南方谈话在一系列重大的理论和实践问题上,提出了一系列重要论断,如(　　)。

A.社会主义本质是解放生产力,发展生产力,消灭剥削,消除两极分化,最终达到共同富裕

B."三个有利于"标准

C.社会主义可以搞市场经济

D.革命是解放生产力,改革也是解放生产力

E.不坚持社会主义,不改革开放,不发展经济,不改善人民生活,就没有出路

4.党的十四大报告系统阐释了中国特色社会主义理论的历史地位和指导意义,认为这一理论(　　)。

A.是马克思列宁主义基本原理与当代中国实际和时代特征相结合的产物

B.是21世纪马克思主义

C.是毛泽东思想的继承和发展

D.是全党全国人民集体智慧的结晶

E.是中国共产党和中国人民最可珍贵的精神财富

5."什么是社会主义、怎样建设社会主义",是(　　)。

A.社会主义的根本问题　　　　　B.党的思想路线问题

C.社会主义首要的基本理论问题　　D.邓小平理论的主题

E.邓小平理论的精髓

6.邓小平关于社会主义本质的概括,(　　)。

A.遵循了科学社会主义的基本原则

B.反映了人民的利益和时代的要求

C.廓清了不合乎时代进步和社会发展规律的模糊观念

D.摆脱了长期以来拘泥于具体模式而忽略社会主义本质的错误倾向

E.深化了对科学社会主义的认识

7.我国社会主义初级阶段的含义是(　　)。

A.我国社会已经是社会主义社会

B.任何国家进入社会主义都会经历的起始阶段

C.我国的社会主义社会还处在初级阶段

D.多种经济成分并存的过渡时期

E.我们的社会主义并不是马克思讲的社会主义

8.党在社会主义初级阶段基本路线的内容,包含( )。

A.以经济建设为中心　　　　　　B.坚持四项基本原则

C.坚持改革开放　　　　　　　　D.坚持依法治国

E.自力更生,艰苦创业

9.党在社会主义初级阶段的基本路线阐明了( )。

A.中国共产党是领导和团结全国各族人民的核心力量

B.全国各族人民是贯彻党的基本路线的主体

C.我们的社会主义现代化建设必须坚持"一个中心、两个基本点"

D.社会主义现代化建设必须贯彻自力更生、艰苦创业的方针

E.体现着社会主义社会全面发展要求的奋斗目标

10.四项基本原则与改革开放之间的关系是( )。

A.离开四项基本原则,改革开放必然会失去正确方向

B.改革开放为四项基本原则提供了新的时代内容

C.四项基本原则为改革开放的健康发展提供了政治保证

D.离开改革开放,四项基本原则的内容就不能与时俱进

E.坚持两者统一必须旗帜鲜明地反对资产阶级自由化

11.判断改革和各方面工作的是非得失,归根到底,要以( )为标准。

A.是否有利于扩大开放

B.是否有利于发展社会主义社会的生产力

C.是否有利于增强社会主义国家的综合国力

D.是否有利于社会稳定

E.是否有利于提高人民的生活水平

12.改革开放是( )。

A.对原有经济体制的细枝末节的修补

B.决定当代中国命运的关键抉择

C.发展中国特色社会主义的必由之路

D.实现中华民族复兴的必由之路

E.党领导人民进行的新的伟大革命

13.邓小平指出,改革是一场伟大的革命,是中国的第二次革命,主要是指改革( )。

A.与第一次革命不同,不是指一个阶级推翻另一个阶级的政治革命,是社会主义的自我完善与发展

B.不是细枝末节的修修补补,而是对传统计划经济的根本性变革

C.不是某一方面的改革,而是必然涉及和引起政治、经济、文化、教育、科技等社

会生活各个领域的深刻变化,并将引起相应的思想观念变革

D.与过去革命的目标一样,也是为了解放和发展生产力

E.是对社会主义制度的根本性的改革

14.社会主义市场经济的基本特征主要体现在(　　)。

A.所有制结构　　　　　　　　B.国企的市场化程度

C.分配制度　　　　　　　　　D.私营企业的改造

E.宏观调控

15.邓小平关于社会主义市场经济理论的内涵包括(　　)。

A.市场经济是资源配置的一种方式

B.市场经济不具有社会制度的属性

C.市场调节可以与计划调节相结合

D.市场调节不可以与计划调节相结合

E.市场经济可以与公有制相结合

16.社会主义市场经济体制的特征是(　　)。

A.公有制为主体、多种所有制经济共同发展的所有制结构

B.按劳分配为主体、多种分配方式并存的分配结构

C.宏观调控上,能更好地发挥计划和市场两种手段的长处

D.政府不直接干预企业的生产和经营

E.所有企业都是国营

17."资本主义有计划,社会主义有市场"这个论断说明(　　)。

A.市场经济只是一种资源配置手段

B.社会主义也可以搞市场经济

C.社会主义以计划调节为主、市场调节为辅;资本主义以市场调节为主、计划调节为辅

D.市场不是划分社会制度的基本标志

E.计划不是划分社会制度的基本标志

18.邓小平强调,(　　)和(　　)都搞好,才是中国特色的社会主义。

A.物质文明　　　B.政治文明　　　C.生态文明　　　D.精神文明

E.社会文明

19.完成祖国统一大业是(　　)。

A.中华民族的根本利益所在　　　　B.全国人民的共同愿望

C.中华民族自古以来就有的传统　　D.中国历史发展的主流

E.中国共产党奋斗的一个重要目标

20.邓小平理论,( )。

A.是马克思列宁主义基本原理与当代中国实际和时代特征相结合的产物

B.是马克思列宁主义、毛泽东思想的继承和发展

C.是全党全国人民集体智慧的结晶

D.是邓小平留给我们的最重要的思想遗产

E.开拓了马克思主义的新境界

(三)判断题

1.和平与发展成为时代主题是邓小平理论形成的时代背景。( )

2.邓小平明确地指出:"现在世界上真正大的问题,带全球性的战略问题,一个是和平问题,一个是经济问题或者说是发展问题。和平问题是南北问题,发展问题是东西问题。概括起来,就是东西南北四个字。南北问题是核心问题。"( )

3.新中国成立后,我们顺利地恢复了国民经济,走出了一条具有鲜明中国特色的社会主义改造道路。( )

4.社会主义首要的基本的理论问题是大力发展社会生产力。( )

5.中华人民共和国的成立和社会主义改造的完成,开创了中国历史的新纪元。( )

6.邓小平说:"在改革中,我们始终坚持两条根本原则,一是以社会主义公有制经济为主体,一是发展生产力。"( )

7.1978年党的十一届三中全会召开前夕,在中央工作会议上邓小平发表了《实践是检验真理的唯一标准》的讲话。( )

8.党的十一届六中全会果断作出了把党和国家工作重点转移到社会主义现代化建设上来的战略决策。( )

9.社会主义初级阶段理论基于对中国国情的准确把握,揭示了当代中国的历史方位,是建设中国特色社会主义的总依据。( )

10."坚持四项基本原则"回答了解放和发展生产力的政治保证问题,体现了社会主义基本制度的要求。( )

11."自力更生,艰苦创业",这是我们党的优良传统,也是实现社会主义初级阶段奋斗目标的根本立足点。( )

12.党的十九大不仅将"美丽"纳入了基本路线,而且将"现代化国家"提升为"现代化大国"。( )

13.生产力是社会发展的最根本的决定性因素,社会主义的根本任务是发展生产力。( )

14.邓小平强调,发展是硬道理,中国解决所有问题的关键是依赖外部世界的发展。( )

15.邓小平深刻地概括出"科学技术是第一生产力"。( )

16.发展是社会主义社会发展的直接动力。( )

17.党的十一届三中全会以后,邓小平指出:"要发展生产力,经济体制改革是必由之路。"( )

18.改革开放开始后的一个很长时期内,我国经济体制改革的核心问题是如何正确认识和处理社会主义与市场的关系。( )

19.市场经济作为资源配置的一种方式本身是具有制度属性的。( )

20.邓小平强调,物质文明和政治文明都搞好,才是中国特色的社会主义。( )

参考答案

(一)单项选择题

1.A 2.C 3.A 4.A 5.D 6.C 7.B 8.D 9.B 10.D 11.B 12.A 13.B 14.C 15.B 16.C 17.A 18.B 19.B 20.A

(二)多项选择题

1.ABC 2.ABCDE 3.ABCDE 4.ACDE 5.ACD 6.ABCDE 7.AC 8.ABCE 9.ABCDE 10.ABCDE 11.BCE 12.BCDE 13.ABCD 14.ACE 15.ABCE 16.ABC 17.ABDE 18.AD 19.ABCDE 20.ABCDE

(三)判断题

1.对 2.错 3.对 4.错 5.错 6.错 7.错 8.错 9.对 10.对 11.对 12.错 13.对 14.错 15.对 16.错 17.对 18.错 19.错 20.错

第六章

「三个代表」重要思想

不畏浮云遮望眼,咬定青山不放松。世纪交替、千年更始,国际局势风云变幻,改革开放和现代化建设波澜壮阔,如何坚持与时俱进,迎难而上?如何大力推进改革开放?如何大力推进党的建设新的伟大工程?以江泽民为主要代表的中国共产党人,在世界社会主义陷入低谷时,坚决捍卫中国特色社会主义,并成功推向21世纪。让我们到本章中去领会"三个代表"重要思想的真谛。

一、实践课堂

(一)案例分析

【实践类型】

课内实践。

【实践目标】

通过案例分析,加深学生对理论知识的掌握。

【实践方案】

1.实践时间:课内时间。

2.实践地点:多媒体教室。

3.实践环节:

(1)采取小组合作方式,提高学生学习、思考的积极性和参与度。

(2)小组成员需要提出自己的观点,并结合理论知识阐述理由。通过集体讨论,学生能够更全面地思考问题。

(3)案例分析为开放性结论,只要原理运用合理,思路阐述清晰,允许学生保留观点。

案例分析1:美国与中国的制裁与反制裁

【案例呈现】

2018年4月16日晚,美国商务部发布公告称,美国政府在未来7年内禁止中兴通讯向美国企业购买敏感产品。2018年12月1日,在美国一手策划下,华为公司首席财务官孟晚舟在加拿大转机时,在没有违反任何加拿大法律的情况下被加方无理拘押。

美方对孟晚舟所谓欺诈的指控纯属捏造。尽管美加一再滥用其双边引渡条约,以法律为借口为其迫害中国公民的行径辩护、开脱,但国际社会都清楚,美加所讲的法律不过是服务于美国巧取豪夺、打压异己、谋取私利的工具,毫无公正性、正当性可言。

2020年8月17日,美国商务部发布公告,拟针对华为公司修改出口管制规则,并将38家华为相关实体列入出口管制"实体清单";2020年12月18日,美商务部宣布将59家中国实体列入出口管制"实体清单";2021年7月,美国将23家中国实体列入出口管制"实体清单"……

美国对中国的制裁得逞了吗?

2021年3月27日晚,外交部发言人宣布对美国、加拿大有关人员和实体实施制裁。至此,短短一周之内,中国分别对欧盟、英国、美国和加拿大宣布制裁措施,一共涉及31个机构和人员。不仅如此,迄今为止有至少19个中国驻欧盟国家使馆严正发声,驻英临时代办还表示:"中国不会任人宰割,必将坚决反击!""中方不惹事、不挑事,也不怕事,不会被讹诈。"华春莹如是说。

2021年6月10日,十三届全国人大常委会第二十九次会议表决通过了《中华人民共和国反外国制裁法》。此举充分表明,针对某些国家粗暴干涉中国内政实施所谓"制裁"的霸权主义行径,我国将从国家立法高度,进行更系统、更彻底、更有力反制。

反外国制裁法立法,很有必要,正当其时。一段时间以来,某些西方国家出于政治操弄需要和意识形态偏见,违反国际法和国际关系基本准则,依据其本国法律对中国有关国家机关、组织和国家工作人员实施所谓"制裁",粗暴干涉中国内政。反外国制裁法立法,既充分表明中国已有足够能力反制裁、反干涉、反制长臂管辖,也让国际社会看到了中国维护主权安全和发展利益的坚定决心。2021年7月23日,针对美方错误行径,中方决定采取对等反制,根据反外国制裁法对前美商务部长罗斯、美国会"美中经济与安全评估委员会"(USCC)主席卡罗琳·巴塞洛缪、"国会-行政部门中国委员会"(CECC)前办公室主任乔纳森·斯迪沃斯、"美国国际事务民主协会"金度允、"美国国际共和研究所"在港授权代表亚当·金、"人权观察"中国部主任索菲·理查森及"香港民主委员会"等7个美方人员和实体实施制裁。

这是美国对中国的第一次制裁吗?

事实上,从中华人民共和国成立至今,"制裁"一直是美国对中国挥舞的大棒。世纪交替、千年更始,国际局势风云变幻。面对以美国为首的一些西方国家掀起的反华浪潮和国际上不绝于耳的唱衰中国的论调,邓小平指出:"要中国来乞求,办不到。哪怕拖一百年,中国人也不会乞求取消制裁。"

一直以来,以美国为首的西方国家对中国的"制裁"没有达到使中国屈服和孤立的目的,反而最终屡次被打破。为了扭转局面、争取主动,党和政府确定20世纪90年代初期外交工作的两个重点:一是开展睦邻外交,稳定和积极发展同周边国家的关系,加强同发展中国家的团结与合作;二是打破西方国家的"制裁",恢复和稳定同西方发达国家的关系。

党和国家领导人身体力行,积极开展外交活动。1990年至1992年,中国同印度尼西亚恢复外交关系,中越关系实现正常化,中印关系有了很大改善,中国同沙特阿拉伯、新加坡、以色列、韩国建立外交关系,顺利实现了中苏关系向中俄关系的过渡,并同苏联解体后新独立的国家和东欧国家建立或发展了正常关系。到1992年8月底,同中国建交的国家达154个。中国还成功争取到联合国第四次世界妇女大会1995年在北京召开。中国没有因西方国家的"制裁"而被孤立,反而在国际事务中发挥了积极作用。

对于以美国为首的一些西方国家的"制裁",中国进行了有理有利有节的斗争。

中国领导人审时度势,采取政治与经济结合、官方与民间结合的方针,推动日本率先于1990年取消对华"制裁"。随后,其他一些西方国家和国际组织也相继取消对华"制裁"。到1991年年底,中国同大多数西方国家的关系基本回到正常轨道。

1989年9月,江泽民在庆祝中华人民共和国成立40周年大会上坚定地表示:"企图排斥、孤立中国是很不明智的,也是根本不可能的。任何经济制裁,都丝毫不能动摇我们振兴中华、坚持社会主义道路的决心,丝毫不能动摇我们同世界各国人民友好相处的信念。"不畏浮云遮望眼,咬定青山不放松。以江泽民同志为主要代表的中国共产党人,在世界社会主义陷入低谷时,从容应对困难和风险,坚决捍卫了中国特色社会主义,并在实践的基础上形成了"三个代表"重要思想,开创了中国特色社会主义事业新局面。

(资料来源:由《经济日报》、新华社、人民网等多篇文章汇编而成)

【案例讨论】

美国对中国的制裁得逞了吗?这是美国对中国的第一次制裁吗?

【案例点评】

如今的美国,不断泛化"国家安全"概念,奉行以邻为壑的经贸政策,大搞保护主义、单边主义,肆意挥舞制裁大棒,严重威胁全球经济安全。尤其是疯狂围堵打压中国特定企业,妄图人为切断世界资金流、技术流、产品流、产业流、人员流,严重破坏世界产业链供应链稳定。显然,美方所为损人不利己,丝毫不考虑全球经济安全。其实美中之间的制裁与反制裁已有历史,在无数次的制裁与反制裁中,我国中央领导集体都能沉着应对。20世纪90年代,以江泽民同志为核心的第三代中央领导集体,在邓小平等老一辈革命家的指导下,坚持冷静观察、稳住阵脚、沉着应对的方针,准确判断国际形势,制定了科学的外交策略,成功应对了西方国家对我国的制裁,为改革开放的有效推进和深入开展创造了良好的国际环境。

【教学建议】

本案例适用于第六章的导入部分。通过本案例，学生能够对美国与中国的制裁与反制裁历史有简单的了解。结合"美国对中国的制裁得逞了吗？""这是美国对中国的第一次制裁吗？"等一系列问题，让学生认识到中国在面对以美国为首的西方国家的制裁时，能够科学应对，并最终屡次打破制裁。明确正是在这种复杂的国际背景下，20世纪90年代，以江泽民为主要代表的中国共产党人，在世界社会主义陷入低谷时，坚决捍卫了中国特色社会主义，并最终在实践的基础上形成了"三个代表"重要思想，以此导入新课。

案例分析2：执政党的指导思想关系到国家的兴亡
——从苏联解体看"三个代表"思想的重要意义

【案例呈现】

苏联为什么会解体？这个问题已经谈了10年。2001年是苏联解体10周年，又正好是中国共产党建党80周年，在这个时候结合江泽民同志的"七一"讲话再来深入考察这个问题，特别是从"三个代表"的视角寻找答案，具有格外重要的理论和现实意义。

江泽民同志指出："我们党要继续站在时代前列，带领人民胜利前进，归结起来，就是必须始终代表中国先进生产力的发展要求，代表中国先进文化的前进方向，代表中国最广大人民的根本利益。"这里的"三个代表"，实质上就是我党指导思想的主要内涵。从苏联兴衰的全过程看，作为执政党的苏共同样存在着一个能否在指导思想中坚持"三个代表"的问题。凡是坚持"三个代表"的时候，苏联的事情就办得好些，而凡是违背了"三个代表"，就必然要出乱子。看来，能否坚持"三个代表"与执政党的指导思想正确与否有着直接的联系。因此，我们可以提出这样一个论点："三个代表"是衡量执政党指导思想正确与否的一把标尺，下面试从苏联的实践进行分析。

1.执政党的指导思想是否正确，要看其能否代表先进生产力的发展要求

在发展生产力这一点上，列宁的指导思想是非常明确的。他在十月革命后不久就明确提出："没有建筑在现代科学最新成就上的大资本主义技术，没有一个使千百万人在产品的生产和分配中最严格遵守统一标准的有计划的国家组织，社会主义就无从谈起。"他认为："劳动生产率，归根到底是保证新社会制度胜利的最重要最主要的东西。"在这样的指导思想下，他制定的新经济政策适应了当时社会生产力发展的需要，使千疮百孔的苏联能迅速恢复元气，走上新的发展道路。

斯大林倾尽全力抓国家的工业化，用了10多年时间就将苏联变为一个强大的工业国，那一时期国民生产总值年均增长17%以上。当时整个资本主义世界陷入空前的经济危机之中,而苏联却一枝独秀,显示了社会主义制度促进生产力发展的优越性。然而,由于斯大林模式忽视市场作用,没有竞争机制,一切生产活动均靠行政手段和指令性计划来运作,分配上基本是平均主义,不能调动劳动者的积极性,因而缺乏活力和发展的动力。到了二战后世界经济调整发展并日益趋向一体化之时,这一体制不利于生产力解放和发展的一面便日益凸显。赫鲁晓夫、勃列日涅夫和戈尔巴乔夫都试图改变这一状况。前两人对斯大林模式小修小补,没能从根本上摒弃这一体制内阻碍生产力发展的因素,而戈尔巴乔夫则从一个极端走到另一个极端,干脆否定和摧毁整个体制,试图使苏联全盘西化,结果反而破坏了70年社会主义建设奠定的社会生产力发展的基础,导致了经济崩溃和政治动乱。

由此可见,能否代表先进生产力的发展要求,是关系到执政的共产党能否领导人民发展经济、增强国力,推进社会主义事业的根本问题。

2.执政党的指导思想是否正确,要看其能否代表先进文化的前进方向

代表先进文化的前进方向,主要包含三个方面的内容:坚持以马克思主义为指导,继承和发展本民族的优秀文化传统,学习和吸收外国的优秀文化成果。在这点上,苏联走过的道路同样提供了许多可供借鉴的经验和教训。

在对待马克思主义问题上,苏联的主要教训是将马克思主义教条化。列宁逝世后,随着斯大林在党内斗争中取胜,对他的个人崇拜便日益上升。他的每句话都成了"真理",他的许多文章被奉为"马列主义顶峰",对他的看法不允许有任何反对意见。1938年11月出版的《联共(布)党史简明教程》,更是一本将马列主义教条化的代表作。在那样的氛围中,人们都热衷于引用马恩列斯的语录,而不去研究革命导师讲这些话时的历史条件,不去研究苏联的实际及如何将这些观点应用于苏联。到赫鲁晓夫时期,虽然批判了个人崇拜,但并没有从根本上改变教条主义盛行的状况。到勃列日涅夫时期,教条主义、官僚主义、思想僵化趋势更为突出。教条主义长期居于主导地位导致马克思主义的停滞、僵化和萎缩,逐步丧失战斗力,最后在各种非马克思主义思潮的冲击下失去思想理论阵地,无法再指引人民前进。从这个意义上说,戈尔巴乔夫最终抛弃马克思主义与苏共长期将马克思主义教条化有着密切的因果联系。

由于对马克思主义采取教条主义态度,导致对外国优秀文化采取排斥态度,这也是苏联失败的一个教训。本来,列宁曾把能否吸取人类文明的优秀成果视为社会主义能否实现的必要条件。但列宁逝世后,由于个人崇拜和文化专制主义的发展,也由于国际环境的恶化,在苏联出现了将社会主义文化与西方文化对立起来的倾向,并逐步发展为不加分析地批判、排斥西方资本主义国家出现的新思潮、新理论、新学说。当时苏联的理论权威日丹诺夫甚至断言"资产阶级文化腐朽和瓦解的时代"已经到来。这样的指导思想严重阻碍了苏联与西方的文化交流,不利于苏联文化艺术的发展。到戈尔巴乔夫执政后,又大搞全盘西化,把西方资本主义文化中许多腐朽的东西都吸收进来,这又是走到另一个极端,是对长期以来排斥西方文化的一个反动。

从上述种种深刻的教训中我们可以看到,对于执政党来说,能否代表先进文化的前进方向同样是一个事关国家、民族兴亡的重大问题。

3. 执政党的指导思想是否正确,要看其能否代表最广大人民的根本利益

在这个问题上,苏联既有成功的经验,也有失败的教训。如列宁的新经济政策,就使饱受战乱之苦的苏联人民获得了一个休养生息的机会,受到了大多数老百姓的支持和拥护。又如斯大林在短期内全力加强国力、军力的决策,使苏联能应对险恶多变的外部环境,在二战中打垮德意日法西斯,捍卫了社会主义革命和建设的成果,也是符合广大苏联人民的根本利益的。然而,教训也是十分沉痛的,值得我们总结的,主要有以下几个方面:一是超越发展阶段的种种强制做法损害了群众利益;二是混淆两类矛盾,扩大打击面,伤害了许多好人;三是特权、腐败和官僚主义使党逐渐脱离人民群众;四是对外扩张,搞霸权主义,加重了人民的负担;五是抛弃社会主义原则,违背了最大多数人民群众的根本利益。

由上述教训我们可以更加深刻地认识到:作为执政党的共产党的理论、路线、纲领、方针、政策和各项工作,必须坚持把人民的根本利益作为出发点和归宿,如果做不到这一点,党就必然会失去执政地位。

在苏联解体这一错综复杂的历史发展中蕴含着许许多多的道理和教训,为世界各国的共产党和共产党人不断加强自身建设提供了永存的反面教材。它告诉我们的最重要的道理是:社会主义国家的兴衰存亡取决于执政党的核心领导及由其确定的党的指导思想,决定执政党的指导思想是否正确的根本问题在于能否将科学社会主义普遍真理与本国的具体实际及当代实际结合起来,而"三个代表"则是衡量执政党指导思想正确与否的一把标尺。

(资料来源:《东欧中亚研究》,2001年第6期)

【案例讨论】

如何把握"三个代表"重要思想的核心观点?

【案例点评】

"三个代表"是衡量执政党指导思想正确与否的一把标尺。深入学习、理解并坚持"三个代表"重要思想,对共产党的建设和发展具有极其重要的战略意义。

【教学建议】

本案例可用于第一节"'三个代表'重要思想的形成"的教学,以引发学生对"三个代表"重要思想重要性的思考。

案例分析3：不断解放和发展社会生产力

【案例呈现】

好的经济制度,能够不断激发社会活力。2019年10月22日,《优化营商环境条例》公布,将实践证明行之有效、人民群众满意、市场主体支持的改革举措用法规制度固化下来,从完善体制机制的层面作出相应规定。这一举措既彰显了进一步优化营商环境的决心,同时推动了社会主义市场经济体制更加丰富完善。

党的十九届四中全会总结实践经验,对社会主义基本经济制度作出新的概括——"坚持公有制为主体、多种所有制经济共同发展和按劳分配为主体、多种分配方式并存,把社会主义制度和市场经济有机结合起来,不断解放和发展社会生产力",就是要凸显社会主义基本经济制度的优势。从传统的计划经济体制到前无古人的社会主义市场经济体制,我们的基本经济制度不断完善,为实现经济快速发展奠定了制度基础。

公有制为主体、多种所有制经济共同发展,这既是一种理论提炼,更是生动的发展图景、精彩的改革历程。公司制股份制改革加快推进、现代企业制度逐步完善、混合所有制改革稳妥有序、国企党建铸牢根和魂……国企改革深入推进,推动国有资产做大做强,为壮大国家综合实力、保障人民共同利益打下坚实基础。与此同时,召开民营企业座谈会,实施大规模减税降费为民营企业减轻负担,通过建立负面清单、推动简政放权给企业更大施展空间,一系列改革举措革除体制机制积弊,为非公有制经济发展释放政策红利。

按劳分配为主体、多种分配方式并存,既能激发创造活力,又可以守住公平底线。坚持多劳多得,提高劳动报酬在初次分配中的比重,健全劳动、资本、土地、知识、技术、管理、数据等生产要素由市场评价贡献、按贡献决定报酬的机制,就能让分配制度形成正向激励,让一切奋斗的动力、创新的活力竞相迸发,让一切创造社会财富的源泉充分涌流。同时,健全以税收、社会保障、转移支付等为主要手段的再分配调节机制,增加低收入者收入,扩大中等收入群体,调节过高收入,就能让分配制度保障社会公平,促进各个社会群体之间收入差距保持在合理区间,让社会更加和谐、更显公平。

把社会主义制度和市场经济有机结合起来,既充分发挥市场在资源配置中的决定性作用,又更好发挥政府作用,极大解放和发展了社会生产力,极大解放和增强了社会活力。正是因为发挥社会主义制度的优越性,我们能够集中力量办大事,在高铁、大飞机、航空航天等领域进行集中攻关、迅速实现突破,同时形成强大的整合能力、动员能力和执行能力,确保经济快速发展的同时保持社会稳定。正是因为发挥市场经济的作用,为各类企业提供同台竞技的舞台,为每个人发挥聪明才智提供机会,使得近14亿人的创造活力有序释放出来,使得中国在5G通信、移动支付、共享经济、人工智能等前沿领域处于领先位置。可以说,我国经济发展获得巨大成功的一个关键因素,就是我们既发挥了市场经济的长处,又发挥了社会主义制度的优越性。

(资料来源:人民网,2019年11月18日,有删减)

【案例讨论】

如何理解促进先进生产力的发展的重要意义?

【案例点评】

马克思主义执政党必须高度重视解放和发展生产力。始终代表中国先进生产力的发展要求,大力促进先进生产力的发展,是我们党站在时代前列,保持先进性的根本体现和根本要求。我们党领导人民进行革命、建设和改革,都是为了促进生产力特别是先进生产力的解放和发展。

【教学建议】

本案例可用于第二节第一目"'三个代表'重要思想的核心观点"中"始终代表中国先进生产力的发展要求"内容的教学。有利于学生理解中国共产党代表中国先进生产力的发展要求,在社会主义现代化建设中发挥了重要的组织和领导作用。

案例分析4:党要始终代表中国先进文化的前进方向

【案例呈现】

江泽民同志提出的"三个代表"重要思想鲜明地指出,"党要始终代表中国先进文化的前进方向"。这一极具创造性的重要论断,对于我们以改革的精神加强党的建设和社会主义精神文明建设,具有特别重要的指导意义。从文化上规定党的性质及其先进性,树立了中国共产党在思想上精神上的旗帜。

一个政党,最重要的,是要明确自己的性质,保持自己的性质。中国共产党作为中国工人阶级的先锋队,中国人民和中华民族的先锋队,要坚持自己的性质,最重要的是要紧跟时代发展的进步潮流,不断赋予党的性质以新的内涵,始终保持党的先进性。

马克思主义党的建设学说历来是以党的阶级性来规定党的性质及其先进性的。与此同时,马克思主义党的建设学说也强调党要有科学的世界观作为自己的指导思想。马克思主义政党从诞生之日起,就强调自己是一个以先进文化武装的政党。

"三个代表"重要思想进一步发展了马克思主义政党这一重要特点。第一,"中国先进文化的前进方向"具有比马克思主义更为宽泛的范围。也就是说,中国共产党不仅要坚持以马克思主义为指导,而且要代表更为宽泛的中国先进文化的前进方向。这里所讲的"文化",是我们研究的对象;"中国",指的是我们研究的问题的空间即中国这个地域的文化问题，而不能理解为在中国这个地域生成的文化，因为文化的影响力从来都是跨地域的；"先进"，是相对于"落后""腐朽"而言的，在特定的历史条件下能够反映当时时代发展的进步潮流并推动社会向前发展；"前进方向"，指的是从社会现实条件出发向前发展的趋势及其要求。总体来说，提出"中国先进文化的前进方向"这一问题，就是要求我们研究我们国家在今天的历史条件下，能够反映当今时代发展的进步潮流并推动社会向前发展的文化及其现实发展趋势。执政的中国共产党必须代表这样的文化发展趋势。第二，"忠实代表"强调的是中国共产党的角色特征，即党必须具备的本质属性。党要成为"中国先进文化的前进方向的忠实代表"，指的是党必须具备代表中国先进文化前进方向的角色特征和本质属性，就是要从文化上来规定党的性质及其先进性。文化可以陶冶人们高尚的情操，也可以松弛人们紧张的神经；可以作为革命斗争的武器，也可以成为人际和谐相处的纽带。特别是在复杂的社会生活中，文化的多样性带来的效果的多样性，致使有的文化成为引导人们积极向上的精神动力，有的文化成为诱使人们消沉堕落的精神毒品。文化的这种特性，决定了我们在推进文化建设的时候，必须有自己的选择。正如江泽民同志强调指出的："坚持什么样的文化方向，推动建设什么样的文化，是一个政党在思想上精神上的一面旗帜。"这无疑是对马克思主义党的建设学说的一个重大发展。

江泽民同志强调，"当今世界激烈的综合国力竞争，不仅包括经济实力、科技实力、国防实力等方面的竞争，也包括文化方面的竞争。世界多极化和经济全球化的趋势深入发展，引起世界各种思想文化，历史的和现实的、外来的和本土的、进步的和落后的、积极的和颓废的，展开了相互激荡，有吸纳又有排斥，有融合又有斗争，有渗透又有抵御。总体上处于弱势地位的广大发展中国家，不仅在经济发展上面临严峻挑战，在文化发展上也面临严峻挑战"。在这种国际形势下，执政的中国共产党在建设中国特色社会主义进程中，坚持什么样的文化方向、推动建设什么样的文化，已经直接关系到国家的综合国力进而关系到党的文明形象。

研读江泽民同志关于发展中国先进文化的丰富论述，有三个方面尤其值得我们重视：一是要增强中国特色社会主义文化的吸引力和感召力。二是要积极推进文化创新。能否推进文化创新，实现文化创新，将决定中国能否真正树立起"先进文化"的旗帜。三是要在全党全社会大力弘扬科学精神、时代精神和民族精神。先进文化的先进性，不在于哪种形态或哪种样式，而在于文化内在的精神，在于那种文化是否具有或体现了科学精神、时代精神和民族精神。

为了更好地为人民发展先进文化，必须处理好三个重大关系：一是先进性与广泛性的关系。我们所讲的先进性，不应该是脱离广泛性而孤立地存在的先进性，而应该是能够为最大多数人民群众所接受的先进性。二是主导性与多样性的关系。江泽民同志一再强调要坚持马克思主义在意识形态领域的指导地位，在指导思想上决不能搞多元化；一再强调在文化上要弘扬主旋律，坚持以科学的理论武装人，以正确的舆论引导人，以高尚的精神塑造人，以优秀的作品鼓舞人，极大地提高全民族的思想道德素质和科学文化素质。与此同时，他也一再强调在文化建设中要提倡多样性，要坚持"百花齐放、百家争鸣"的方针；要在全社会形成同社会主义市场经济相适应的思想道德体系，形成把国家和人民利益放在首位而又充分尊重公民个人合法利益的社会主义义利观。三是建设性与批判性的关系。江泽民同志在强调要建设先进文化的同时，总是强调："扫除各种丑恶现象，切不可手软，必须长期坚持，抓出成效。"这也就是他在党的十六大报告中指出的，要"大力发展先进文化，支持健康有益文化，努力改造落后文化，坚决抵制腐朽文化"。

我们必须全面而又深刻地领会江泽民同志关于代表中国先进文化的前进方向，努力发展先进文化的思想，认真地而不是敷衍地、务实地而不是空洞地在文化工作中落实"三个代表"重要思想。

（资料来源：人民网，2006年9月26日）

【案例讨论】

如何发展社会主义先进文化？

【案例点评】

在"三个代表"重要思想中，江泽民同志从文化上规定党的性质及其先进性，是对马克思主义党的建设学说的一个重大发展。

【教学建议】

本案例可用于第二节第一目"'三个代表'重要思想的核心观点"中"始终代表中国先进文化的前进方向"内容的教学。有助于学生理解党坚持什么样的文化方向、推动建设什么样的文化的重要性。

案例分析5：始终把人民放在心中最高的位置

【案例呈现】

群众路线本质上体现的是马克思主义关于人民群众是历史的创造者这一基本原理，只有坚持这一基本原理，我们才能把握历史前进的基本规律。唯有弄清"为了谁"，才能找准中国革命、建设、改革事业前进的目标和方向，才能实现中国革命、建设、改革与人民群众需求之间的内在统一。中国共产党自成立之日起，就把人民放在心中最高的位置，坚持从政治的高度深刻认识密切联系群众的重要性，任何时候任何情况下，与人民群众同呼吸共命运的立场不能变，全心全意为人民服务的宗旨不能忘，坚信群众是真正英雄的历史唯物主义观点不能丢。

70年来，中国共产党始终恪守人民的立场，将人民群众的发展需要和对幸福生活的追求,作为贯穿中国革命、建设、改革的一条价值红线,从人民群众关心的事情做起,从让人民群众满意的事情做起,带领人民不断创造美好生活。一切为了人民,生动诠释了中国共产党人的根本立场,生动诠释了全心全意为人民服务的根本宗旨,生动诠释了新时代中国特色社会主义的根本追求。

人民立场是中国共产党的根本政治立场,是马克思主义政党区别于其他政党的显著标志。弄清"依靠谁",则为中国革命、建设、改革找到了不竭的力量与智慧源泉。波澜壮阔的中华民族发展史是中国人民书写的,博大精深的中华文明是中国人民创造的,历久弥新的中华民族精神是中国人民培育的,中华民族迎来从站起来、富起来到强起来的伟大飞跃是中国人民奋斗出来的,人民群众是我们党的力量源泉。我们党发展壮大的一条重要经验,就是始终把群众作为智慧和力量的源泉,始终把政治智慧的增长、执政本领的增强深深扎根于人民的创造性实践中。

70年来,中国共产党始终坚持以人民为中心,依靠人民创造历史伟业。不断深化共产党执政规律、社会主义建设规律、人类社会发展规律的认识,从宏观到微观、从根本利益到具体利益,都强调人民利益至上的根本原则。谋划发展,最了解实际情况的,是人民群众;推动改革,最大的依靠力量,也是人民群众。改革开放在认识和实践上的每一次突破和发展,改革开放中每一个新生事物的产生和发展,改革开放每一个方面经验的创造和积累,无不来自亿万人民的实践和智慧。

只有弄清"我是谁",才能摆正同人民群众的关系,才能更好地认清自己、定位自己。人民是我们党的工作的最高裁决者和最终评判者,我们党来自人民、植根人民、服务人民,除了工人阶级和最广大人民群众的利益,党没有自己特殊的利益,任何时候都把群众利益放在第一位,不允许任何党员脱离群众,凌驾于群众之上。党的执政水平和执政成效都不是由自己说了算,必须而且只能由人民来评判,最终都要看人民是否真正得到了实惠,人民生活是否真正得到了改善,人民权益是否真正得到了保障。

70年来,中国共产党始终站在人民群众的立场,把人民二字深深镌刻在新中国的名字上,不断提高走群众路线的思想自觉。这不仅体现了我们党一以贯之的政治立场和价值追求,更体现了党对于共产党执政规律、社会主义建设规律、人类社会发展规律的深刻认识。坚持由人民群众评判,把人民群众满意作为检验工作的第一标准,使党和人民事业始终体现群众意愿,经得起实践、人民和历史的检验。做到用制度对权力进行约束和监督,在权力与责任面前能够清醒地意识到"我是谁",并自觉地将自己置于群众的监督之下。紧紧抓住人民最关心最直接最现实的利益问题,从人民群众关心的事情做起,从让人民群众满意的事情做起,使人民的获得感、幸福感、安全感更加充实、更有保障、更可持续。

(资料来源:《光明日报》,2019年10月14日)

【案例讨论】

如何理解我们全部工作的出发点和落脚点,就是不断实现好维护好发展好最广大人民的根本利益?

【案例点评】

新中国成立70年来,中国共产党始终坚持以人民为中心的价值追求,始终把人民放在心中最高的位置,明确回答了"为了谁""依靠谁""我是谁"这一发展的根本性问题。全面阐释了为什么要始终坚持人民立场、怎样坚持人民主体地位的内在逻辑。在新时代,我们面临的挑战和问题依然严峻复杂,党面临的"赶考"远未结束。要坚持把人民拥护不拥护、赞成不赞成、高兴不高兴、答应不答应作为衡量一切工作得失的根本标准,努力向历史、向人民交出新的更加优异的答卷。

【教学建议】

本案例可用于第二节第一目"'三个代表'重要思想的核心观点"中"始终代表中国最广大人民的根本利益"内容的教学。引导学生深入理解中国共产党自成立之日起,就把人民放在心中最高的位置,党和国家的一切工作和方针政策,都以是否符合最广大人民群众的利益为最高衡量标准。

案例分析6:江泽民与党的建设新的伟大工程

【案例呈现】

从党的十三届四中全会到党的十六大的十三年(以下简称"十三年")中,江泽民带领全党聚精会神、坚持不懈抓党建,围绕在长期执政、改革开放和社会主义市场经济条件下建设一个什么样的党和怎样建设党这个根本问题,进行深入思考和积极探索,提出一系列新观点、新论断、新思路,采取了一系列新举措,为全面推进党的建设新的伟大工程作出了重大贡献,积累了宝贵经验。

十三年中,以江泽民同志为核心的第三代中央领导集体牢记邓小平"这个党该抓了,不抓不行了"的重托,聚精会神抓党建,在把党的建设新的伟大工程成功推向21世纪的同时,创造了丰富的经验。概括地说,有这样"四个一":

一个原则:党的建设必须按照党的政治路线来进行,围绕党的中心任务来展开,朝着党的建设总目标来加强。这是以江泽民同志为核心的党中央推进党的建设新的伟大工程的指导原则。

一股精神:必须以改革创新的精神加强党的建设。这是以江泽民同志为核心的党中央推进党的建设新的伟大工程的强大动力。

一种方法:党的建设必须作为系统工程全面推进、重点突破。这是以江泽民同志为核心的党中央推进党的建设新的伟大工程的基本方法。

一套机制：必须实行严格的领导责任制，逐级建立运转有效的工作机制，把党要管党、全面从严治党的方针落到实处。这是以江泽民同志为核心的党中央推进党的建设新的伟大工程的组织保障。

事非经过不知难。十三年党的建设的伟大成就来之不易，以江泽民同志为核心的党的第三代中央领导集体在推进党的建设新的伟大工程中作出的贡献值得永远铭记；十三年伟大探索创造的经验弥足珍贵。不断挖掘、总结和创造性地运用这些经验，对于提高党的建设科学化水平具有重要的现实意义。

(资料来源：《党的文献》，2012年第5期)

【案例讨论】

江泽民关于推进党的建设新的伟大工程的思想具有怎样的现实意义？

【案例点评】

江泽民任中共中央总书记的十三年间，国际国内形势发生深刻变化。在这十三年中，以江泽民同志为核心的党中央的伟大探索历程和形成的理论、积累的经验，是一笔宝贵财富，在新世纪新阶段仍有重要指导作用和现实意义。

【教学建议】

本案例可用于第二节第二目"'三个代表'重要思想的主要内容"中"推进党的建设新的伟大工程"内容的教学。学生可加深理解"三个代表"重要思想回答了建设什么样的党、怎样建设党的问题，深化了对中国特色社会主义的认识。

案例分析7：西部大开发战略

【案例呈现】

我国幅员辽阔，不同地区自然环境和发展条件差异较大，长期以来发展不平衡、不协调。经过新中国成立以来特别是改革开放以来的建设，西部地区积累了相当的物质技术基础，但同东部地区相比，交通、通信等基础设施薄弱，经济水平长期处于落后状态，文化、教育、卫生等事业发展明显滞后。逐步缩小地区之间的发展差距，实现全国经济社会协调发展，最终达到全体人民共同富裕，是社会主义的本质要求，也是关系我国跨世纪发展全局的一个重大问题。

早在1988年9月，邓小平就提出了"两个大局"的战略构想。他指出："沿海地区要加快对外开放，使这个拥有两亿人口的广大地带较快地先发展起来，从而带动内地更好地发展，这是一个事关大局的问题。内地要顾全这个大局。反过来，发展到一定程度的时候，又要求沿海拿出更多力量来帮助内地发展，这也是个大局。那时沿海也要服从这个大局。"他在1992年南方谈话中又强调,在20世纪末达到小康水平的时候,就要突出地提出和解决这个问题。

　　1995年12月中下旬,江泽民在陕西、甘肃考察期间,开始思考和酝酿加快西部地区的开发和发展问题。他提出,要通过国家的大力扶助,通过其他地区特别是比较发达地区的多方支援,努力加快西部地区的发展步伐。当时,西部地区面临的最突出最紧迫问题就是生态环境的保护和治理。1997年8月,江泽民在《关于陕北地区治理水土流失,建设生态农业的调查报告》上作出批示,提出要齐心协力大抓植树造林,绿化荒漠,建设生态农业,再造一个山川秀美的西北地区。随后,国务院采取了在西部地区实行退耕还林、还草和移民开发等一系列措施。广大西部地区的人民在全国各地的支援下,积极调整农业生产结构,大规模植树造林,向荒漠化开战。

　　世纪之交,我国综合国力显著增强,经济结构调整加速推进,东部地区经济社会发展积累了一定的实力,国家支持西部地区加快发展的条件基本具备,时机已经成熟。1999年9月,党的十五届四中全会作出实施西部大开发战略的决定,要求通过优先安排基础设施建设、增加财政转移支付等措施,支持中西部地区和少数民族地区加快发展。2000年10月,党的十五届五中全会对此作了进一步部署,西部大开发战略的实施全面启动。随后,国务院发出关于实施西部大开发若干政策措施的通知,明确西部开发的政策适用范围包括四川、云南、贵州、西藏、重庆、陕西、甘肃、青海、新疆、宁夏、内蒙古、广西等12个省、自治区、直辖市。经国务院批准,湖南省湘西土家族苗族自治州、湖北省恩施土家族苗族自治州和吉林省延边朝鲜族自治州,在实际工作中比照西部开发的有关政策措施予以照顾。为支持西部大开发,国务院制定出台有关财税、金融、外资外贸、吸引人才和科技教育等方面的具体政策,加大对西部地区财政转移支付的力度,扩大西部地区公共投资规模;青藏铁路、西气东输、西电东送等一大批重点工程相继开工,基础设施建设步伐明显加快,有力推动了西部地区经济社会发展。

　　实施西部大开发战略,是党中央总揽全局作出的一项重大战略决策,对于推动东西部地区协调发展和最终实现共同富裕,维护民族团结、社会稳定和国家安全,扩展国家发展的战略回旋空间,具有重大而深远的意义。

(资料来源:《中国共产党简史》,人民出版社、中共党史出版社2021年版)

【案例讨论】

为什么要实施西部大开发战略?

【案例点评】

　　从古至今,西部地区对中华民族的生存与发展发挥着巨大作用:这里是中华文化的重要发祥地;能源、资源最为富集;生态屏障护佑华夏;聚居着中国80%的少数民族群众;拥有中国80%以上的陆地边界,处于国界安全与国际交往的战略前沿。

2000年,"西部大开发"仿若一声春雷唤醒了广袤的土地,这是缩小东西部发展差距、统筹两个大局的一项重大决策。如今西部发展的可喜成绩也说明,西部大开发是党坚持发展的正确战略部署。

【教学建议】

本案例适宜第二节第二目"'三个代表'重要思想的主要内容"中"发展是党执政兴国的第一要务"内容的教学。通过案例讲授,学生能够了解西部大开发战略的制定过程,了解自实施西部大开发以来,西部地区取得了历史性成就。进而认识到中国解决所有问题的关键在于依靠发展。

案例分析8:理论体系视角下"三个代表"重要思想的历史性贡献

【案例呈现】

"三个代表"重要思想,解决的是建设一个什么样的党,怎样建设党的问题。"三个代表"重要思想,在整个中国特色社会主义理论体系中,有着特别重要的地位和极其重大的历史性贡献。

解决执政主体的合法性问题。中国共产党不是原生态的政党。中国共产党最初并不是作为民众与公共权力的桥梁而出现的,而是要与民众站在一起夺取国家政权。等到民众取得国家政权后,再来考虑政党作为联结民众与国家的桥梁地位。中华人民共和国是在以毛泽东为核心的中国共产党人带领亿万劳苦大众经过28年的艰难困苦的浴血奋战缔造的。中国共产党成为执政党,这既是历史的选择,也是人民的选择。"三个代表"重要思想的提出且作为全党的指导思想并先后写入党章和宪法,使得中国共产党的执政拥有了政治学意义和宪法学意义上的双重合法地位,中国共产党之所以能够成为执政党,是因为中国共产党是立党为公、执政为民的政党,是因为中国共产党代表了中国最广大人民的根本利益。

解决执政能力的卓越性问题。炮火声中的洗礼,抛头颅、洒热血的代价,铸就了中国共产党由小变大,由弱变强,终成气候,实现了从革命党到执政党的跨越。新中国成立后历经艰辛探索、坎坷曲折及至十年"文化大革命"的政治动乱,党的十一届三中全会开启了改革开放的序幕。改革开放三十年,铸就了党的亮丽风采、共和国的璀璨辉煌!中国共产党以全新的姿态站在一个全新的历史起点上。回首过去,党走过了一段极不寻常的历程。审视眼下,党正处在极为重要的关键时期。政治稳定的背后,危机始终存在。经济增长与利益分配冲突的矛盾、社会法治水平提升与政府控制能力冲突的矛盾,都十分尖锐。中国共产党必须拥有超常的执政能力才能妥善应对、有效解决。"三个代表"重要思想的提出,解决的又一个问题是党的执政能力的卓越性问题。这种执政能力使得中国共产党能够代表中国先进生产力的发展要求,能够代表中国先进文化的前进方向。这种执政能力,就其所处的空间而言,是宏观意义上的能力,是高品位、高水准、高层次的能力。这种执政能力,就其功能作用而言,是能够代表最广大人民根本利益的超凡卓越的能力。中国共产党的执政能力是综合的、集大成的、与时俱进的,是顺民心、合民意、能够引领时代发展潮流的。

解决执政方式的科学性问题。以"三个代表"重要思想为指针,党的执政必须是依法的执政、民主的执政和科学的执政。党的领导主要是政治、思想和组织领导,通过制定大政方针,提出立法建议,推荐重要干部,进行思想宣传,发挥党组织和党员的作用,坚持依法执政,实施党对国家和社会的领导。发展社会主义民主政治,最根本的是要把坚持党的领导、人民当家作主和依法治国有机统一起来。党的领导是人民当家作主和依法治国的根本保证,人民当家作主是社会主义民主政治的本质要求,依法治国是党领导人民治理国家的基本方略。中国共产党是中国特色社会主义事业的领导核心。共产党执政就是领导和支持人民当家作主,最广泛地动员和组织人民群众依法管理国家和社会事务,管理经济和文化事业,维护和实现人民群众的根本利益。宪法和法律是党的主张和人民意志相统一的体现。必须严格依法办事,任何组织和个人都不允许有超越宪法和法律的特权。唯其如此,党的执政方式才是合法的、合理的,才是切实可行的,才是能够解决问题、取得实效的。

解决执政结果的有效性问题。中国共产党既然代表中国最广大人民的根本利益,就必须时时强化宗旨意识、服务意识,就必须想人民之所想、急人民之所急、解人民之所忧,就必须始终坚持发展为了人民,发展依靠人民,发展成果由全体人民共享的执政理念。所有的党员干部必须清醒地认识到,人民的利益始终高于一切,党员干部没有任何特殊的个人利益。党的一切工作的出发点和落脚点,都必须是为了最广大人民的根本利益。衡量所有工作好坏的尺度标准只有一个,那就是人民高兴不高兴、人民支持不支持、人民满意不满意。只有最终的执政结果是有效的、高效的,是足以让人民认可、信服和称道的,中国共产党才有可能长久地掌权执政,才能够履行好执政职责、完成好执政使命。

(资料来源:人民网,2011年7月25日)

【案例讨论】

如何理解"三个代表"重要思想的历史地位?

【案例点评】

"三个代表"重要思想从根本上回答了在充满希望与挑战的新世纪,要把我们党建设成为一个什么样的党和怎样建设党这样一个重大历史性问题。

【教学建议】

本案例可用于第三节"'三个代表'重要思想的历史地位"内容的教学。通过分析理论体系视角下"三个代表"重要思想的历史性贡献,学生可加深对"三个代表"重要思想历史地位的理解。

(二)经典文献阅读

【实践类型】

课外实践。

【实践目标】

通过研读经典文献,学生能够加深对中国化马克思主义理论体系的理解,认识到理论是对实践的科学总结,而这些理论是随着社会实践的发展而发展的;能够更深入地体会马克思主义中国化时代化理论产生的社会背景、理论基础和发展历程,以及理论对社会实践的巨大指导和推动作用,促进自身对理论的理解和信服,从而内化为理想信念,外化为实际行动。

【实践方案】

1. 实践时间:课后实践。

2. 实践地点:学生自定。

3. 实践环节:

(1)根据教学内容,结合不同专业学生的实际情况,列出阅读书目供学生自主选择,并提出完成阅读的时间要求。

①江泽民:《高举邓小平理论伟大旗帜,把建设有中国特色社会主义事业全面推向二十一世纪》,《江泽民文选》第二卷,人民出版社2006年版。

②胡锦涛:《在学习〈江泽民文选〉报告会上的讲话》,人民出版社2016年版。

③中共中央宣传部:《"三个代表"重要思想学习纲要》,学习出版社2003年版。

(2)介绍文献的背景知识,为学生理解其思想内容提供指引。

(3)学生阅读。

(4)每名学生写一篇读后感,字数在1000字左右。

(三)考察基层群众自治组织

【实践类型】

社会实践。

【实践目标】

通过实践活动,学生能够深入理解发展社会主义民主政治,就是要健全民主制度,丰富民主形式,扩大公民有序的政治参与,保证人民依法实行民主选举、民主决策、民主管理和民主监督,享有广泛的权利和自由。

【实践方案】

1.实践时间:寒暑假。

2.实践地点:基层群众自治组织。

3.实践环节:

(1)指导学生利用课余时间,对自己熟悉的基层群众自治组织进行考察和调研。

(2)总结材料,撰写调研报告,认清现状,分析得失,提出对发展社会主义民主政治,建设社会主义政治文明的认识。

(3)拍摄照片、视频等佐证材料。

(四)网络拓展

人物:江泽民

红色歌曲:《年轻的朋友来相会》

二、课后习题

(一)单项选择题

1.党的(　　)提出了大力加强党的建设,坚决惩治腐败的要求。

A.十三届三中全会　　　　B.十四大

C.十三届四中全会　　　　D.十四届三中全会

2.江泽民在建党(　　)纪念大会上对"进一步加强中国共产党的建设"作了深刻论述。

A.65周年　　　B.70周年　　　C.75周年　　　D.80周年

3.2000年6月9日,江泽民在全国党校工作会议上第一次指出"三个代表"重要思想所要回答和解决的正是(　　)的重大问题。

A."什么是社会主义、怎样建设社会主义"

B."实现什么样的发展、怎样发展"

C."建设什么样的党、怎样建设党"

D."新时代坚持和发展什么样的中国特色社会主义、怎样坚持和发展中国特色社会主义"

4.(　　)是第一生产力,是先进生产力的集中体现和主要标志。

A.科学技术　　　B.人才　　　C.创新　　　D.知识

5.( )是党执政兴国的第一要务。
　　A.改革　　　　　B.稳定　　　　　C.和谐　　　　　D.发展
6.( )是社会主义民主政治的本质要求。
　　A.党的领导　　　B.人民当家作主　C.依法治国　　　D.建设政治文明
7.( )是人民当家作主和依法治国的根本保证。
　　A.建设政治文明　B.政治参与　　　C.党的领导　　　D.健全法制
8.坚持党的领导,核心是坚持党的( )。
　　A.先进性　　　　B.阶级性　　　　C.纯洁性　　　　D.时代性
9.我们党的最大政治优势是( )。
　　A.党的建设　　　B.密切联系群众　C.从严治党　　　D.执政能力
10."三个代表"重要思想提出( )的利益是最紧要和最具有决定性的因素。
　　A.群众　　　　　B.人民　　　　　C.多数人　　　　D.最大多数人
11.党的( )正式把建立社会主义市场经济体制确立为我国经济体制改革的目标。
　　A.十五大　　　　　　　　　　　　B.十四届三中全会
　　C.十四大　　　　　　　　　　　　D.十四届二中全会
12."三个代表"重要思想提出必须使全党始终保持( )的精神状态。
　　A.谦虚谨慎　　　B.与时俱进　　　C.不骄不躁　　　D.百折不挠
13."三个代表"重要思想提出要保证( )的领导核心作用。
　　A.人大　　　　　B.政府　　　　　C.党委　　　　　D.政协
14."三个代表"重要思想科学揭示了执政党的建设规律,形成了崭新的( )学说。
　　A.马克思主义国家　　　　　　　　B.马克思主义历史
　　C.马克思主义社会　　　　　　　　D.马克思主义建党
15."三个代表"重要思想强调推进( ),同推进经济、文化发展和改善人民物质文化生活,是互为前提和基础的。
　　A.党的建设　　　　　　　　　　　B.人的全面发展
　　C.社会主义道路　　　　　　　　　D.人民民主专政
16."三个代表"重要思想加深了我们对建设社会主义经济、政治、( )规律的认识。
　　A.社会　　　　　B.生态　　　　　C.文明　　　　　D.文化
17."三个代表"重要思想充分体现了共产党人的( )和时代精神,为加强党的建设指明了方向。
　　A.革命性　　　　B.先进性　　　　C.纪律性　　　　D.组织性

18."三个代表"重要思想强调以人民群众的利益、要求和实践为最高价值标准和评价标准,体现了我们党的( )和我们国家的性质。
　　A.性质　　　　B.价值　　　　C.宗旨　　　　D.特征
19."三个代表"重要思想是在科学判断党的( )基础上提出来的。
　　A.指导思想　　B.历史方位　　C.历史经验　　D.执政地位
20."三个代表"重要思想从深层次揭示了( )不断完善和发展的途径。
　　A.社会主义制度　　　　　　B.人民民主专政
　　C.中国共产党的领导　　　　D.马克思主义中国化时代化

(二)多项选择题

1.中国共产党必须( ),这是"三个代表"重要思想的集中概括。
　　A.代表中国先进生产力的发展要求
　　B.代表中国先进生产关系的发展方向
　　C.代表中国先进文化的前进方向
　　D.代表中国最广大人民的根本利益
　　E.代表各个阶层的利益

2.广大( )始终是推动我国先进生产力发展和社会全面进步的根本力量。
　　A.工人　　　B.农民　　　C.新的社会阶层　　D.中国共产党党员
　　E.知识分子

3.江泽民指出,加强文化建设,必须( )。
　　A.以科学的理论武装人　　　B.以先进的文化感染人
　　C.以正确的舆论引导人　　　D.以高尚的精神塑造人
　　E.以优秀的作品鼓舞人

4.改革越深入,越要正确认识和处理各种利益关系,把( )正确统一结合起来。
　　A.个人利益和集体利益　　　B.局部利益和整体利益
　　C.中央利益和地方利益　　　D.当前利益和长远利益
　　E.东部利益和西部利益

5.在社会主义条件下发展市场经济,( )。
　　A.实现了改革开放新的历史性突破
　　B.打开了我国政治、经济和文化发展的崭新局面
　　C.是前无古人的伟大创举
　　D.是中国共产党人对马克思主义发展作出的历史性贡献
　　E.具有特殊重要的意义

6.建立社会主义市场经济体制,必须( )。
　　A.毫不动摇地壮大国有经济

B.毫不动摇地巩固和发展公有制经济

C.毫不动摇地限制非公有制经济

D.毫不动摇地壮大集体经济

E.毫不动摇地鼓励、支持和引导非公有制经济发展

7.探索公有制的多种有效实现形式,大力推进企业的体制、技术和管理创新,按照(　　)的要求,实行规范的公司制改革。

A.产权清晰　　　B.权责分明　　　C.规范有序　　　D.政企分开

E.管理科学

8.在党的十六大报告中,江泽民把社会主义(　　)一起确立为社会主义现代化全面发展的三大基本目标。

A.物质文明　　　B.精神文明　　　C.社会文明　　　D.政治文明

E.生态文明

9.江泽民强调推进党的建设新的伟大工程,重点是加强党的执政能力建设,不断提高(　　)。

A.科学判断形势的能力　　　　　　B.驾驭市场经济的能力

C.应对复杂局面的能力　　　　　　D.依法执政的能力

E.总揽全局的能力

10.领导干部一定要(　　)。

A.讲作风　　　B.讲精神　　　C.讲学习　　　D.讲政治

E.讲正气

11.党的作风,关系(　　),关系(　　),关系(　　)。

A.党的形象　　　B.党的未来　　　C.人心向背　　　D.党的生命

E.党的命运

12."三个代表"重要思想是中国特色社会主义理论体系的重要组成部分,是我们党的(　　)。

A.立党之本　　　B.执政之基　　　C.强党之本　　　D.力量之源

E.建党之本

13."三个代表"重要思想是对(　　)的继承和发展。

A.马克思列宁主义　　　　　　　　B.毛泽东思想

C.邓小平理论　　　　　　　　　　D.科学发展观

E.中国特色社会主义理论

14."三个代表"重要思想揭示了中国特色社会主义是社会主义(　　)的有机统一。

A.物质文明　　　B.社会文明　　　C.政治文明　　　D.精神文明

E.生态文明

15."三个代表"重要思想赋予了(　　)以鲜明的时代内容和时代特征。
　　A.党的指导思想　　B.党的纲领　　C.党的宗旨　　D.党的建设
　　E.党的任务

16."三个代表"重要思想从(　　)方面揭示了社会主义制度自我完善和发展的途径。
　　A.物质基础　　B.政治基础　　C.文化支撑　　D.社会基础
　　E.时代特征

17.在"三个代表"重要思想的指导下,加强社会主义精神文明建设,为经济发展和社会进步提供(　　)。
　　A.制度保障　　B.精神动力　　C.经济基础　　D.智力支持
　　E.文化支撑

18."三个代表"重要思想提出我们党要按照(　　)的原则,进一步加强和完善党的领导体制。
　　A.实事求是　　B.总揽全局　　C.与时俱进　　D.解放思想
　　E.协调各方

19."三个代表"重要思想说明了只有具备(　　),社会主义制度的自我完善和发展才能够实现。
　　A.雄厚的物质基础　　　　　　B.强大的政治保障
　　C.一定的经济实力　　　　　　D.强大的文化支撑
　　E.广泛的群众基础

20."三个代表"重要思想从新的高度提出必须不断改进党的(　　)。
　　A.组织形式　　B.核心能力　　C.指导思想　　D.领导方式
　　E.执政方式

(三)判断题

1.进一步提高党的领导水平和执政水平、提高拒腐防变和抵御风险的能力,是我们党必须解决好的两大历史性课题。(　　)

2.党的十四大提出了大力加强党的建设,坚决惩治腐败的要求。(　　)

3.2001年7月1日,江泽民在庆祝中国共产党成立80周年大会上的讲话中全面阐述了"三个代表"要求的科学内涵和基本内容。(　　)

4.党的十六大将"三个代表"重要思想与马克思列宁主义、毛泽东思想和邓小平理论一道确立为党必须长期坚持的指导思想,并写入党章。(　　)

5.中国共产党始终是推动我国先进生产力发展和社会全面进步的根本力量。(　　)

6.新的社会阶层是先进生产力的开拓者,在改革开放和现代化建设中有着特殊重

要的作用。( )

7.科学技术是第一生产力,是先进生产力的集中体现和主要标志。( )

8.发展社会主义先进文化,必须加强社会主义科学文化建设,这是发展先进文化的重要内容和中心环节。( )

9.党要承担起推动中国社会进步的历史责任,必须始终紧紧抓住反腐这个执政兴国的第一要务。( )

10.在党的十六大报告中,江泽民把社会主义物质文明、政治文明、精神文明一起确立为社会主义现代化全面发展的三大基本目标。( )

11.坚持党的领导,核心是坚持党的纯洁性。( )

12."三个代表"重要思想创造性地运用了马克思列宁主义、毛泽东思想特别是邓小平理论,形成了富有独创性的新的理论成果。( )

13."三个代表"重要思想坚持把国家的根本利益作为出发点和归宿。( )

14."三个代表"重要思想揭示了中国特色社会主义是社会主义物质文明、政治文明和精神文明的有机统一。( )

15."三个代表"重要思想强调要努力促进人的自由发展。( )

16."三个代表"重要思想的提出,形成了崭新的马克思主义国家学说。( )

17.在"三个代表"重要思想的指导下,以胡锦涛为主要代表的中国共产党人推进了中国特色社会主义事业。( )

18."三个代表"重要思想把发展先进生产力、发展先进文化和实现最广大人民的根本利益统一起来。( )

19."三个代表"重要思想在科学发展观的基础上,进一步回答了什么是社会主义、怎样建设社会主义的问题。( )

20."三个代表"重要思想深化了对中国特色社会主义的认识。( )

参考答案

(一)单项选择题

1.C 2.B 3.C 4.A 5.D 6.B 7.C 8.A 9.B 10.D 11.C 12.B 13.C 14.D 15.B 16.D 17.B 18.C 19.B 20.A

(二)多项选择题

1.ACD 2.ABE 3.ACDE 4.ABD 5.ABCDE 6.BE 7.ABDE 8.ABD 9.ABCDE 10.CDE 11.ACD 12.ABD 13.ABC 14.ACD 15.ACE 16.ACD 17.BD 18.BE 19.ADE 20.DE

(三)判断题

1.对 2.错 3.对 4.对 5.错 6.错 7.对 8.错 9.对 10.错 11.错 12.对 13.错 14.对 15.错 16.错 17.错 18.对 19.错 20.对

第七章

科学发展观

接力奋进续伟业,继往开来谋新篇。进入新世纪,以胡锦涛为主要代表的中国共产党人,紧紧抓住我国发展的重要战略机遇期,形成了科学发展观,带领中国人民战胜一系列重大挑战,奋力把中国特色社会主义推进到一个新的发展阶段。科学发展观的主要内容有哪些?有什么样的历史地位和现实意义?这一章让我们走进它。

一、实践课堂

(一)案例分析

【实践类型】

课内实践。

【实践目标】

通过案例分析,加深学生对理论知识的掌握。

【实践方案】

1.实践时间:课内时间。

2.实践地点:多媒体教室。

3.实践环节:

(1)采取小组合作方式,提高学生学习、思考的积极性和参与度。

(2)小组成员需要提出自己的观点,并结合理论知识阐述理由。通过集体讨论,学生能够更全面地思考问题。

(3)案例分析为开放性结论,只要原理运用合理,思路阐述清晰,允许学生保留观点。

案例分析1:人类发展观的演进

【案例呈现】

自从18世纪工业革命在西方发轫以来,人类便以为自己寻到了自我发展的终极密码,随着滚滚的车轮与隆隆的机器轰鸣,一番无边无际、无限无量的乐观发展前景被反复展示。但这种乐观最终被环境问题击碎,"技术万能论"与"无限发展观"一步步沦陷。

作为一个富于潜力的专有名词,"可持续"最早出现在19世纪关于林木的"可持续产量"的研究之中,此后关于渔业的"可持续产量"问题再次被提及。

然而最终促发人类大反思的机会,却是一系列充满死亡气息的公害事件:1930年比利时马斯河谷烟雾事件、1948年美国宾州多诺拉烟雾事件、1961年日本四日市哮喘病事件、1955年开始的日本富士山县骨痛病事件……这些动辄令人大面积患病甚至死亡的环境事件,成为"自然界的报复",冲击着一味掠夺自然进而破坏环境的片面发展模式。

1962年,一本令人读后毛骨悚然的作品登上美国畅销书的排行榜——这本名为《寂静的春天》的作品,并非什么惊悚小说,而是美国生物学家卡森论述杀虫剂、特别是DDT对鸟类和生态环境造成毁灭性危害的著述。此书的问世,给作者带来了一些麻烦,但发展必须顾及环境问题的思维,却从此根深蒂固地走进了全球政治、经济议程的中心;书中提到的"可持续性"一词,逐渐成为流行概念。

一个真理,往往需要被不断地论说,才可能在人类"致命的自负"里挤出引起注意的空间来。而这样的一种注意,自然还与整个20世纪六七十年代西方要求的"以理性质疑理性"的社会热潮紧密相关:嬉皮士、摇滚乐、同居潮……一系列要求在工业文明基础上再"启蒙"的热浪"颠覆了世界"。

而在更为根本的"认识世界"层面上,也开始有了以哈耶克为代表的进化论理性主义者的反诘——人类的理性虽然是独一无二的禀赋,但它并不足以安排整个人类社会的进程——事实上,连经济运作的进程也左右不了。

在这样的思潮下,人类可以一力主导经济前行与社会进程的认识论基础也发生了动摇。1968年,来自全球(主要是欧洲)的100多位学者、名流会聚罗马,讨论当时人类的困境与出路。聚会中,基于共同的担忧,与会者以人口增长、工业发展、粮食生产、资源耗费和环境污染等人类面临的五大严重问题为研究对象,成立了一个名为"罗马俱乐部"的组织。4年后,这个组织发表了震动世界的研究报告《增长的极限》。报告根据数学模型预言:在未来一个世纪中,人口和经济需求的增长,将导致地球资源耗竭、生态破坏和环境污染;除非人类自觉限制人口增长和工业发展,否则这一悲剧将无法避免。

报告也给出了一个激烈的解决方案:零增长。这显然有失偏激而遭诟病,以至反对者以同样的关键词撰书《没有极限的增长》进行反驳。

但这样的瑕疵不能淹没《增长的极限》的后劲,在"可持续发展"被广泛认同之后,这个闪耀着人类自我反省光辉的报告,被奉为"绿色行动"的"圣经"。

1972年实在是新发展观的一个好年头,除了罗马俱乐部的重要奉献之外,联合国人类环境会议在斯德哥尔摩举行,同年联合国环境规划署(UNEP)成立。在经过了"有机增长""全面发展""同步发展""协调发展"等一系列概念观念的嬗变之后,联合国选择从民间机构手中接过"可持续发展"的大旗。

20世纪80年代初,在美国连续出版《公元2000年的地球》与《建设一个可持续发展的社会》两本报告之后,在全世界范围内形成共识的时机已经日益成熟。1983年11

月,联合国成立世界环境与发展委员会(WECD)。

经过4年的研究与论证,WECD于1987年提交了成果——《我们共同的未来》报告,正是在这份报告中,"可持续发展"的模式被正式提出。这一全新的发展模式深刻地检讨了"唯经济发展"理念的弊端,强调需要从当代和后代两个维度谋划发展,并注意生态环境的保护与改善,明确提出要变革人类沿袭已久的生产方式和生活方式,并调整现行的国际经济关系。1992年,联合国环境与发展大会(UNCED)通过《21世纪议程》,更进一步确认和明晰了"可持续发展观"的理念与内涵。

几十载的理论突破,终于在20世纪的最后十年开始有了实践的收获。美、德、英等发达国家与中国、巴西等发展中国家,都先后提出了自己的21世纪议程或行动纲领,不约而同地强调要在经济、社会与环境等方面协调共进。

针对传统发展模式的质疑与突破,无疑是首先在西方国家发轫并逐渐成熟的,这与西方发达国家首先完成了经济繁荣并遭遇相应问题有关。事实上,传统模式聚焦于经济的片面发展,一方面是人类的理性认知存在时代局限,同时更与发展的程度有关——发展的自由要优先于发展的正义。如今,发达国家的经验已经呈现出相对完整的路线,后发国家理当可以避免踏入同样的误区——不少后发国家在自己的经济赶超阶段都声明,自己不会重复"先发展,后治理"的老路——然而结果还是往往存在一个相对集中的发展自由优先于发展正义的阶段,但前车之鉴在眼前,国际潮流所示,这样的阶段可以得到尽量的缩短,而跟随人类文明的进步,越来越多不限于人口问题与环境问题的人本关怀,被纳入协调、持续的科学发展理念中。在这个意义上,可以最丰富地吸纳新发展观的内涵,而尽量缩短迈向新发展时代的必要过程,是后发国家的一个重要后发优势。

在跨入21世纪之际,中国面对国际、国内经济、社会发展的实际和前景,在深刻总结国内外发展问题上的经验教训的基础上,全面吸收和综合了人类社会发展研究的成果,提出了以人为本、全面、协调和可持续的科学发展观。科学发展观既纠正了GDP发展观的错误,又克服了各种新发展观的不足,无疑是迄今为止最科学最正确的发展观。

(资料来源:《南方周末》,2004年3月12日,有改动)

【案例讨论】

1.人类在享受发展的成就之时,也遭受了发展的危机。人类发展的实质是什么?什么才是真正的发展?

2.经过半个世纪的自我反省,人类终于踏上了可持续发展的道路。怎样看待发展观的转变过程?

3.中国共产党人站在时代前列,提出了科学发展观。如何理解科学发展观的丰富内涵和创新特点?

【案例点评】

发展是个古老而常新的概念,发展观是人类对发展认识的概括,人类对发展的认识从未间断。

如果没有自然界对人类的一连串报复,如果没有《寂静的春天》旷野中的警示呐喊,如果没有《增长的极限》震动世界的危言,人类还将继续重复粗放经营的、环境污染的、人口剧增的、资源浪费的生产模式。可见,人类只有不断地反省自己,才能在以理性质疑理性的过程中得出正确的判断。"先发展,后治理"的自由发展要尽量避免,这样才能进入一个可持续的正义发展阶段。

科学发展观强调发展必须是全面的,要实现经济发展和社会全面进步;强调发展必须是协调的,要实现经济发展与人口、资源、环境相协调;强调发展必须是可持续的,要实现人与自然的和谐相处,并给后代留下发展空间;强调发展必须是以人为本的,要将实现好、维护好、发展好最广大人民的根本利益作为各项工作的出发点和落脚点。可见,科学发展观是马克思主义发展观的一个新阶段,也是对人类发展观的新贡献。

【教学建议】

本案例可用于第一节"科学发展观的形成"的教学。引导学生深刻理解科学发展观进一步丰富和深化了马克思主义对发展问题的认识。

案例分析2:非典疫情的发生与启示

【案例呈现】

2003年4月,突如其来的非典疫情暴发。世界卫生组织(WHO)根据病症的特点而定名为"严重急性呼吸道综合征"。一般说来,非典型性肺炎是指由支原体、衣原体腺病毒以及其他一些不明微生物引起的肺炎。而典型肺炎是指由肺炎链球菌等常见细菌引起的大叶性肺炎或支气管肺炎。但发生在2003年的以严重呼吸道症候群为表现的致命性传染性疾病,其实并不是医学上通常所说的"非典型肺炎",而是"传染性冠状病毒肺炎"。对于这种传染病,人们的认识有一个逐步深入的过程,概念也渐趋正确。起初,人们认为致病原因是衣原体病毒,直到2003年3月份才弄清其病原体是"冠状病毒",当时,人们害怕染上非典型肺炎,不敢去餐饮店用餐、乘公共交通工具上班和旅游,所以,非典疫情对经济的负面影响是不言而喻的。疫情的发生和抗击疫情的艰苦努力为人们提出了一个深刻的问题,这就是:我们在推动经济增长和人民生活水平提高的同时,还要做好公共卫生、教育等各方面工作,要把对人的关爱放在我们工作的重要位置上。这说明,进入新世纪新阶段,中国特色社会主义事业发展中长期积累的一些矛盾和问题逐渐显露出来,主要表现为发展的不平衡问题突出,即

"五个统筹"所涉及的各个方面。我们早在20世纪90年代已经开始认识到上述问题。2003年年初非典疫情事件的发生更加突出地暴露了两个方面的问题：一方面是社会事业发展落后，即经济发展和社会公共事业发展之间的不平衡，这在卫生事业落后这个最薄弱环节上突出表现出来。另一方面是城乡发展不平衡。因为卫生事业落后突出反映在农村，非典疫情控制的难度也主要在农村。对这两方面的问题，胡锦涛在总结抗击非典工作的讲话中说得很清楚，他提出要进一步研究并切实抓好的工作中，第一个就是"要进一步加强经济社会协调发展的工作"；第二个就是"要进一步加强统筹城乡经济社会发展的工作"。

(资料来源：人民网，2008年8月1日，有删改)

案例分析3：防治非典——把人民生命安全和身体健康放在第一位

【案例呈现】

4月的北京，春暖花开。位于北京市昌平区的小汤山医院静静矗立。18年前的这个时候，这里还是一片麦田。

2003年4月23日，北京最大的非典定点医院——小汤山医院开工建设，7天之后拔地而起。

2020年，经过改造扩建的小汤山医院成为救治新冠肺炎患者的战场，运行44天。4月28日，小汤山医院最后两名新冠肺炎治愈患者出院。

党中央果断决策

2003年2月中下旬，非典疫情在广东局部地区流行，3月上旬在华北地区传播和蔓延，4月中下旬波及26个省、自治区、直辖市。

非典疫情对人民群众健康构成严重威胁，给经济社会发展带来严重冲击。党中央坚持把人民群众生命安全和身体健康放在第一位，及时作出坚持一手抓防治非典工作这件大事不放松，一手抓经济建设这个中心不动摇，齐心协力夺取抗击非典和促进发展双胜利的重大决策。2003年4月17日，中共中央政治局常务委员会召开会议，专门听取有关部门关于非典型肺炎防治工作的汇报，并对进一步做好这项工作进行了研究和部署。会议指出，要本着沉着应对、措施果断、依靠科学、有效防治、加强合作、完善机制的总体发展要求，切实做好非典型肺炎防治工作。会议要求，各级党委和政府及社会各个方面要行动起来，团结一致，坚定信心，扎实工作，夺取非典型肺炎防治工作的胜利。

2003年4月20日，国务院新闻办举行关于非典疫情的新闻发布会。刚刚被任命为卫生部党组书记、常务副部长的高强出现在中外记者面前，坦诚地回答了公众关心的问题。

从第二天起，原来5天公布一次疫情的惯例，改为每天公布一次。高强感慨地说：

"当重大突发公共事件发生时,人民群众希望及时了解真实情况。我们坚持公开透明,把真实的情况告诉大家。"

在这场没有硝烟的战斗中,有一位科学家冲在防治一线。他就是中国工程院院士钟南山。钟南山临危受命,担任广东省非典型肺炎医疗救护专家指导小组组长。他不顾生命危险,精心制订治疗方案,夜以继日地工作。他说:"病人的生命重于一切。医院是战场,作为战士,我们不冲上去谁上去?"他曾一连38个小时没合眼,由于过度疲劳,累倒在工作岗位上。他主持制定了非典诊治指南,大大提高了危重病人的抢救成功率,降低了死亡率。

钟南山坚持以事实为依据,力排众议,否定了"衣原体是病因"的观点,最终证实非典是由一种新型冠状病毒引起。这一结果得到世界卫生组织的确认,从而为及时制定救治方案提供了科学依据。

全国人民众志成城

2003年4月24日,全国防治非典型肺炎指挥部成立,这是抗击非典的一个重要转折点。

中央财政拨出巨额专款设立非典防治基金;国家安排巨额资金建设全国疾病预防控制机构;将非典列入法定传染病依法进行管理;公布实施《突发公共卫生事件应急条例》;迅速建立完善公开透明的疫情报告制度和信息发布制度。

在抗击非典的斗争中,广大医护人员、科研人员挺身而出,不辱使命。"这里危险,让我来。"中山大学附属第三医院的优秀共产党员邓练贤以自己宝贵的生命,为广大医护人员树起了旗帜。"选择了从医,就选择了奉献。"北京大学人民医院主任医师丁秀兰以身殉职,用生命实践了自己的誓言。"只要还有一名患者没有脱离危险,我就不能离开前线。"中日友好医院非典医疗组组长林江涛亲自诊治每一个疑似患者。原解放军302医院74岁的老专家姜素椿抢救非典患者被感染,执意要求注入非典患者康复期的血清,"为防治非典闯条路"。在抗击非典第一线英勇牺牲的广东省中医院护士长叶欣,以无私的奉献赢得了国际护理界的殊荣。中国科学院、军事医学科学院的科研人员刻苦攻关,短短数周发现非典病原体,36小时完成新型冠状病毒的基因测序……

没有特效药,没有疫苗,中西医结合成为防治非典的重要经验。当年87岁的邓铁涛力挺中医参与抗疫,广州中医药大学第一附属医院让中医挑大梁,取得"零转院""零死亡""零感染"的成绩。

北京抗击非典斗争进入攻坚阶段,全军1200名医护人员驰援北京;兄弟省区市紧急调配大批防治非典物资,源源不断运往首都;周边地区纷纷打通绿色通道,保障北京物资供应;全国各地迅速调集血浆,保证首都抗击非典斗争的急需。与此同时,党和政府将关注的目光放在广大农村特别是经济困难的人民群众身上,采取各种切实可行的措施,千方百计阻止非典向农村扩散。在党中央坚强领导下,全国各族人民大力弘扬万众一心、众志成城,团结互助、和衷共济,迎难而上、敢于胜利的精神,举国上下紧急动员,坚持群防群控,携手共克时艰,有效控制了非典疫情,保持了经济较快增长。

取得阶段性重大胜利

2003年6月20日,北京小汤山医院东大门挂着醒目的横幅:"走出小汤山,一生都平安"。当天,最后一批18名非典治愈患者出院。

"我们胜利了!"无论是医护人员还是康复的患者,都在不停地高呼着,表达着难以抑制的激动心情。有的患者终于认出了日夜照顾自己的医护人员,争相拉着救命恩人合影留念。

经过不懈努力,我国有效控制住了非典疫情。2003年6月24日,世界卫生组织宣布解除对北京的旅行警告。至此,我国抗击非典取得阶段性重大胜利。

从全国防治非典型肺炎指挥部成立,到世界卫生组织宣布解除对北京的旅行警告,同时将北京从非典疫区名单中排除,我们仅仅用了两个月时间。这一速度,超乎预期。中国攻坚克难的能力,再次让世界惊叹!

抗击非典的胜利,充分显示出我国社会主义制度的巨大优越性。同时,非典的发生和蔓延,也暴露出我国在经历了一个经济高速发展阶段之后,存在发展不够协调、公共卫生事业发展滞后、突发事件应急机制不健全等新矛盾新问题。"实现什么样的发展、怎样发展"这一重大理论和实践问题,历史地摆到了中国共产党人面前。

2003年10月,党的十六届三中全会通过的《中共中央关于完善社会主义市场经济体制若干问题的决定》,第一次在党的正式文件中完整地提出了科学发展观,强调"坚持以人为本,树立全面、协调、可持续的发展观,促进经济社会和人的全面发展"。

(资料来源:《人民日报》,2021年4月8日)

【案例2、3讨论】

抗击非典,积累了哪些经验教训?留下了哪些精神财富?

【案例2、3点评】

2003年发生的非典疫情,再次向我们提出了实现什么样的发展,怎样发展的问题。突如其来的疫情,促使人们更加深刻地认识到,在推动经济增长的同时,必须把促进全面、协调、可持续的发展放在更加重要的位置。2003年7月28日,胡锦涛在全国防治非典工作会议上总结了抗击非典疫情的重要启示,首次提出了科学发展观的概念:"发展绝不只是指经济增长,而是要坚持以经济建设为中心,在经济发展的基础上实现社会全面发展。我们要更好地坚持全面发展、协调发展、可持续发展的发展观,更加自觉地坚持推动社会主义物质文明、政治文明和精神文明协调发展,坚持在经济社会发展的基础上促进人的全面发展,坚持促进人与自然的和谐。"

【教学建议】

案例2、3可用于第一节第二目"科学发展观的形成过程"的教学。通过案例,学生能够更加深刻体会到非典疫情集中暴露出我国经济社会发展中存在的薄弱环节和突出问题。在讲述本案例之后,教师组织学生就"抗击非典,积累了哪些经验教训?留下了哪些精神财富?"这一问题进行分组讨论,并派代表发言,最后由教师总结点评。

案例分析4:以人为本,"流动的中国"未来可期

【案例呈现】

"大城市进不去,小城市不想进",这是此前一项调查所呈现的结果。而针对农业转移人口落户工作具体情况,国家发改委新闻发言人孟玮日前表示,近年来,户籍人口城镇化率年均提高1.2个百分点以上,2017年年底户籍人口城镇化率达到42.35%,预计2018年户籍人口城镇化率继续保持稳步增长态势,农业转移人口市民化进展总体顺利。

农民进城意愿降低,确是不争的事实。根据国家统计局公布的数字,2018年全国城镇人口占总人口比重(城镇化率)为59.58%,比上年末提高1.06个百分点。相比2015年到2017年全国城镇化率提升的速度,城镇化率似乎进入了"慢节奏"。究其原因,林林总总,比如农民想进大城市而不易,再如专家所称,一些农民担心农村户口变成城镇户口会损失宅基地、集体资产分红等收益。

"一个'流动的中国',充满了繁荣发展的活力。""流动的中国"不只体现在每年潮汐般的春运盛况、络绎不绝的农民工务工潮,更体现在方兴未艾的城镇化进程。基于此,中央近年所力推的制度安排备受瞩目,为人称道。从印发《关于进一步推进户籍制度改革的意见》,到施行《居住证暂行条例》;从印发《推动1亿非户籍人口在城市落户方案》,到国家发改委办公厅发布关于督察《推动1亿非户籍人口在城市落户方案》落实情况的通知……数千万人进城落户,直接受益。

我国城镇化起步晚,但进展快。按照规划,"十三五"期间,户籍人口城镇化率年均要提高1个百分点以上,年均转户1300万人以上。到2020年,全国户籍人口城镇化率提高到45%。这是宏大愿景,知易行难,面对城镇化中的1亿人落户目标,国家发改委表示,对存在户改政策不符合国家要求、落户政策执行不到位、落户通道不畅、落户进展迟滞等突出问题的地区和城市开展督导整改。这是对中央政策的落实,也是对民意的呼应。

不难想象,随着制度的有效推进,实现2020年1亿人落户目标并非不切实际。同

时,应该看到,要让城镇化更有含金量,更深孚民意,更能推动社会经济发展,当从三方面着力:其一,坚持自愿、分类、有序原则;其二,加速破除迁移壁垒,健全配套措施;其三,强化保障措施,让农民进得城、留得下,还能生活得好。

中央城镇化工作会议指出,"要以人为本,推进以人为核心的城镇化,提高城镇人口素质和居民生活质量"。城镇化越是发展迅猛,越需关注每个人的权利。当城镇化进程更有质量,当国民权利更加丰沛,流动的中国必定生机勃勃,前途无量。

(资料来源:《光明日报》,2019年1月24日)

【案例讨论】

如何理解"发展为了人民、发展依靠人民、发展成果由人民共享"?

【案例点评】

以人为核心的城镇化具有深刻定义和丰富内涵,真正体现了城镇化的人性落脚点。从放宽户籍限制,允许不同规模的城市实施差别化的落户政策,到城镇基本公共服务覆盖全部城镇常住人口,再到新市民拥有无差异化的市民权利,我国城镇化实至名归,不仅可优化国民的生存状况,更能提升国民的权利获得感。

【教学建议】

本案例可用于第二节第一目"科学发展观的科学内涵"的教学。引导学生深刻理解以人为本是科学发展观的核心立场。坚持以人为本,就要坚持发展为了人民,始终把最广大人民的根本利益放在第一位,在经济社会发展的各个环节、各项工作中都体现和保障人民群众的利益。

案例分析5:新发展理念是对科学发展观的创新发展

【案例呈现】

党的十八届五中全会提出的创新、协调、绿色、开放、共享的新发展理念,丰富和发展了我们党关于发展的思想理论,是党关于发展规律的思想凝练与核心内容,是对以习近平同志为核心的党中央治国理政新理念、新思想、新战略的概括和总结,是"十三五"乃至更长时期我国发展思路的集中体现,与科学发展观一脉相承,又创新发展了科学发展观。

创新发展是引领发展的第一动力,解决的是发展动力问题。新发展理念把创新作为"引领发展的第一动力",是由我国面临的战略机遇期内涵发生变化、经济进入新常态、世界经济复苏低迷这一新形势决定的。在新常态下,我们面临的最大挑战就是跨越中等收入陷阱,要破解这一难题,根本出路在于坚持创新发展,增强发展动力、把握发展主动权,更好地适应和引领经济发展新常态。习近平总书记指出,抓住了创新,就抓住了牵动经济社会发展全局的"牛鼻子"。党的十八届五中全会要求"必须把创新摆在国家发展全局的核心位置",不断推进"理论创新、制度创新、科技创新、文化创新"等各方面创新,让创新贯穿党和国家一切工作,让创新在全社会蔚然成风。

协调发展是可持续健康发展的内在要求,解决的是发展不平衡问题。注重协调发展的整体性,着力形成平衡发展结构,在科学发展观的推动区域协调发展、推动城乡协调发展,以及推动新型工业化、信息化、城镇化和农业现代化同步发展等内容的基础上,新提出了推动物质文明和精神文明协调发展、推动经济建设和国防建设融合发展等内容,不断增强发展的整体性。协调发展不仅与科学发展观中的"全面协调"相对应,而且丰富发展了"全面协调"的内容,使协调的范围更大更广,是全面的协调、整体的协调,进一步促进了经济社会全面协调可持续发展。

绿色发展是可持续发展的必要条件和人民对美好生活追求的重要体现,解决的是人与自然的和谐问题。绿色发展着眼于长期的有利于代际公平的发展,与科学发展观中的"可持续"对应,又丰富和发展了"可持续"的内容。在科学发展观的基础上,提出了促进人与自然和谐共生、推动低碳循环发展、全面节约和高效利用能源、加大环境治理力度、筑牢生态安全屏障等内容,更加注重走生产发展、生活富裕、生态良好的文明发展道路,形成人与自然和谐发展的现代化建设新局面,加快推进美丽中国建设。

开放发展是国家繁荣发展的必由之路,解决的是发展的内外联动问题。科学发展观虽然没有把开放单独作为一个发展理念,但在新形势下,为了顺应我国经济深度融入世界经济的趋势,需要勇于推进新一轮高水平开放,奉行互利共赢的开放战略,坚持统筹国内国际两个大局,形成对外开放新体制,大力推进"一带一路"建设,打造陆海内外联动、东西双向开放的全面开放新格局。开放发展理念是在新的国内国际环境下对开放的新思考,是对科学发展观的创新发展。

共享发展是中国特色社会主义的本质要求,解决的是发展的机会和成果如何实现全民共享的问题。强调共享发展,把人民群众的根本利益作为出发点和落脚点,人民群众的期盼就是我们努力的方向,这体现了人民性和以人为本的要求,即"人人参与、人人尽力、人人享有",也是我们党"为人民服务"根本宗旨在全面建成小康社会决胜阶段的生动体现。应该说,这是我们党再次重申了发展的常识,即增进人民福祉、促进人的全面发展,进一步强调了以人民为中心的社会主义本质,是科学发展观的新发展。

(资料来源:《求是》,2017年3月15日)

【案例讨论】

如何看待新发展理念与科学发展观的一脉相承?

【案例点评】

改革开放以来，中国在经济发展取得举世瞩目的惊人成就的同时，对发展的认识也在不断深化、提高，提出了新的发展理念，形成了科学发展观，对于中国经济的持续快速发展发挥了重要指导作用。当中国的经济发展出现了新现象、新情况、新特点、新问题，党中央领导集体又进一步提出了创新、协调、绿色、开放、共享的新发展理念，再次充实完善了科学发展观，发展了发展经济学。

【教学建议】

本案例可用于第二节第一目"科学发展观的科学内涵"的教学。引导学生深入理解科学发展是时代的主题，也是中国特色社会主义实践的主题。在深刻领会科学发展观的科学内涵、精神实质、根本要求的基础上，需要结合新的形势，破解发展难题，厚植发展优势，不断开创我国发展新境界。

案例分析6：区域协调发展取得积极成效

【案例呈现】

随着"一带一路"建设、京津冀协同发展、长江经济带发展、粤港澳大湾区建设、长三角一体化发展、黄河流域生态保护和高质量发展等诸多重大战略的不断实施推进，一个要素有序自由流动、主体功能约束有效、基本公共服务均等、资源环境可承载的区域协调发展新格局正加快形成。

我国区域经济发展的现状，可谓"东部好、中西快、东北企稳"。2019年以来，中国经济运行稳中有进，高质量发展取得了积极进展，这与区域经济的协调发展密不可分。

2019年前三季度，东部地区产业升级步伐继续加快，新兴产业对经济的拉动作用明显增强，高技术产业占比明显提升；中西部地区经济趋于活跃，成都、武汉等地正成为新的增长极；东北地区经济整体趋稳，结构调整迈出积极步伐。

在规模持续增长的同时，各区域经济发展的相对差距近年来呈逐步缩小的态势。党的十八大以来，按不变价格计算，东部、中部、西部、东北地区人均地区生产总值年均增速分别为7.2%、8.2%、8.5%和6.1%，中西部地区发展速度领先于东部地区，形成了地区经济发展良性互动的局面。

国家发展改革委区域发展战略研究中心副主任夏成表示，当前我国区域经济格局出现了新的积极变化，以京津冀、粤港澳大湾区、长三角三大城市群作为重要动力源的引领作用正不断加以发挥，城市群和中心城市集聚效应更加突出，脱贫攻坚取得实质性进展，国家生态格局基本构建，充分体现出党中央在新时代审时度势、准确把握我国区域发展重大机遇的战略考量。

多层次、全方位、与时俱进的区域协调战略,不断完善的区域政策体系,正深刻重塑着新时代我国区域发展格局,当前我国区域发展正呈现出增长较快、结构优化、协调性增强的良好态势。

(资料来源:《经济日报》,2019年10月31日)

【案例讨论】

如何理解坚持协调发展的重要意义?

【案例点评】

作为一个发展中大国,推动区域协调发展,既是全面建成小康社会的内在要求,也为我国经济社会发展提供了巨大回旋空间,使我国经济具有充足的发展韧性和潜力。让领跑的有后劲,让后进的赶上来,要全国一盘棋,优势互补,着眼大局。推动区域协调发展,正是从全局和长远的高度,给出破解这一发展难题的根本之策。

【教学建议】

本案例可用于第二节第一目"科学发展观的科学内涵"的教学。引导学生深刻理解全面协调可持续是科学发展观的基本要求。只有更加自觉地推进全面协调可持续发展,才能更好化解我国发展的各种制约因素,更好推动我国的发展进程,确保实现我国发展的战略目标。

案例分析7:创新驱动发展战略助力经济增长

【案例呈现】

近年来,我国大力实施创新驱动发展战略,科技投入持续增加,新技术、新产品、新业态不断取得突破,新动能快速成长。我们完全能够抓住全球新科技革命的机遇,为经济增长赋予全新的动能。

新技术革命激发新动能。我国在生命科学、绿色能源开发、农业生产、信息技术等许多领域的关键环节和核心技术上取得了重大突破,有的已经达到世界领先水平。比如,我国成功研制出"海水稻"和"沙漠水稻"。全球首个体细胞克隆猴在中国培育成功。我国风电装机容量占全球的34.1%,光伏发电装机容量占全球的36.5%。我国也是全世界唯一拥有100万伏特高压输电线路的国家。我国自2013年起成为世界第二大研发经费投入国,研发人员总量、发明专利申请量分别连续6年、8年居世界首位。2018年,我国全社会研究与试验发展经费支出19657亿元,占国内生产总值的2.18%,超过欧盟15个初创国家平均水平。根据世界知识产权组织发布的《2019年全球创新指数报告》,我国创新指数位居世界第14位,比2013年提升了21位,是前20名中唯一的中等收入经济体,创新能力的提升有利于我们在新一轮科技革命中抢占先机。

新产业新业态新模式激发新动能。2018年我国新产业、新业态、新商业模式等"三新"经济增加值为145369亿元,相当于GDP的16.1%。在旧动能衰退的情况下我国没有发生经济失速,在很大程度上得益于新动能的快速成长。2016—2018年,基础设施投资(不含电力)增速从17.4%下降至3.8%,但计算机通信设备、仪器仪表、通用设备等投资增速分别加快0.8、1.4和10.9个百分点,社会消费品零售总额平均增速降到10%以下,但实物商品网上零售额年均增长25%以上。2018年我国快递行业业务量突破500亿件大关,连续多年保持50%左右的增速。新产业新业态新模式"井喷"的背后是新动能的加快成长,更好地满足了人民日益增长的美好生活需要,也为经济长期发展注入了强大内生动力。

简政放权激发新动能。近年来我国实施简政放权,深入推进减税降费,2018年全年减税降费规模约达到1.3万亿元,有力推动了大众创业万众创新。新兴部门特别是创新型小微企业大量涌现。市场主体每年净增1000多万户且逐年加速递增,2018年净增突破两千万户。创业公司大规模涌现,2018年共诞生97家估值超过10亿美元的初创企业,相当于每3.8天就诞生一家,这些企业总体价值达到了1780亿美元。市场主体大量增加,创新创业创造潜力不断释放,反映了市场环境的不断改善,也体现了人们对经济发展信心的不断增强。源源不断释放出的经济增长动能,正在推动中国经济行稳致远。

(资料来源:求是网,2019年10月23日)

【案例讨论】

如何理解推动经济社会发展是科学发展观的第一要义?

【案例点评】

近年来,我国自主创新取得辉煌成就,通过不断的自主创新,坚持科学发展,坚持把科技进步和创新作为重要支撑,努力实现经济又好又快的发展。科学发展观强调,实施创新驱动发展战略,是转变经济发展方式的重大战略决策。一个国家只有拥有强大的自主创新能力,才能在激烈的国际竞争中把握先机、赢得主动。

【教学建议】

本案例可用于第二节第二目"科学发展观的主要内容"的教学,使学生深入理解加快转变经济发展方式的重要意义。

案例分析8:取消农业税——阳光洒满希望的田野

【案例呈现】

2006年1月1日,《中华人民共和国农业税条例》被废止,延续了2600多年的"皇粮国税"退出历史舞台。

当时,四川省南部县宋家坪村、河北省灵寿县青廉村、辽宁省阜新蒙古族自治县黑虎洞村等几个地方的农民,不约而同做了一件事:为取消农业税立碑。农业税的取消,实实在在减轻了农民负担,又一次解放了农村生产力。此后,反哺农业、统筹城乡、强农惠农富农的步伐不断加快,国家与农民关系实现由取到予的历史性转变。

农业免税,回应民生期待

"废除农业税之前,农民不仅要交纳农业税,还要承担许多农村公共服务经费。"中国农业博物馆研究馆员周晓庆说,20世纪末,农民负担问题日益突出。

如何扭转农民负担偏重的局面?党中央高度重视,一场历时多年的农村税费改革拉开了大幕。

1998年,党的十五届三中全会审议通过了《中共中央关于农业和农村工作若干重大问题的决定》,明确提出逐步改革税费制度。农村税费改革成为继实行家庭承包经营之后,党中央、国务院为加强农业基础、保护农民利益、维护农村稳定而推行的又一项重大改革。

进入新世纪,农村税费改革的脚步进一步加快:2000年,农村税费改革试点工作在安徽省率先启动。2003年,试点在全国铺开。党中央、国务院提出,要逐步降低农业税税率,取消除烟叶外的农业特产税。"税费改革后,咱这每年要交的钱真是少了一大笔。"湖南省长沙市岳麓区莲花镇龙洞村村民张运东回忆,当时就想着如果能把剩下要交的农业税都免了,"那日子就更好过喽!"

民之所盼,政之所向。

2004年政府工作报告提出,五年内取消农业税。随后,财政部、原农业部、国家税务总局下发通知,在吉林、黑龙江两省先行免征农业税改革试点,沿海及其他有条件的地区也可视财力状况进行免征农业税改革试点。截至2005年年底,有28个省份全部免征了农业税,牧业税全面取消。

2005年12月29日,十届全国人大常委会第十九次会议决定,自2006年1月1日起废止《中华人民共和国农业税条例》。

由取到予,农民得到实惠

"这是一个举国欢庆的日子!"2006年1月1日那天晚上,听说国家取消农业税,山东省德州市平原县王凤楼镇水务村农民杨春岭激动地在日记中写道:"在农民的思想意识中,种地纳粮是天经地义的事,可是近年来国家对咱农民格外照顾,就连农业税都不交了,老百姓敲锣打鼓放鞭炮,大街小巷到处洋溢着浓浓的喜悦气氛,大家的高兴劲儿就甭提了。"翻看旧时的日记本,今年50岁的杨春岭感慨万千,"听到这个消息,我兴奋得几宿都没有睡好"。

农业税的取消,给亿万农民带来了看得见的好处

2006年全面取消农业税后,与农村税费改革前相比,全国农民每年减轻负担约

1250亿元,人均减负140元左右。同时,财政安排资金用于支持农村税费改革的巩固完善。负担减轻了,农民种田的积极性得到了极大调动。回家乡、买良种、置农机……田间地头忙碌的身影多了,农村的人气旺了。在外务工的吕玉太风风火火返回老家河南省南阳市青华镇后所村。"取消农业税那年秋天,我回村包了250亩地,净赚7万多块钱。"

深化改革,强农惠农富农

农业税退出历史舞台并非农村改革的尾声,而是新的开始。2006年,为进一步巩固农村税费改革成果,防止农民负担反弹,党中央作出了推科学发展观进农村综合改革的重大决策。国务院农村税费改革工作小组及办公室更名为国务院农村综合改革工作小组及办公室,在做好农村税费改革后续工作的基础上,深入推进农村综合改革。"不仅种地不交税,农民还过上了国家给补贴的日子!"山东省临沭县曹庄镇朱村的村史馆里,陈列着朱村历年来缴纳"皇粮国税"的记录,距今最久远的税票可追溯到清代。年过七旬的王经臣是村史馆的义务讲解员,望着展柜里的税票,老人百感交集:"现在,种地有补贴,平常看病、孩子上学、个人养老还有国家给保障,这日子真是越来越幸福了!""三农"发展潜力得到激发,农业生产形势持续向好。农村税费改革后,粮食产量连创历史新高,至2020年粮食生产实现了"十七连丰"!

(资料来源:《人民日报》,2021年4月9日,有删减)

【案例讨论】

推动经济持续健康发展,为什么必须坚持以科学发展为主题,以加快转变经济发展方式为主线?

【案例点评】

取消农业税是切实减轻农民负担的重大举措。2004年,中央作出"5年内取消农业税"的重大决定,并进行试点。2005年,全国已有20个省份自主决定免征农业税。2005年12月29日,十届全国人大常委会第十九次会议决定,自2006年1月1日起废止《中华人民共和国农业税条例》。由此,国家不再针对农业单独征税,附加在农业税上的一系列地方性收费也一并取消。农业税及各种附加收费的取消,让中国农民从此告别了"皇粮国税",根本性地扭转了农民负担过重的状态,给亿万农民带来了看得见、摸得着的实惠,又一次解放了农村生产力。以取消农业税为起点,我国进一步推进农村综合改革,坚持多予少取放活,财政支农投入力度不断加大,一系列强农惠农富农政策相继出台、落地,"三农"发展潜力进一步得到激发。

【教学建议】

本案例可用于第二节第二目"科学发展观的主要内容"中"加快转变经济发展方

式"部分的教学。通过对案例的讲解,学生能够进一步理解推动经济持续健康发展,必须坚持以科学发展为主题,以加快转变经济发展方式为主线。要使经济发展更多依靠内需特别是消费需求拉动,更多依靠现代服务业和战略性新兴产业带动,更多依靠科技进步、劳动者素质提高、管理创新驱动,更多依靠节约资源和循环经济推动,更多依靠城乡区域发展协调互动,加快形成新的经济发展方式。

案例分析9:从生态文明看科学发展

【案例呈现】

经历从农业文明到工业文明的历史进程,人类已经站在更高的文明台阶上——生态文明,这是当今世界又一次划时代的伟大变革。

党的十六大以来,建设生态文明作为全面建设小康社会的一项新要求、新任务,正在引领中国走上一条生产发展、生活富裕、生态良好的文明发展道路。

建设生态文明是落实科学发展观的内在要求。

2012年8月28日,北京与安徽合作共建的国家级现代农业科技(滁州)示范园区正式签约。这一项目由国内最大的蛋品企业北京德青源农业科技股份有限公司投资建设,到2016年建成投产后,不仅是世界第一大蛋品生产和加工基地,也将成为全球规模最大的鸡粪发电项目,每年可发电4000万千瓦时。

随着我国养殖业快速发展,畜禽粪便和污水排放成为农村三大面源污染之一。在北京,德青源2009年起开始利用鸡粪发酵过程中产生的甲烷发电,其鸡粪发电技术甚至输出到美国。

这种绿色养殖模式是中国积极探索循环经济的范例。作为世界最大的发展中国家,中国近年来加快建设资源节约型、环境友好型社会,提高生态文明水平,成绩为世人瞩目。

2002年,党的十六大把"生态环境得到改善,推动整个社会走上生产发展、生活富裕、生态良好的文明发展道路"作为全面建设小康社会的重要目标。

2007年,党的十七大上提出,建设生态文明,基本形成节约能源资源和保护生态环境的产业结构、增长方式、消费模式,并将其作为全面建设小康社会的一项新要求、新任务。这是"生态文明"的概念首次写入党代会报告。由此,生态文明成为中国现代化建设的战略目标。

"建设生态文明,是以胡锦涛同志为总书记的党中央坚持以科学发展观统领经济社会发展全局,创造性地回答怎样实现我国经济社会与资源环境可持续发展问题所取得的最新理论成果,是中国特色社会主义理论体系和中国特色社会主义事业总体布局的重要组成部分。"环保部部长周生贤说。

党的十七大后,生态文明建设进一步上升为政府的施政纲领和国家发展理念。

2007年12月,国家在中部设立武汉城市圈、长株潭城市群全国资源节约型、环境友好型社会建设综合配套改革试验区。"十二五"规划纲要则明确把"绿色发展,建设资源节约型、环境友好型社会""提高生态文明水平"作为"十二五"时期的重要战略任务。

中国生态文明研究与促进会常务副会长祝光耀说,生态文明是一种崭新的文明理念,建设生态文明是时代赋予我们的伟大历史使命。

绿色发展、循环发展、低碳发展成为中国经济列车新引擎。

横卧在山东省西南部的南四湖,20世纪末曾饱受污染困扰,成为水草不生、鱼虾绝迹的"死湖"。生态恶化的原因是当地走了一条"高投入、高消耗、高污染、低水平、低效益"的"三高两低"发展路子。

为彻底治理南四湖污染,当地"壮士断腕"般关停了多家污染企业,并探索实施了科学治污新路径,8年成功扭转南四湖生态恶化的局面。"绿水青山就是金山银山,生态效益才是最大效益。"山东省蒙阴县委书记朱开国说,"就算能带来较多地方财政收入,只要有污染,这样的工业项目也坚决不上。"

当今世界,发展低碳技术和循环经济成为经济发展大潮。这股潮流,在中国成为时代的强音。绿色发展从理念到实践,考验着一个国家的行动力、政府的决策力和执行力。"十一五"规划纲要第一次把节能减排列为约束性指标,国家相继出台《促进产业结构调整暂行规定》《产业结构调整指导目录》,限制高排放、高耗能行业盲目扩张。

过去6年,全国淘汰了8383万千瓦能耗高、污染重的小火电机组,相当于一个欧洲中等国家的电力装机规模。另一方面,大力发展节能环保产业和清洁低碳能源——中国已经成为全球水电、风电装机总量最大的国家。

彭博新能源财经今年第二季度清洁能源投资研究报告指出,中国单季度183亿美元的投资奠定了中国在太阳能发电和风力发电行业的支配地位。世界自然基金会的一份报告则表明,中国已超越欧盟成为全球最大的清洁能源技术装备制造国。

坚持建设生态文明、走可持续发展道路,并没有因此而减缓经济列车的速度。2003年至2011年,中国国内生产总值年均实际增长10.7%,甚至在受国际金融危机冲击最严重的2009年依然实现了9.2%的增速,远高于同期世界经济3.9%的年均增速。

推进生态文明建设成为中国社会发展新动力。

不久前,北京市在东城、朝阳两个城区投入2000辆自行车,开启了公租自行车项目。根据规划,2015年租赁网点将达1000个,自行车增至5万辆,届时自行车出行比例将提升至23%。

而在杭州,已经建成了世界最大规模的公共自行车系统,6万辆公共自行车穿梭在大街小巷。这座旅游城市的目标是,到2020年拥有17.5万辆公共自行车。美国《大西洋》月刊不久前一篇报道对此评论道,自行车的重新兴起是中国社会转型的一个象征。

在西部,老百姓的身边同样悄悄发生着变化。西藏那曲地区聂荣县色庆乡的藏民珠色发现,近几年草原牧草繁茂了,牛羊吃得饱、长得壮。珠色说,国家实施退牧还草工程后,牧草长高了近6厘米,不用再买牧草、租草山,"钱袋子"也鼓了起来。

在青藏高原中南部,纳木错、色林错等湖泊水位、面积都有所增加,野牛、岩羊、黑颈鹤等野生动物又多起来了。2005年至2010年,三江源地区主要湖泊面积净增加245平方公里,5年间出境水量比2004年增加18.3%。

青藏高原生态变迁是人们重新审视人与自然关系,努力实现在发展中保护、在保护中发展,为子孙后代创造良好生存发展环境的生动缩影。

近10年来,中国不断增加投入,加强森林生态系统、湿地生态系统、荒漠生态系统建设和生物多样性保护,全面实施了退耕还林、天然林保护、三江源自然保护区生态保护与建设、三北防护林体系建设、沿海防护林体系建设等生态工程。

"生态差距是我国与发达国家的最大差距。发展林业是生态文明建设的首要任务。"国家林业局局长赵树丛说,"我国森林覆盖率仅为20.36%,即使现有46亿亩林地全部造上林,覆盖率也只有26%,不及世界30%的平均水平。"

过去10年,中国累计完成造林面积8.63亿亩,是历史上造林面积最多的10年,森林面积达到1.96亿公顷,其中人工林面积达到6168万公顷,居世界首位。

建设生态文明,不是只靠大工程、大项目,也不仅仅是少数人的事。截至2011年年底,全国参加义务植树人数累计达133亿人次,义务植树614亿株。这项运动已成为世界上参与人数最多、持续时间最长、影响范围最大的生态文明实践活动。

胡锦涛指出,必须把生态文明建设的理念、原则、目标等深刻融入和全面贯穿到我国经济、政治、文化、社会建设的各方面和全过程,坚持节约资源和保护环境的基本国策,着力推进绿色发展、循环发展、低碳发展。

在青山绿水间诗意地栖居,是全人类共同的愿望。勤劳的中国人民正在用汗水和才智建设生态文明,走出一条绿色的可持续发展之路。

(资料来源:新华网,2012年9月9日)

【案例讨论】

为什么说建设生态文明是落实科学发展观的内在要求?

【案例点评】

建设生态文明,是党的十七大首次提出的一项重要战略任务,标志着我们党对坚持文明发展道路的认识进一步深化。自然界是包括人类在内的一切生物的摇篮,是人类赖以生存和发展的基本条件。建设生态文明是对传统文明形态特别是工业文明进行深刻反思形成的认识成果,也是在建设物质文明过程中保护和改善生态环境的实践成果。建设生态文明不是否定工业文明,而是强调先进的工业文明必须实现人与自然的和谐,使人们在享有现代物质文明成果的同时,又能保持和享有良好的生态文明成果。要充分认识实现工业化和信息化与推进生态文明建设的关系,坚持以资源承载力为基础、以自然规律为准则、以可持续发展为目标,形成节约能源资源和保护生态环境的产业结构、增长方式、消费模式,努力建设资源节约型、环境友好型社会。

【教学建议】

本案例可用于第二节第二目"科学发展观的主要内容"中"推进生态文明建设部分的教学。通过本案例的教学,学生能够了解坚持文明发展道路,就要在经济社会发展过程中,把推进生产发展、实现生活富裕、保持生态良好有机统一起来,坚持以生产发展为基础,以生活富裕为目的,以生态良好为条件,努力实现社会经济系统和自然生态系统的良性循环。推进生态文明建设的重要性,认识到良好生态环境是人和社会持续发展的根本基础。

(二)观看文献纪录片《科学发展铸辉煌》

【实践类型】

课外实践。

【实践目标】

通过观看纪录片,学生能够更加深入地了解党的十六大以来中国经济社会发展取得的巨大成就,了解党的理论创新成果的科学内涵和成功实践,充分认识到科学发展给人民生活带来的巨大变化,掌握"中国话语"、读懂"中国故事"、走好"中国道路"。

【实践方案】

1. 实践时间:课内时间(2学时)和课后。
2. 实践地点:多媒体教室。
3. 实践环节:

《科学发展铸辉煌》

(1)教师简单讲解纪录片《科学发展铸辉煌》的拍摄背景、内容等,让学生有一个大概的了解。《科学发展铸辉煌》分为"科学理论指导""又好又快发展""扩大人民民主""促进文化繁荣""坚持民生为重""强军合作共赢""推进伟大工程"七个篇章。

(2)课堂播放《科学发展铸辉煌》其中一集。

(3)组织学生讨论科学发展观的科学内涵和意义。

(4)每名学生写一篇2000字左右的观后感。

(5)选取优秀作品进行展览。

(三)"和谐校园"主题摄影展

【实践类型】

社会实践。

【实践目标】

在我们每天生活的校园中,我们每个人的身边,可能正在发生着一些关于美丽的故事,定格着一些关于感动的画面。只要我们留心观察,一个场景,一个瞬间,都可能成为万众瞩目的焦点。一句话语,一个眼神,都可能成为融化坚冰的温暖。让我们举起相机,代替我们的眼睛记录校园的精彩瞬间。

【实践方案】

1.实践时间:大一下学期。

2.实践地点:展览橱窗。

3.实践环节:

本次活动可由校团委主办,校学生社团联合会承办,向全校大学生征集有关作品,进行优秀作品评选,利用橱窗、展板展出。

(1)发放活动方案通知。活动名称:"和谐校园,魅力摄影";评比时间:5/6月份;参赛组别:团队/个人参赛。

(2)征集摄影作品。

(3)作品展示。

(4)评选优秀作品。

(四)生态文明知识宣传活动

【实践类型】

社会实践。

【实践目标】

2015年9月21日,中共中央、国务院印发《生态文明体制改革总体方案》,阐明了我国生态文明体制改革的指导思想、理念、原则、目标、实施保障等重要内容,提出要加快建立系统完整的生态文明制度体系,为我国生态文明领域改革作出了顶层设计。习近平总书记在党的十九大报告中指出,加快生态文明体制改革,建设美丽中国。习近平指出,我们要建设的现代化是人与自然和谐共生的现代化,既要创造更多物质财富和精神财富以满足人民日益增长的美好生活需要,也要提供更多优质生态产品以满足人民日益增长的优美生态环境需要。通过生态文明知识的宣传活动,学生能够树立生态文明理念,深入地了解人与自然和谐共生的重要性,掌握生态文明理论,了解节约优先、保护优先、自然恢复为主的方针,还自然以宁静、和谐、美丽。

【实践方案】

1.实践时间:课内时间(2学时)和课后。

2.实践地点:校园内。

3.实践环节:

(1)校园广播。学生可利用校园广播宣传生态文明知识。需要事先与广播站沟通协调好,做一期生态文明的宣传节目。具体策划可以自己拟定。

(2)环保标语比赛。比赛可在课堂上进行,请学生发挥自己的创造力,想出尽可能多的生态文明建设宣传标语。其中有些代表性的标语可用于本次活动宣传。

(3)校园展板宣传。利用校园内展板展示国家生态文明建设政策、措施。全面推介人与自然和谐共处的重要性以及保护环境的多种方式。展板可由几个人一组分工设计,形式不限。

(4)保护环境签名活动。开展在校师生签名活动,让环保意识进一步升华。学校印发环保宣传单,学生带回家与家长共同学习,并由家长签名后上交学校存档。在学校教育的基础上,将环保教育活动进一步向家庭和社会延伸,努力实现"保护环境,大家一起"的社会效应。

(5)进行生态文明建设主题宣讲。可聘请本校或校外相关老师作关于生态文明建设的报告。

(6)活动结束后,每名学生写一篇心得体会,字数要求1000字以上。

(五)网络拓展

人物:胡锦涛   红色歌曲:《阳光路上》

二、课后习题

(一)单项选择题

1.科学发展观是在深入总结改革开放以来特别是党的(　　)以来实践经验的基础上形成和发展的。
　　A.十四大　　　　B.十五大　　　　C.十六大　　　　D.十七大

2.党的十七大提出,坚持四项基本原则同坚持(　　)结合起来。
　　A.马克思主义中国化时代化　　　　B.改善党的领导
　　C.推动经济基础变革　　　　　　　D.改革开放

3.党的十六大以来,我们党领导人民,紧紧抓住和用好我国发展的重要战略机遇期,以加入(　　)为契机,深化改革开放,加快发展步伐。
　　A.世界贸易组织　　　　　　　　　B.国际劳工组织
　　C.国际货币基金组织　　　　　　　D.世界知识产权组织

4.和平与发展仍然是时代主题,世界(　　)不可逆转,经济全球化深入发展。
　　A.单一化　　　　B.多极化　　　　C.一体化　　　　D.单边化

5.科学发展观是以(　　)为总书记的党中央,在新世纪新阶段全面建设小康社会进程中,在新的历史起点上推进中国特色社会主义事业过程中形成和发展起来的。
　　A.邓小平　　　　B.江泽民　　　　C.胡锦涛　　　　D.习近平

6.党的十八大进一步强调,(　　)是马克思主义同当代中国实际和时代特征相结合的产物。
　　A.邓小平理论　　　　　　　　　　B.科学发展观
　　C."三个代表"重要思想　　　　　　D.毛泽东思想

7.科学发展观的核心立场是(　　)。
　　A.发展　　　　　　　　　　　　　B.以人为本
　　C.全面协调可持续　　　　　　　　D.统筹兼顾

8.以人为本就是以(　　)的根本利益为本。
　　A.工人　　　　B.农民　　　　C.最广大人民　　　　D.知识分子

9.(　　)是科学发展观的基本要求。
　　A.经济社会发展　　B.以人为本　　C.统筹兼顾　　D.全面协调可持续

10.坚持文明发展道路,就要把(　　)建设放在突出地位,把经济的发展、生活水平的提高和实现可持续发展有机统一起来。
　　A.经济　　　　B.生态文明　　　　C.政治　　　　D.文化

11.（　　）是科学发展观的根本方法。
A.全面协调　　　B.统筹兼顾　　　C.以人为本　　　D.发展

12.科学发展观强调,全面深化（　　）体制改革是加快转变经济发展方式的关键。
A.政治　　　B.文化　　　C.社会　　　D.经济

13.实施（　　）发展战略,是转变经济发展方式的重大战略决策。
A.科技创新　　　B.人才培养　　　C.创新驱动　　　D.共享经济

14.科学发展观强调,社会主义民主政治的本质和核心是（　　）。
A.人民当家作主　　　　　　B.人民代表大会制度
C.民主集中制　　　　　　　D.民主政治

15.坚定不移地推进（　　）基本方略,是国家长治久安的重要保障。
A.基层民主　　　B.依法治国　　　C.法治实践　　　D.以德治国

16.科学发展观坚持以人为本,把（　　）作为推动发展的主体和基本力量。
A.人民群众　　　B.人民　　　C.群众　　　D.人民大众

17.科学发展观是（　　）的重要组成部分。
A.中国特色社会主义理论体系　　　B.马克思列宁主义
C."三个代表"重要思想　　　　　　D.邓小平理论

18.科学发展观坚持（　　）发展和协调发展。
A.和谐　　　B.充分　　　C.统一　　　D.全面

19.科学发展观着眼于丰富发展内涵、创新发展观念、开拓发展思路、破解发展难题,提出了一系列新的思想观点,初步形成了（　　）的系统理论。
A.马克思主义关于社会主义市场经济
B.马克思主义关于社会主义初级阶段
C.马克思主义关于中国特色社会主义
D.马克思主义关于社会主义发展

20.科学发展观提出（　　）的根本要求,把发展看作是相互推进、系统协调的过程。
A.总揽全局　　　B.统筹兼顾　　　C.科学筹划　　　D.协调发展

(二)多项选择题

1.以下不属于我国进入新世纪新阶段,经济社会发展呈现的新的阶段性特征的是（　　）。
A.经济实力显著增强
B.社会主义市场经济体制初步建立
C.人民生活总体上达到小康水平,收入分配差距拉大趋势根本扭转
D.社会主义民主政治不断发展
E.农村发展滞后的局面已经改变

2.进入新世纪,世界处在( )之中。

　　A.大发展　　　　B.大动荡　　　　C.大变革　　　　D.大巨变

　　E.大调整

3.由于单纯追求经济增长,或者照搬别国发展模式,一些国家发展遇到了这样那样的问题,如( )。

　　A.经济结构失衡　　　　　　B.社会发展滞后

　　C.能源资源紧张　　　　　　D.生态环境恶化

　　E.两极分化

4.2004年3月,胡锦涛在中央人口资源环境座谈会上发表重要讲话,明确界定了( )的深刻内涵和基本要求。

　　A.以人为本　　B.全面发展　　C.协调发展　　D.可持续发展

　　E.自由发展

5.党的十七大报告把( )一道写入党章,成为党必须长期坚持的指导思想。

　　A.科学发展观　　　　　　　B.马克思列宁主义

　　C.毛泽东思想　　　　　　　D.邓小平理论

　　E."三个代表"重要思想

6.进入新世纪新阶段,我国进入( ),经济社会发展呈现一系列新的阶段性特征。

　　A.发展关键期　　　　　　　B.发展特殊期

　　C.改革攻坚期　　　　　　　D.矛盾缓和期

　　E.矛盾凸显期

7.坚持科学发展,需要由主要依靠增加物质资源消耗向主要依靠( )转变。

　　A.外资驱动　　　　　　　　B.科技进步

　　C.劳动者素质提高　　　　　D.管理创新

　　E.劳动者人数增加

8.坚持以人为本,就要坚持发展依靠人民,自觉坚持党的群众路线,牢固树立( )的观点。

　　A.人民群众是历史创造者

　　B.虚心向人民群众学习

　　C.竭诚为最广大人民谋利益

　　D.干部的权力是人民赋予的

　　E.对党负责和对人民负责相一致

9.胡锦涛指出,我们之所以把全面协调可持续作为科学发展观的基本要求来强调,是因为( )等问题更加突出地摆在了我们面前。

　　A.城乡区域发展不平衡

　　B.经济社会发展不协调

C.经济发展与人口资源环境不适应
D.物质技术条件不雄厚
E.投资与消费不协调

10.坚持全面发展,就是要按照中国特色社会主义事业总体布局,正确认识和把握( )是相互联系、相互促进的有机统一体。

A.经济建设　　　B.政治建设　　　C.文化建设　　　D.社会建设

E.生态文明建设

11.坚持协调发展要正确处理( )等现代化建设中的重大关系。

A.经济与社会发展　　　　　　B.城市与农村发展

C.东中西部发展　　　　　　　D.人与自然界发展

E.国内发展和对外开放

12.党的十六届三中全会提出要统筹( ),强调要坚持统筹兼顾,协调好改革进程中的各种利益关系。

A.城乡发展　　B.区域发展　　C.经济社会发展　　D.人与自然和谐发展

E.国内发展和对外开放

13.坚定不移走中国特色社会主义文化发展道路,要( )。

A.坚持为人民服务、为社会主义服务的方向

B.坚持百花齐放、百家争鸣的方针

C.坚持贴近实际、贴近生活、贴近群众的原则

D.推动社会主义精神文明和物质文明全面发展

E.建设面向现代化、面向世界、面向未来的,民族的科学的大众的社会主义文化

14.科学发展观是马克思主义关于发展的( )和( )的集中体现。

A.人生观　　　B.价值观　　　C.历史观　　　D.世界观

E.方法论

15.坚持统筹兼顾,必须正确处理( )的关系。

A.中央和地方

B.个人利益和集体利益、局部利益和整体利益、当前利益和长远利益

C.最广大人民的根本利益、现阶段群众的共同利益和不同群体的特殊利益

D.改革发展稳定

E.国内国际两个大局

16.科学发展观坚持可持续发展,强调要实现经济发展与( )相协调。

A.人口　　　　B.资源　　　　C.社会　　　　D.环境

E.生态

17.科学发展观把( )看成相互联系的整体。

A.物质文明　　　B.政治文明　　　C.精神文明　　　D.和谐社会建设

E.人的全面发展

18.科学发展观最鲜明的精神实质是(　　)。
   A.创新思维　　B.解放思想　　C.实事求是　　D.与时俱进
   E.求真务实

19.科学发展观在(　　)和发展要求等方面提出了一系列新的思想观点,初步形成了马克思主义关于社会主义发展的系统理论。
   A.发展道路　　B.发展模式　　C.发展战略　　D.发展动力
   E.发展目的

20.科学发展观同邓小平理论、"三个代表"重要思想在(　　)上一以贯之。
   A.理论主题　　B.思想基础　　C.政治理想　　D.根本立场
   E.时代主题

(三)判断题

1.进入新世纪新阶段,我国进入发展关键期、改革攻坚期和矛盾凸显期,经济社会发展呈现一系列新的阶段性特征。(　　)

2.我国对外开放日益扩大,发达国家在经济科技上占优势的压力不复存在。(　　)

3.党的十六大以来,我们党领导人民战胜突如其来的非典疫情,成功举办北京奥运会、残奥会和上海世博会,夺取抗击汶川特大地震等严重自然灾害和灾后恢复重建重大胜利。(　　)

4.科学发展观是在深刻分析国际形势、顺应世界发展趋势、借鉴国外发展经验的基础上形成和发展的。(　　)

5.2007年,党的十八大对科学发展观的理论定位、理论依据、理论内涵作了全面阐述。(　　)

6.科学发展观是同马克思列宁主义、毛泽东思想、邓小平理论和"三个代表"重要思想既一脉相承又与时俱进的科学理论。(　　)

7.新中国成立以来特别是改革开放以来,经过不懈努力,我国经济社会发展取得了举世瞩目的成就,但仍处于并将长期处于社会主义高级阶段的基本国情没有变。(　　)

8.党的十七大后,来自国际国内经济政治以及自然界的严重困难和挑战接连不断,这些困难和挑战既考验着我们党领导科学发展的能力,也推动着科学发展观理论不断发展完善。(　　)

9.胡锦涛指出,我国发展重要战略机遇期存在的基本条件和我国发展机遇小于挑战的基本面并没有因为国际国内形势新变化而发生根本性改变。(　　)

10.胡锦涛指出,提出以人为本的根本含义,就是坚持全心全意为人民服务,立党

为公、执政为民。( )

11.全面协调可持续中的"全面"是指发展要有全面性、整体性,不仅经济发展,而且各个方面都要发展。( )

12.发展社会主义民主政治,最重要的就是要坚持好、发展好适合我国国情的社会主义经济制度。( )

13.科学发展观既贯穿了马克思主义立场观点方法,又把马克思主义中国化时代化推进到新境界。( )

14.科学发展观是对经济社会发展特殊规律认识的深化,是马克思主义关于发展的世界观和方法论的集中体现。( )

15.科学发展观是在新中国成立以来特别是党的十八大以来不懈探索基础上,继续拓展中国特色社会主义实践、探索中国特色社会主义规律的必然结论。( )

16.科学发展观强调坚持以政治建设为中心。( )

17.科学发展观同毛泽东思想、邓小平理论、"三个代表"重要思想,面对着共同的时代课题,面临着共同的历史任务。( )

18.科学发展观是对邓小平理论、"三个代表"重要思想的创造性发展。( )

19.科学发展观要求在大力推进经济建设的同时促进政治、文化、社会共同发展,解决好与经济增长相关的各种社会问题。( )

20.科学发展观进一步深化了对共产党执政规律、社会主义改革规律和人类社会发展规律的认识。( )

参考答案:

(一)单项选择题

1.C 2.D 3.A 4.B 5.C 6.B 7.B 8.C 9.D 10.B 11.B 12.D 13.C 14.A 15.B 16.A 17.A 18.D 19.D 20.B

(二)多项选择题

1.CE 2.ACE 3.ABCD 4.ABCD 5.ABCDE 6.ACE 7.BCD 8.ABCDE 9.ABC 10.ABCDE 11.ABCDE 12.ABCDE 13.ABCDE 14.DE 15.ABCE 16.ABD 17.ABCDE 18.BCDE 19.ABCDE 20.ABCD

(三)判断题

1.对 2.错 3.对 4.对 5.错 6.对 7.错 8.对 9.错 10.对 11.对 12.错 13.对 14.错 15.错 16.错 17.错 18.对 19.对 20.错